행정철학 논총

행정철학 논총(論叢)

초판 1쇄 인쇄일_2016년 7월 10일
초판 1쇄 발행일_2016년 7월 15일

지은이_곽병광
펴낸이_최길주

펴낸곳_도서출판 BG북갤러리
등록일자_2003년 11월 5일(제2003-000130호)
주소_서울시 영등포구 국회대로 72길 6 아크로폴리스 405호
전화_02)761-7005(代) | 팩스_02)761-7995
홈페이지_http://www.bookgallery.co.kr
E-mail_cgjpower@hanmail.net

ISBN 978-89-6495-093-7   03350

이 도서의 국립중앙도서관 출판시도서목록(CIP)은 e-CIP홈페이지(http://www.nl.go.kr/ecip)
와 국가자료공동목록시스템(http://www.nl.go.kr/kolisnet)에서 이용하실 수 있습니다.
(CIP제어번호 : CIP2016016246)

행정철학
논총(論叢)

곽병광 지음

◆ 제1부 행정의 정체성에 관한 존재론적 연구
◆ 제2부 행정의 인식론적 오류 수정
◆ 제3부 행정과 가치의 구조

BIG 북갤러리

머리말

행정은 공익을 실현하는 국가의 행동에 속한다. 공익실현을 위한 행동에 필요한 것은 제한돼서는 안 된다. 따라서 있는 모든 것이 개방되어야 할 것이다. 있는 모든 것은 세계 내에 있지 세계 밖으로 나갈 수 없다. 따라서 있는 모든 것의 전체요, 총체는 세계다.

과학은 특정현상 내에 있는 원리나 법칙을 발견해 나감으로 부분적이나, 철학은 원리와 원리간의 관계를 밝혀나감으로써 존재의 총체인 세계를 밝힌다. 따라서 철학은 종합학문이요, 종합과학이다. 여기서 행정철학의 필요성이 제기된다. 특히 니콜라이 하르트만의 '기본적 존재규정'은 세계의 구조를 구성하는 근간이다.

실사세계의 구조는 무기물과 유기물, 인간(성찰의 의식), 문화(객관정신) 등으로 층을 형성하고 있다. 무기물이 최하층이고, 그 위에 유기물, 유기물 위에 인간, 인간 위에 객관정신, 즉 4층으로 되어 있다.

존재원리는 이들의 특성과 이들 간의 관계 원리를 잘 설명하고 있다. 예를 들면 무기물은 필연적인 물리화학적인 법칙으로, 유기물은 생명의 원리, 인간은 성찰의 원리, 인간의 문화는 객관화된 정신 등으로 규정된다. 행정행동은 이들의 특성과 이들 간의 관계원리에 부응하는 행동을 해야 한다. 여기에서 니콜라이 하르트만의 '기본적 존재규정의 필요성이 제기된다.

철학은 일반적으로 존재론, 인식론, 가치론으로 다룬다. 행정철학도 행정존재론, 행정인식론, 행정가치론으로 다루어지는 것이 바람직할 것이다. 행정존재론은 행정이 행정으로서의 독자적인 거점과 초점을 겸비할 수 있는지를 알아보는, 즉 행정의 정체성을, 행정인식론에는 행정에 관한 지식론을, 행정가치론에는 행정의 능률성, 효율성, 윤리성 등의 행정 가치로 다루어져야 한다고 보았다.

따라서 이 책은 행정존재론에는 '행정의 정체성에 관한 존재론적 연구'로, 행정의 인식론에는 '행정의 인식론적 오류 수정'으로, 행정의 가치론에는 '행정과 가치의 구조'순으로 시도해 보았다.

2016년 6월
곽병광

차례

제2부 행정의 인식론적 오류 수정

◆ 제1장 서론 / 145 ◆

◆ 제2장 행정 인식론의 준거(準據) / 149 ◆

◆ 제3장 행정에 있어 경험적 인식의 오류 / 154 ◆

◆ 제4장 행정에 있어 선험적(先驗的) 인식의 오류 / 168 ◆

◆ 제5장 오류 수정의 기본방향 / 176 ◆

제3부 행정과 가치의 구조

부록

제1부

행정의 정체성에 관한 존재론적 연구

◆ 제1장 ◆
서론

제1절 문제의 제기

사람은 주어진 세계 속에서 다른 사람들과 더불어 바람직한 새로운 문화 사회(文化社會)를 만들고자 힘써 노력하며 살아간다. 주어진 것으로 새롭게 무엇인가를 만들고자 하는 이 모든 노력은 '삶의 문제'[1](生의 의미, 방법, 질 향상, 死의 극복 등)를 해결하기 위한 노력으로서 크게 두 가지로 생각할 수 있는데, 그 하나는 '탐구 노력'이요, 다른 하나는 '활용 노력'[2]이라 할 수 있다.

탐구 노력은 인간 스스로의 내면으로 파고 들어가 그 밑바닥까지 들여다 보는 방향(反折志向)[3]과, 인간을 포함한 모든 존재자[4] 전반의 존재 질서[5]를 잡아 이 질서 속에 처(處)하는 인간이 취해야 할 바의 태도를 정하려는 방향

---

1) 이항녕, 《법철학 개론》, (서울 : 박영사), 1985년, pp.13–19

2) 기초과학에 대한 응용과학과 유사한 원리를 의미한다. 《세계대백과 사전》, (서울 : 동아)

3) N. Hartmann, 《존재학 원론》 (하기락 역), (서울 : 형설출판사), 1983년, p.75. 직선 지향은 인식의 자연적 인 방향(대상현상)을 굴절하지 않고 똑바로 대상을 추구하는 것이고(과학, 존재학), 반절지향은 그 반대 로 인식이 성립하는 곳으로 굴절하여 반대 방향으로 꺾어 들어진 것을 말함(인식론, 심리학, 실존주의, 현 상학)

4) 존재자와 존재 : 존재자는 개별자이고, 존재는 개별자에 공통된 존재적 성질을 말한다.

5) 하기락, 《서양 철학사》, (서울 : 형설출판사), 1985년, p.200(존재자와 존재 간의 균형된 질서)

(直線志向)으로 탐구되어 오다가 드디어 세계 내 모든 존재자 간의 관계를 담지(擔持)하는 세계의 실체를 탐구하는 '존재학'을[6] 성립케 하는 경향이다. 이와 같은 탐구 노력은 우선 세계의 제 현상과 맞부딪힌다. 다음으로 직접 맞부딪혀진 이 현상을 통하여 제반 법칙이나 원리들을 발견해낸다.[7] 즉, 자연현상을 통하여 자연의 법칙이나 원리들을 발견해 모아 나가는 것이 자연과학이다. 그리고 사회현상과 정신현상을 통하여는 각각의 사회과학과 정신과학 등이다. 그리고 이와 같은 제 과학이나 학문에서 찾아낸 원리나 법칙들을 종합하면서 그 기체성(基體性)과 지속성(원리와 원리 간의 관계)을 밝혀나가는 학문이 이른바 종합 과학[8]으로서의 철학이다. 제 과학이나 학문에서 찾아낸 원리나 법칙들이 모두 종합되어 그 기체성과 지속성이 밝혀지면 세계의 실체는 차츰 드러나게 되는 것이므로 철학은 세계의 실체를 밝히는 학문이라 할 수 있다. 그러므로 탐구 노력의 총체는 세계의 실체를 밝히는 철학이라고 요약되어질 수 있다.

활용 노력이라 함은 탐구된 노력의 결과로써의 업적을 삶의 문제 해결을 위한 행동으로 전환시키는 것을 말한다. 활용 노력도 그 방향이나 형태가 다종다양하나 모두 '삶의 문제'를 해결하는 행동이라는 점에서 일치된다. 그러나 개별 인간도 여러 가지 면에서, 특히 그 이해관계에서 다른 사람들과 상충되기도 하고 일치되기도 한다. 상충되는 갈등은 해소되어야 하고, 일치되는 것은 보호되고 발전되어야 한다. 이것이 활용 노력의 기본 방향이다. 이는 인간 누구에게나 해당되는 공통의 문제로 공익 실현 및 공공 문제 해결과 직결된다. 공익의 실현과 공공 문제 해결은 바로 한 사회를 운용[9]하는 문제로서 국

---

6) N. Hartmann, 《존재학 원론》, 상게서, p.3
7) N. Hartmann, 《존재학 원론》, pp.75~76
8) 과학은 부분적인 현상의 법칙들을 탐구하는 데 대하여, 철학은 모든 현상에 공통된 보편 법칙을 탐구한다는 의미이다(H. Spencer의 《종합 철학》 참조).
9) Administration operates in the context of the context of society of which it is a part. M. E. Dm -orck, Public administration,(Oxford & ibh, Publishing Co. 1975년, p.69. 박동서, 《사회 변화를

가권력이 뒷받침되는 행동으로서 행정행동(Administrative Action)[10]이 된다. 행정행동은 이러한 점에서 다른 행동과 구별되는 특성을 갖는다. 그러므로 활용 노력은 사회를 발전적으로 운용(Operation)함으로써 삶의 문제로서의 공익의 실현과 공공(公共)의 문제를 해결한다. 그것이 바로 행정행동으로서 가장 근본적이며 종합적인 노력이라고 정리할 수 있다. 공익 실현과 공공 문제 해결을 위해서 필요하다고 판단되면 어느 특정 학문이나 부분 과학의 성과에만 국한될 수 없다. 제 과학(諸 科學)의 업적뿐만 아니라 소여(所與, 주어진 여건) 세계 전체를 활용할 수 있어야 한다. 행정행동이 세계 전체를 활용 대상으로 한다는 것은 바로 이 점이 다른 어떠한 행동보다 특이하다는 것을 유의하여야 하겠다. 기본적이고 종합적인 탐구 노력은 종합 학문이요, 종합 과학인 '철학'으로 대표될 수 있고, 활용 노력은 행정행동으로 대표[11]될 수 있다. 탐구 노력으로 대표되는 철학과 활용 노력으로 대표되는 행정은 그 지향하는바 목적이 같다.

철학이 인간 행복의 조건과 본질을 추구한다면 행정은 인간의 행복을 구체화하는 수단에 해당된다고 할 수 있다.[12] 그러므로 행정은 철학을 행동으로 옮기는 실천철학[13](Philosophy in Action)이라고 할 수 있으며, 행정학은 철학의 업적을 활용하는 행정행동의 실체를 구명하는 학문이라 할 수 있다.

환언(換言)하면 다종다양한 탐구 노력 간의 장벽을 넘는 통일된 존재 질서를 탐구하는 철학과 다종다양한 활용 노력 간의 장벽을 넘는 공통된 공공의 문제에 존재 질서를 부여하는 행정학과의 관계는 마치 기초과학과 응용과학

위한 행정 기술의 평가》, (행정 논총 15권 1호, 서울 행정학보), 1977년, pp.141-162

10) 허범, 《현대사상과 정책》, (서울 : 대영문화사), 1989년, p.15(Action을 행동으로 번역하였다.)

11) 개개인의 활용 노력은 공통된 공익과 공공의 문제에서 통일된다. 그러므로 행정행동은 모든 개개인의 활용 노력을 대표할 수 있다고 볼 수 있다.

12) 김영성 외 1인, 《행정철학에 관한 연구》, (충남대 법률행정연구소 논문집), 1986년 12월, p.155

13) C. Hodgkinson, The Philosophy of Leadership, Oxford OX IJF, England : 1983), p.4

과의 관계와 같다고 할 수 있을 것이다.

이상을 요약 정리해 보면 다음과 같은 관점을 가질 수 있게 된다.

첫째, 공익 실현과 공공 문제 해결을 위한 활용 대상은 특정 부분 과학이나 학문의 연구 성과에만 제한될 수 없고 주어진 세계와 제 과학적 성과의 총체가 되어야 한다.

둘째, 주어진 세계와 제 과학적 성과의 총체는 종합 과학으로서의 철학의 연구 대상인바 '철학사의 결실로서의 현대 철학은 존재론이 그 주종을 이루고 있고, 존재론은 세계의 실체를 그 탐구 대상으로 한다. 따라서 행정학도 존재론적 기반이 불가피함으로 세계의 실체와 접속되어야 한다.

셋째, 행정학은 행정행동의 실체를 탐구 대상으로 하여 그 거점(據點)과 초점을 유지할 수 있어야 그 정체성을 확보할 수 있고, 정체성 확보와 함께 행정학으로서의 독자성이 확보되어야 존속할 수 있다.

넷째, 행정행동은 제 과학들의 성과와 주어진 세계의 전부를 공공의 문제를 위해 활용하여야 하는 가장 기본적이고 강력한 행동이므로, 이 점에서 세계의 실체를 구성하는 '기본적 존재 규정[14]'에 의거하여 존재 질서를 잡아나가야 전부를 활용할 수 있게 된다.

이러한 관점에서 행정학의 정체성을 확보코자 한다면 한마디로 '행정학의 실체는 세계의 실체에 대응할 수 있는 실체'가 되어야 하는 것이다.

세계의 실체에 대응할 수 있는 실체란 실사 세계의 구조를 형성하는 기본적 존재 규정에 적합할 수 있어야 한다. 그러기 위해서는,

① 기본적 존재 규정이란 어떤 것인가?

② 행정학의 패러다임은 어떠하기에 정체성의 문제가 제기되고 있는가?

---

14) 존재와 비존재를 구별할 수 있는 가장 근본적인 근거를 말한다.

③ 기본적 존재 규정을 행정학에 적합시킬 수 있는 동질성은 어떤 것인가?

④ 기본적 존재 규정을 행정학의 패러다임에 적용하는 것이 무슨 의미가 있으며, 어떻게 적합시킬 것인가?

등등의 문제가 제기된다.

제2절 연구의 목적

행정학은 당초에 집행 기술상의 독자적인 원리를 찾으려는 노력이 공공적 행동의 특성과 실사 세계[15]의 성층적 구조에 부적(不適)[16]하여 실패하고 그 범위를 넓혀 인근 제 과학들의 연구 업적에 기대하던 노력 또한 그 제한성으로 길을 트지 못하여 혼미한 상태에 빠지자 결국 세계 전체의 현상을 대상으로 하는 종합 과학으로서의 철학의 업적을 활용하고자 하는 경향이 짙어졌다고 볼 수 있다.[17]

철학은 현대에 이르러 철학사 전반의 비판을 통해서 존재학을 성립케 하는 경향을 보이고 있다. 가치는 존재 영역 중의 한 부분이고 인식도 인식 주체로서의 존재자의 의식에 반영된 타 존재자에 관한 것으로 이차적 존재권역[18]에 해당되므로 존재 문제이다.

행정학은 행정행동의 실체를 밝혀야 하고 행정행동의 실체 또한 존재자이

---

15) 실제적인 사실의 세계를 말한다.

16) 실사 세계는 물질, 생명, 심리, 정신이 층을 이루고 있는데 집행 기술상의 독자적인 원리는 이 모두를 커버하지 못하였다는 것을 말한다.

17) 1967년에 American Academy of Political and Social Science가 주재하고 대표적인 행태주의의 비판가인 James C. Charlesworth가 주재한 의회의 성격은 철학적 입장에서 이해하려는 시도로서 그 뒤 신 행정학 운동의 출발점이 되었다고 할 수 있는 Minnowbrook 의회에 영향을 주었다.
Frank Marini, Toward a New public administration: The minnowbrook perspective, (New York : Chandler publishing Company), 1971

18) 하기락 저, 《하르트만 연구》, (서울 : 밀설출판사), 1985년 8월, p.72

다. 그러므로 세계 내의 모든 존재자는 존재함에 있어서 '존재자로서의 존재자[19]'에 관한 기본적 존재 규정(존재 원리)을 이탈할 수 없다.

이 기본적 존재 규정은 주어진 세계의 전부와 제 과학의 모든 업적, 나아가서 미래의 제 과학이나 학문의 업적까지도 모두 수용할 수 있는 방대하고 개방된 범주(範疇)체계를 구축하고 있다.

인간 존재를 포함한 존재자의 총체는 세계다. 이 세계의 현상과 이를 야기한 세계의 실체는 세계 내 모든 존재자의 존재 질서를 세우는 기본적인 존재 규정에 정초(定礎)하여 구축된다. 행정행동은 이 기본적인 존재 규정에 구축된 세계의 실체와 그 제 현상들을 활용하는 노력이므로 행동하는 실체가 있어야 하고, 그 실체 또한 '존재자로서의 존재자'에 관한 기본적인 존재 규정에 적합하여야 한다. 만일 그렇지 못한 경우는 존재자로 성립할 수 없어 행정학의 실체는 그 정체성을 유지할 수 없게 된다. 행정학의 실체는 행정학의 패러다임(학설 유형)론[20]과 관련해서 논의되고 있는데 행정학의 학설 유형으로서의 이 패러다임(Paradigm)은 그 거점(據點, Locus)과 초점(Focus)[21] 그리고 그 패러다임의 지배 원리 등으로 그 특성을 가진다.

행정학의 거점과 초점 그리고 지배 원리들은 세계가 정초한 기본적인 존재 규정에 합당할 때 세계 전체를 활용할 수 있게 되고, 그렇지 못할 경우는 세계 내의 부분 현상만 활용하게 되어 행정학의 특성을 잃어버린다. 이미 개발

---

19) N. Hartmann, 《존재학 원론》(하기락 역), (서울 : 형설출판사), 1983년, p.53
존재자는 다양하고 다수이다. 그러나 그 다양다수의 존재자로 하여금 존재자로 되게 하는 존재는 동일하다. 예를 들면 참된 것과 아름다운 것, 또는 현실적인 것으로 하여금 참되고 아름답고 현실적으로 되게 하는 참됨과 아름다움과 현실은 하나이다. 이렇게 하나로 결합된 대상 통일은 '존재자로서 존재자'이다. 그 형태 및 현상 방식의 특수화는 존재 원리 또는 존재 범주의 다양성에 불과하다. 다시 말하면 '존재자로서 존재자'는 개별자에 공통된 존재적 규정들로서 구조화된 존재자다. 존재자 간에는 분열이 있으나 '존재자로서 존재자'는 분열이 없다.

20) Nichol as henry, 'paradigms of public administration' Public administration review, 35. 4. July / august, 1975년, 패러다임이란 학설의 원리, 유형 등으로 사용되고 있으나 이 모두가 정체성에 관한 이론이다.

21) Nicholas henry, public administration and public affairs 2nd ed, (N. J : Englwwood Cliffs, 1980, ch, 2, pp.26-57

된 행정학의 패러다임은 다종다양할 뿐만 아니라 각종 미니 패러다임이 계속 개발되어 증가 일로에 있다. 이 논문의 연구 목적은 이와 같이 다종다양한 행정적 성질을 띤 각종 패러다임을 기본적인 존재 규정에 적합하게 배열하여 존재 질서를 부여함으로써 세계 전체를 활용할 수 있는 바로 거기에서 행정학의 정체성을 찾고자 시도하는 것이다.

다시 말하면 행정학과 철학을 존재론적 지평[22]을 통하여 접목함으로써 행정학의 다종다양한 미니 패러다임들을 하나로 묶어 행정철학의 영역으로 지양(Aufgeben)시키고자 하는 데 있다는 것이다. 그러므로 행정학의 실체를 파악하여 그 정체성을 유지, 발전시키기 위해서는 존재론적인 고찰을 통해 기본적 존재 규정에 맞지 않는 것은 맞추고, 미흡한 것은 보완함으로써 행정학의 기본적인 새로운 모(母) 패러다임[23]을 개발하여 제 행정론들과 그들로부터 새롭게 개발되고 있는 모든 미니 패러다임을 하나의 큰 구조 속에 담아 전체로서의 질서를 잡고자 하는 데 이 논문의 목적을 둔다.

제3절 연구의 방법 및 그 범위

공공 문제를 대비하고 해결하는 행동, 공익을 실천하는 행동, 사회를 바람직하게 운용하여 발전케 하는 행동 등과 같은 현상은 인간의 행동 영역에 그 실체가 있다. 그런데 인간 행동의 동기는 감정, 태도, 신념, 가치, 도덕, 의지, 관계, 선호, 기대, 책임 등 실로 복합적이고 다종다양하여 그 전체는 세계 전

---

22) 서해길, 《존재와 존재자의 존재론적 이해(I)》, (충남대학교 논문집 별책 12집, 인문과학 편), 1973년, p.73. 존재론적 지평이란 존재가 빛이라면 무(無)는 어두움인데, 이 밝음(開顯)과 어두움(隱蔽)의 경계로서의 기본적 존재 규정을 말한다.

23) 모(母) 패러다임이란 모든 미니 패러다임을 생산할 수 있고, 생산된 모든 미니 패러다임들 간에 질서를 부여하여 한 큰 범주 속에 수용할 수 있는 패러다임들 의미한다. 즉, 세계의 기본적 존재 규정을 활용할 수 있는 하나의 큰 패러다임을 말한다.

체의 현상과 밀접하게 관계되어 있다. 그러므로 학문적으로는 자연과학, 사회과학, 정신과학을 망라한 철학과 밀접한 관계를 갖는다는 것이다.

따라서 이 논문의 연구방법은 실사 세계의 구조와 기본적 존재 규정을 파악할 수 있는 '하르트만(Nicoholei Hartmann)의 주요 저서와 행정학 사상 논의되었던 주요 학설에 관한 서적이나 논문들을 연구 자료로 한 문헌연구를 택하였다.

행정의 현상을 야기하고 이를 규정하는 것이 행정행동의 실체요, 그 실체의 원형을 보는 학설이 행정학의 학설 유형으로서 행정학의 패러다임이다. 행정행동의 실체도 존재자이므로 세계의 존재 질서에 따라야 한다고 하였는바[24] 행정학 사상에 논의되었던 모든 행정론의 유형(패러다임)들을 기본적 존재 규정, 즉 존재 계기, 존재 방식, 존재 양상, 요소적 대립범주, 범주적 법칙에 적용하는 데 필요한 규정의 범위를 넘지 않게 제한코자 한다.

따라서 제 행정학의 패러다임이나 행정에 관한 기타 논의들도 기본적인 존재 규정에 해당되는 부분에 한하며, 기본적인 존재 규정도 행정행동의 존재적 요소들이 존재자로서의 동질성을 가질 수 있는 범위를 초과하지 않도록 존재론적인 논의를 제한한다. 그 이유는 존재 질서에 대한 심층적인 논의로 인해 논문의 성격이 일반 철학의 성향을 띨 우려가 있기 때문이며, 또한 행정학의 이론사 역시 너무 그 범위를 넓힐 경우 자칫 논제를 벗어날 수 있기 때문이다.

행정학은 그 실체를 보는 시각에 따라 행정행동의 선택이 달라진다. 어떠한 시각으로 행정행동을 선택했든지 간에 행정 목적의 실현에 선의 의미가 부여될 수만 있다면 그러한 한에 있어서는 자유로운 것이다.[25] 이렇게 자유롭게 형성된 다종다양한 행정론들, 행정 원칙론, 행정 생태론, 행정 행태론, 인간관계론, 규범론, 가치론 등을 심화시키고 넓혀 나가는 것은 행정학의 과제이다.

---

24) 본 논문, p.6
25) 행정행동은 정오(正誤)보다 선악(善惡)에 더욱 치중하여야 한다는 것을 말한다.

그와 같은 다종다양한 행정론들은 각각 부분적인 타당성이 입증될 뿐이므로 부분적으로는 상호 일치될 경우도 있을 것이나 부분적으로 상호 상충되는 경우도 있는 것이어서 유쟁(諭爭)이 야기될 수 있다. 이와 같은 논쟁을 해결할 수 있을 뿐 아니라 그 정체성의 확보를 위해서도 이들 전부[26]와 앞으로 개발될 각종 행정론까지를 모두 한 구조 속에 담을 수 있는 큰 그릇을 만드는 일은 행정철학의 과제인데 이 논문은 후자의 범주에 속한다.

'하르트만'의 기본적 존재 규정을 행정학의 제 패러다임에 적용하는 것과 적용당하는 것이 사실 그대로 기술되어야 논의할 수도, 적용할 수도 있을 것이다. 그러므로 2장에서는 '하르트만'의 기본적 존재 규정의 핵심이 되는 요소를, 3장에는 행정학의 기본적인 패러다임을 주관의 개입 없이 사실 그대로 기술하고, 4장에서 기술된 내용을 중심으로 행정학의 정체성에 관해 논의해 본 뒤 5장에서 기본적 존재 규정(2장)을 행정학의 패러다임(3장)에 적용하여 행정학의 새로운 전체적인 상을 그리면서 그 독자성을 찾고자 하였다. 마지막 6장에서는 반드시 실현되어야 할 당위적인 명제들을 도출하여 그것이 실현되면 행정학의 정체성은 확보된다는 결론이다.

'존재자'로서 성립[27]하게 된 행정행동의 실체는 세계의 실체가 더욱 밝혀짐에 따라 더욱 새롭게 발전할 수 있는 명제들이 될 수 있도록 노력하였다.

이 논문은 '하르트만'의 기본적 존재 규정을 당목(穗木)[28]으로, 행정학의 패러다임을 태목(台木)[29]으로 하여 접목하는 작업이라 비유할 수 있다. 그러므로 반드시 주의해야 할 사항은 당목과 태목이 같은 과(科), 같은 속에 해당하는 것이 아니면 안 된다. 예를 들면 태목으로서의 고용나무와 당목으로서의 감나무 또는 소나무와 잣나무, 찔레와 장미 등과 같은 동질성을 태목과 온목

---

26) 기존의 패러다임이 옳다는 것이 전제된 경우에 한한다.
27) 기본적 존재 규정에 적합할 경우에 한해서 존재자가 성립한다는 것을 말한다.
28) 성장점이 달린 접목용 절단된 나무 가지를 수목(穗木)이라 한다(예 감나무).
29) 뿌리가 보존된 상태로 접목을 위해 절단된 원목을 태목(台木)이라 한다(예 고용나무).

(穩木)은 동시에 가져야 한다.

행정학의 패러다임을 태목이라 하면 기본적 존재 규정은 수목의 역할을 해야 하는 것이다. 그렇지 못할 때에는 이 논문은 생명력을 잃고 말 것이다.

삶의 문제 해결, 세계 전체(존재의 총체)를 대상으로 하는 것과 탐구 노력, 활용 노력 등에 관한 동질성은 이미 언급한 바 있고, 행정학의 '거점(Locus)' 및 '초점(Focus)'과 기본적 존재 규정의 '정재(定在, Dasein)' 및 '상재(相在, Sosein)[30]와의 관계라든지 행정학의 제 패러다임과 실사 세계의 성층(成層) 구조와의 관계 또는 지향하는 목적의 동일성 등에 나타나는 동질성에 관하여는 후술될 행정학의 정체성 논의시 상술된다.

서론을 맺으면서 다시 한 번 강조하는 것은 이 논문은 한마디로 다종다양한 제 행정론들을 '하르트만'의 존재학에 접목시켜 행정행동의 철학적 입지를 마련해보고자 시도한 것이다. 그 핵심적인 이유는 세계의 조직이 기본적 존재 규정에 정초되어 있으므로 주어진 세계를 활용코자 하는 행정행동들도 이에 상응하는 거점과 초점을 가져야 한다는 것이다. 그러기 위해서는 행정학의 거점 또는 기본적 존재 규정에 적합하게 자리하여야 하고, 내용적 초점도 기본 범주를 적합하게 활용할 수 있어야 한다.

그러므로 세계의 모든 원리, 모든 법칙이 체계적으로 결합된 세계의 기본 구조를 활용하기 위해 하나의 큰 그릇을 만들어 이를 담고자 한다. 그것이 곧 '모 패러다임'이라 이름 하였다. 행정철학과 행정학과의 바람직한 관계를 말한다면 행정학은 주로 '미니 패러다임'[31]을 개발하고, 행정철학은 개발된 다종다양한 미니 패러다임에 질서를 주어 하나의 통일된 체계를 구축할 수 있는 모 패러다임을 개발하는 것이라 판단해본 것이다. 그러한 모 패러다임이 개발

---

30) 정재(定在)와 상재(相在)라는 용어는 N. Hartmann의 존재 계기인 Dasein과 Sosein을 서해길 교수가 번역한 것이다.
31) 김영종 외 3인 《관료제와 행정철학》, (서울 : 법문사), p.389

되면 행정학과 철학이 존재론적 지평에서 행정철학으로 지양(止揚)될 수 있다고 본 것이다.

◆ 제2장 ◆
연구의 준거로서의 기본적 존재 규정

철학사[32]의 결실로서의 현대 철학은 실존주의, 과학철학, 신 토마스주의, 논리적 실증주의, 하르트만[33]의 비판적 존재론 등 주로 존재 문제를 다루게 되

---

32) 고대철학이 중세의 도그마(Dogma)를 거쳐 르네상스(Renaissance)에 이르러 부활되면서부터 시작하여 19세기 전반에 이르기까지 약 5세기 동안 활발히 전개되었던 철학 사상을 근대 철학이라고 부른다. 그 대표적인 것은 첫째, 인문주의 활동, 종교개혁, 자연과학의 성립 등 문예 부흥기 철학 사상으로 대표되는 15, 16세기 철학 사상과 둘째, 데카르트(Descartes, Rene), 스피노자(Spinoza, barnch de), 라이프니쯔(Leibiniz, Gottried Wilhelm) 등 합리주의와 로크 존(Locke, John), 버클리(Berkeley, Georze), 흄(Humb, Darid) 등 영국의 경험주의 철학 사상으로 대표되는 17, 18세기 철학 사상과 셋째, 칸트(Kant, Immanuel), 피히테(Fechte, Johann Gottliek), 헤겔(Hegel) 등으로 대표되는 독일의 관념론 철학 사상으로 대표되는 18세기 후반에서 19세기 초반의 철학 사상과 넷째, 쇼펜하우어(Schopenhaur, Arath ur), 니체(Nietzsche, Friedrich Wilhelm), 키에르케골(Kierkegaard Soren Aabye) 등으로 대표되는 비합리주의 사상과 칼막스(Marx Karl Heinrich)의 변증법적 유물론 그리고 콩트(Conte, Auguste)를 위시한 영국, 독일의 실험주의 및 존 듀이(Dewey, john)를 위시한 미국의 도구주의, 실용주의 철학 사상으로 대표되는 19세기 철학 사상이다. 그리고 근대 철학에서 현대 철학으로 넘어오는 과도기 철학으로서의 생(生)의 철학과 현상학을 거쳐 현대 철학으로 들어오게 된다.

33) 니콜라이 하르트만(N. Hartmann)은 마아부르크(Marburg)의 신 칸트 학파 출신으로 마아부르크, 피른베틀린, 괸팅겐 등 각 대학교수를 역임하면서 1906년에서 1950년대에 이르는 약 40년 동안에 52권이 되는 실로 놀라운 만큼의 다량의 저작 활동을 계속하였다. 그 중 1921년 그의 10번째 저작인 《형이상학 요강(Grundzuge einer Metaphysik der Erkenntnis)》에서부터 마아부르크학파의 결별이 명백히 선포되기 시작한 후 27번째의 《존재론 정초(Zur Grundlegung de Ontologie, 1935)》, 33번째의 《가능성과 현실성(Moglichkeit Und Wirklichkeit, 1938)》, 38번째의 《실사 세계의 구조(Der Aufbau der realen Welt, 1940》 그리고 51번째의 《자연철학(Philosopie der Natur, 1950)》 등은 그의 존재학을 이루는 4부작의 주저로서 존재학의 전 체계를 확립하여, 체계화한 것이다.
* 부록-참고문헌 참조
* 하기락, 《하르트만 연구》, (서울 : 형설출판사), 1985년, pp.7-30

며, 결과적으로 존재학을 성립시키는 경향을 보이고 있는바 그 사유는 다음과 같다.

첫째, 인식론은 모두가 관념론의 지반(地盤)[34]에서 세워져 주어진 문제를 덮어 버렸고

둘째, 형이상학적(形而上學的) 근본 문제도 존재적 성격을 제거할 수 없는[35] 불가피성이 발견되었고,

셋째, 자연현상, 사회현상, 정신현상 등 모든 현상적 존재자들이 세계의 조직 속에 그 근거를 가지고 있으므로 존재 문제는 인간의 힘으로 거부할 수도, 변경할 수도 없으며[36]

넷째, 사고는 반드시 어떤 있는 것(존재자)을 생각할 수 있는 것이지 없는 것(비존재자)을 생각할 수 없는 것이 본질이고,[37]

다섯째, 인식 주관이란 존재자 없이는 대상 존재자를 인식할 수 없으며,[38] 대상 존재자는 인식과 관계없이 존재하고 있음이다.

여섯째, 존재자 전체는 세계로서 그 중 부분만이 인식되고 있으며,

일곱째, 존재 문제는 일체의 인식된 것과 인식될 수 있는 것, 그리고 인식 안 된 것과 인식될 수 없는 것에도 관계하고 있는 것 등을 들 수 있다.[39]

존재론이 아니고 존재학이라고 표현하는 사유(事由)는,

첫째, 인식은 존재자가 의식 내에 반영됨으로써 성립하는 것이지 존재자가 전제되지 않고 도외시된 채 인식 문제를 다룬다는 것은 한갓 허상에 지나지 않는다. 따라서 인식론은 2차적 존재권역[40]으로 표현되며,

---

34) N. Hartmann, 《존재학 원론》, 전게서, p.15
35) 상게서, p.16
36) 상게서, p.17
37) 상게서, p.20
38) 상게서, p.32
39) 상게서, p.35
40) 하기락, 《하르트만 연구》, 전게서, p.72

둘째, 가치론은 가치 자체가 심정(審庭)의 역할을 하는 존재권역을 차지하는 존재자들이므로 직접적인 존재 문제가 되고,

셋째, 현대 철학은 존재학으로 불림으로써 종래의 기타 철학과 구분할 필요가 있기 때문이다.

현대 철학 중에서도 하르트만의 비판적 존재론이 토대가 되어 존재학이 성립되는 경향을 보이는 바 그 기본 골격이 그의 기본적 존재 규정이다. 하르트만은 현상을 현상 그대로 받아들여 그것을 분석함으로써 그 속에 있는 존재 규정을 밝혀낸다. 현상 분석에서 그는 존재자가 존재자로 성립하려고 할 때, 즉 무엇이 있으려고 할 때 그 있음을 유발하는 근본적인 기틀(본질적 요소)을 발견하였는바 그것이 정재(Dasein)와 상재(Sosein)란 양 존재 계기[41]였다. 정재에서는 거기 있되 시간의 제약을 받는 방식으로 있느냐, 시간의 제약을 받지 않는 방식으로 있느냐에 따라 실사적인 방식과 이법적(理法的) 방식으로 분기되어 상호 분리된다. 이 양 존재 방식은 가능성(Moglichkeit), 현실성(Wirklichkeit), 필연성(Not Wensigkeit)과 각각 그 부정 양상인 불가능성, 비현실성, 우연성이라고 하는 6가지 존재 양상[42]으로 각각 분화되어 전개되면서 존재 방식을 증명하여 다시 확인한다. 상재에서는 어떠한 내용을 이루는 본질적 요소로서 12짝의 요소적 대립범주[43]가 토대가 되어 그 위에 네 개씩 네 그룹으로 도합 16개로 된 범주적 법칙[44]이 구축되어 있다. 그러므로 '정재'에서 분기되는 두 개의 존재 방식과 그 존재 방식에서 가일층 분화되는 존재 양상으로 전개되는 1계열과 '상재'에서 전개되는 요소적 대립범주와 범주적 기본 법칙으로 구성되는 1계열이 형성되어 상호 대립한다. 이 양 계열을 그는 기본적 존재 규정이라 하였다. 하르트만은 존재자가 존재자로 성립하기 위한 이

---

41) N. Hartmann, 《존재학 원론》, 하기락 역, 전게서, p.394
42) N. Hartmann, 《존재학 양상론》, 하기락 역, (서울 : 형설출판사), 1984년, pp. 56~57
43) N. Hartmann, 《존재학 범주론》, 하기락 역, (서울 : 형설출판사), 1987년, pp.277~278
44) 상게서, pp.474~476

기본적 존재 규정을 세계 내의 다종다양한 구체적 존재자들 간의 경계를 넘어 '존재'라는 점에서 공통된 동질성을 유지하는 근본적인 규정이다. 여기에서 구체적 존재자들 간의 경계를 넘는다는 뜻은 그들과 무관하다는 뜻으로 '존재자의 무관성'이라 한다. 그리고 공통된 동질성이라 함은 그 반대로 유관하다는 뜻이다. 다시 말하면 "다종다양한 모든 구체적 존재자가 존재자로 성립하기 위해서는 무관할 수 없는, 즉 넘을 수 없는 장벽이 있으니 그것이 보편적이고 가장 기본적인 존재 규정임으로 모든 존재자를 꿰뚫고 있는 규정이다"[45]라고 밝힌 바 있다. 예를 들면 구체적인 한 개의 돌멩이(無機物)와 한 포기의 장미나 한 마리의 비둘기(유기적 생명체) 그리고 박○○란 한 사람(반성적 의식체)이나, 한 점의 문화재(역사적, 정신적 소산물)가 있다고 하자. 이들은 각각 다르다. 다르다는 것은 이들 서로가 구체적인 경계를 가졌다는 의미다. 그러나 '없는 것'이 아니고 '있다'는 점에서는 서로의 경계를 넘어 일치한다. 이 일치되는 존재적 성질이 유지되어야만 '없다'는 것과 달라진다. 그러기 위해서는 없다는 것과는 넘을 수 없는 경계가 있어야 한다. 그 경계로서의 장벽(유와 무의 장벽)이 바로 이 존재 계기로서 '정재(Dasein)'와 '상재(Sosein)'이다. 있으려면 자리를 차지하여야 하고, 자리를 차지하는 것도 어떤 방식과 어떤 모양(樣相)으로 자리하느냐, 즉 거(據)하느냐까지를 해명하는 것이 존재 계기로서의 '정재(Dasein)'에서 분기되고 가일층 분화되는 1계열이고, 어떤 방식과 어떤 모양으로 자리하였으면 활동(행동)을 해야 하는바 어떠한 원리나 법칙으로 행동해야 하는가의 내용, 즉 내용 규정에 해당하는 것이 존재 계기로서의 '상재(Sosein)'에서 전개되는 1계열임을 말한 것이다. 그리고 하르트만은 그의 존재학 원론에서 "모든 존재자는 정재의 요소가 있다. 이것은 단지 대체로 그것이 있다는 것을 뜻한다. 그리고 모든 존재자에는 상재의 요소가 있다. 존재자

---

45) N. Hartmann, 《존재학 원론》, 전게서, p.123

의 내용 규정 또는 특수 성질을 형성하는 모든 것은 그것에 속한다. 그것이 다른 것과 공통으로 가지는 모든 것 또는 그것이 다른 것과 그것으로써 구별되는 바의 모든 것, 요컨대 그것인 바의(Was es ist) 무엇임(Was)의 모든 것은 상재에 속한다'고 하였다. 게다가 극히 개별적인 분화에 이르기까지의 전 내용이다.[46] 실사적이든 이법적이든 정재는 어떤 존재자가 단적인 적나라한 사실(Das acte daB)이고, 상재(Sosein)는 그 사실의 의미 내지 본질의 계기를 말한다. 그러므로 정재를 1차적으로 개체를 지칭하는 것이요, 상재는 그것의 보편화(본질의 면)라고 할 수 있다. 이 점은 존재를 표시하는 서양어의 is나 ist가 두 가지 의미로 사용되고 있는 것을 보아서도 알 수 있다. 예를 들어 말하면, '여기에 한 사람이 있다(Here is a man)'와 '사람들은 사회적 동물이다(Man is social animal)'에서 'is'라는 말이 '있다'와 '이다'라는 두 가지 의미로 사용되고 있다. 여기서 Dasein은 그 무엇이 '있다'라는 것을 말하며, Sosein은 '이다'를 의미한다. 하르트만에 의하면 '한 사람이 있다'고 할 때에, 이 '있다'가 그 사람의 'Dasein'이고 그 사람의 성격, 연령, 태도 등이 'Sosein'이라고 한다. 또 '어떤 도형이 있다' 할 때에 이 '있다'가 그 도형의 Dasein이라면, '이 도형은 삼각형이다'에 있어서의 '이다'가 그 도형의 Sosein이다. 그리하여 Dasein '있다'와 Sosein '이다'와의 구별은 어떠한 존재자에게서나 성립된다. 따라서 '이다'는 넓은 의미에 있어서 성질(Beschaffen heit)이라고 말할 수 있으며, '있다'는 이 성질의 기체라고 할 수 있다. '있다'가 아리스토텔레스가 말하는 소위 실체(Ousia)에 해당하는 것이라면 '이다'는 이 실체(Ousia)에 귀속하는 모든 범주(Kategorie)를 말하는 것이다.[47]

---

46) N. Hartmann, 《존재학 원론》, 전게서, pp.127-128
47) 서해길, 《존재와 존재자의 존재론적 이해(I)》, p.63

제1절 '정재(定在, Dasein)'에서 분기되는 존재 방식

하르트만의 연구에 반생을 바쳐온 전 경북대학교 하기락 교수는 그의 저서 《하르트만 연구》에서 존재자의 존재 계기 중 '정재(Dasein)'의 개념에 관하여 요약 정리한 것을 그대로 옮긴다.

"거기 있음(Dasein)은 사실의 현실 존재, 즉 현존이다. 사람이 있다, 세계가 있다, 신(神)이 있다고 할 때의 그 있음을 가리킨다. '거기 있음'은 반드시 현시(現時)에 물적으로 있어야만 하는 것은 아니다. 수의 계열 속에 a_0라는 크기의 수가 있다고 할 때의 그 있음도 또한 거기 있음이다. 거기 있음의 거기는 반드시 공간적 장소만을 가리킨 것도 아니다. 장소적인 거기와 함께 시간적인 거기를 의미하고 또 시간을 초월한 거기[48]를 의미하기도 한다. 요컨대 거기 있음이란 일반적으로 존재자가 어떤 거기를 자리하여 나타나 있음을 가리킨다. 우리는 어떤 존재자에 대해서나 적어도 그것이 거기 있음 또는 없음을, 즉 거기 있음 여부를 말할 수 있다고 하였다."

이 정재(Dasein)에서 분기되는 존재 방식으로는 이법적 방식과 실사적 방식 두 가지가 있다고 하였다. 이법적 방식으로 존재하는 존재자들이 차지하고 있는 권역을 이법적 존재권역이라 하고, 실사적으로 존재하는 존재자들이 차지하고 있는 권역을 실사적 존재권역이라 한다. 이 양 권역이 구분되는 기준은 시간이다.

1. 이법적(理法的) 존재권역

이법적 존재권역은 시간의 제약을 받지 않고 시간을 넘어있는 존재권역이

---

48) 이법적 거점과 실사적 거점을 의미한다. 《하르트만 연구》, 하기락 저, pp.56~57

다. 우주삼라만상(宇宙森羅萬象)의 모든 물적 현상계는 움직이지(변화) 않는 것이 없다. 사람들은 이들의 움직임을 관찰하고 연구하여 그 속에서 그를 통하여 '움직이지도 변하지도 않는 진리'를 찾아내고, 찾아낸 진리에 먼저 찾은 진리들 중에서 자기가 의도하는 방향에 맞는 진리를 골라서 조합하고 결합하여 새로운 선의 의미를 부여함으로써 의미 집체인 문화를 창출해 가고 있다. 그렇다면 과연 이 '움직이지도 변하지도 않는 진리'의 실체는 무엇인가? 알기 쉽게 수학이나 자연과학의 간단한 이치를 통하여 밝혀보기로 하자. $3^2 + 4^2 =$ 25이다. 25 이외의 어느 것도 안 된다. 꼭 25가 되는 것은 25가 되는 이치란 존재자가 있기 때문이다. 숫자나 기호는 사람들이 편의하도록 만든 하나의 약속이라 할 수 있지만 25가 되는 이치 그 자체는 무가 아니고 유(존재자)로서 사람이 이미 존재하고 있는 많은 이치(존재자)들 중에서 찾아낸 것이지 만든 것이 아니다. 이는 에디슨의 전기원리가 에디슨이 있기 전에도 있었으나 몰라서 이용하지 못하였던 것을 에디슨이 찾아내어 시공에 포착시켜 움직이게 한 것과 같다. 마찬가지로 H_2O라는 존재자는 물(순수한 물, 중수소)이 있다는 근거가 되고 원자로는 원자로의 설계서에 나타난 많은 이치들이 원자로의 기능을 발휘할 수 있는 하나의 목적에 맞도록 조합하여 구성된 한 덩어리의 원리군이 그 존재 근거다. 그러므로 존재는 단순한 하나의 이치만으로 하나의 특성을 가질 수 있는 것으로부터 수많은 이치들이 결합되어 하나의 구조를 형성하여야만 하나의 특성을 나타낼 수 있는 것들이 있다. 이와 같은 무한히 많은 원리군들 중에는 아직도 발견되지 않은 것들과 발견되어진 것들이 있다. 그리고 $3^2 + 4^2 = 25$가 성립되는 법칙은 어제도 되었고, 오늘도 되고, 내일도 되며, 미국에서도, 영국에서도, 세계 어느 곳이든지 다 된다. 이것은 이치 그 자체의 존재는 시공의 제약을 받지 않음을 증명하는 것이다. 그렇다고 하여 없는 것이 아니고 분명히 있다. 이와 같이 시간을 넘어있는 존재자들이 존재하는 권역을 이법적 존재권역이라 하고, 그 존재 방식을 이법적 방식이라 한다.

이법적 존재권역에 존재하는 존재자들로서는,

첫째, '실사자의 본질'이다. 실사자의 본질은 실사자 속에 있을 뿐으로 이를 부착된 이법성이라 한다.

둘째, '논리적 법칙'이다. 즉, 동일률, 모순율, 배중률, 보편과 특수와의 포함 (包含)법칙 등으로 실사 세계의 합리적인 측면을 규정한다.

셋째, '수학적 법칙'이다. 수학적 존재는 자유로운 이법성으로서 그 자체에 있어서 아프리오리(Apriori)하게 직관된다. 수학적 존재는 실사 세계의 분양적 측면을 규정짓는다.

넷째, '제 가치'다. 가치는 실사자에 대하여 다만 하나의 심정일 따름이다. 실사자는 가치에 따를 수도 있고 안 따를 수 도 있다. 따를 때 가치 있는 것으로 되고, 따르지 않을 때 반가치적인 것으로 된다. 가치는 이리하여 실사 자를 규정짓지 않고 다만 그 가치 또는 반가치에 대한 심정이 될 뿐이다.[49]

2. 실사적 존재권역

실사적 존재권역은 시간의 제약을 받는 시간 속에 있는 존재권역이다.

모든 존재는 반(反)의 요소를 내포하고 있다. 그렇지 않은 존재는 하나도 없다. 역시 알기 쉽게 설명하기 위해서는 개물(個物)을 예로 들어 보는 것이 쉽겠다. 여기에 분필 한 조각과 담배 한 개비가 있다고 하자. 이것들은 쓰거 나 피우면 그만큼 닳고 타서 짧아진다. 이 짧아지는 것이 계속되면 연필과 담배는 없어지고 만다. 고로 이 짧아지는 이치(존재자) 그 자체는 연필이나 분필의 존재에 대한 반의 요소다. 그런데 사람이 연필이나 담배를 만든 목적

---

49) N. Hartmann, 《존재학 원론》, 전게서, pp.371-415의 요점만을 발췌, 정리하였다.

은 쓰거나 피우기 위하여서이다. 만일 쓰거나 피워서 커지거나 길어진다면 반의 요소가 될 수 없다.

존재하는 것으로 그렇지 않은 것은 없다. 이것이 A는 Non A를 내포하고 있고, Non A는 B로 변환되며, B는 동시에 Non B를 내포하고 있으므로 이 Non B에 의해 C로 변환, 발전한다는 변증의 논리가 나온 근거이기도 하다. 위에서 예를 든 연필이나 담배 한 개비는 물질로 구성된 물체이다. 존재의 정태(靜態)인 이 법적 존재 자체도 예외일 수 없다. 정태의 반대는 동태(動態)이다. 정태는 동태를 내포하고 있는바, 초기에는 동인(動因)에 불과하다. 정태가 동태를 내포하고 있다면 이미 그 정태는 정태가 아니라는 반문을 일으킬 수 있다. 그러나 A가 내포하고 있는 Non A는 초기에는 지극히 그 활동이 적어 거의 무시할 수 있는 단계에서 차츰 성장, 나중에 A는 차츰 그 형태까지 변환되어 B가 되듯이 유는 무를 내포하고 있다. 하여 유 자체가 없어져 버리는 것이 아니고 다른 유와 결합되어 변환될 따름이다. 다시 정리해 보면 정태로서의 유는 무를 내포하고 있다. 이 '무'는 운동의 인자로 시공을 창출한다. 따라서 당초의 정태로서의 존재를 A라 하면 무는 Non A요, 시공은 B다.

이리하여 이 법적 존재자는 시공에 의해 동태로 된다. 쉽게 말하면 정태인 H_2O + r가 시공에 붙잡히면 동태인 물이 된다. 여기에서 우리들은 이 법적 존재가 시공에 포착된 권역을 실사적 존재자가 거(據)한다고 하여 실사적 존재권역이라 하고, 그 존재 방식을 실사적 방식이라 한다고 하였다. 이것은 물질의 본질에 대한 한 가지 예를 들어 본 것뿐이다.

가. 실사적 존재권역의 성층(成層) 구조

하르트만이 실사적 방식으로 존재하는 존재자들은 군별(群別)로 층을 형성하고 있는데 1층에는 물질적 무기물(無機物), 2층은 유기적 생명체, 3층은 심리

적 존재자, 4층은 역사·정신적 존재자 등이 그것이다.[50]

이들 각층 간의 구분은 상층에서 새롭게 생기는 법칙들에 기인한다. 이를 신규자[51]라 하였다.

이 신규자는 실사적 여건이 조성되면 이법적 존재권역에 존재하는 존재자들 중 그 여건에 해당되는 것들이 시간에 포착되어 실사권역에 출현한다.

윗선 층간(層間) 구분의 명확성을 우선으로 한다면 첫째는 자연과 정신이다. 물리·물질적인 것과 본래의 정신적인 것과는 그 구분이 명확함으로 설명을 할 필요가 없다.

다음은 유기적 자연과 의식적인 것과의 영역은 서로 밀접하게 접경하여 있다. 유기체는 그것이 그 속에서 성립하고 있는 미묘한 과정들의 체계를 포함해서 역시 공간적이고 물질적인 조직체이다. 이와는 반대로 의식적인 과정과 내용은 명백히 비공간적이고 비물질적이다. 즉, 공간적인 자리를 가지고 있는 것의 물체적·외면적 주어진 육체와 주관 자체의 특이한 그리고 그것에 소속된 것으로서의 의식적 작용인 내면적 자기에게 주어진 정신과의 이질성이다. 이 이질성은 유기적 자연(植物, 動物)과 심리·의식적 인간과를 구분한다.

그 다음은 무생명의 자연과 유기적 생물체와의 사이에 있다. 최저 단계의 생물이 순수하게 역학적·화학적 관계에서 발생한다는 사상이 부단히 나타나고 있다. 그러나 스스로 자기를 통제하는 물질대사와 자기재생이란 생명 작용의 개시와 함께 특이한 법칙이 작용한다. 이 새롭게 나타난 특이한 법칙으로 유기적 생물체는 무생명의 자연과 질적 차이를 갖게 된다.

끝으로 정신적 존재와 심리적 존재의 구분이다. 양자는 공히 비공간적이고 비물질적이다. 그 때문에 이들 존재를 '이법적 존재'라 하게 되어 실사의 존재 단계로 인식할 수 없었던 것이 과거의 성층 사상에 자주 나타난다.

---

50) N. Hartmann, 《존재학 범주론》, 하기락 역, (서울 : 형설출판사), 1987년, p.234
51) N. Hartmann, 《존재학 범주론》, 하기락 역, 전게서, p.242

이법적 존재와 실사적 존재와의 분리는 시간이다. 시간적인 것은 그것이 공간적인 것도, 물질적인 것도 아니라 하더라도 실사성을 가진다.

심리적 존재는 개별 인간의 의식 작용을 내용으로 한 개별적·시간적 생명을 가지나 정신적 존재는 개별 인간의 의식적 심리작용을 전제로 하되 언어, 학문, 법률, 풍습 등 역사적·집단적·시간적 생명을 가진다. 즉, 심리적인 것의 상부에 정신생활의 시작과 함께 다시 한 번 특이한 법칙이 시작되는 것이다. 새롭게 나타난 이 특이한 법칙으로 말미암아 심리적·의식적 존재와 정신적인 존재와의 구분은 명확해진다.

이와 같이 4군으로 구분된 실사적 존재권역 내에 있는 존재자들은 낮고 간단한 것이 기초가 되어 더 높은 것은 그 위로 높여지도록 되어 있다.

하르트만은 그의 저서 《존재학 범주론》에서 이에 관해 다음과 같이 말하고 있다.

"유기적 자연은 무기적 자연의 위로 높여진다. 유기적 자연은 단독으로 자유로 부동(浮動)하는 것이 아니라 물리·물질적인 것의 관계와 법칙을 전제하고 있다. 유기적인 것은 후자가 생명을 형성하는 데는 부족한 것이기는 하지만, 그러나 그것의 위에 얹혀서 있다. 심리적 존재와 의식은 그것을 부담하는 유기체에 의하여 제약되어 있고, 그것은 이 유기체에 있어서 그것과 함께 하는 데서만 세계 속에 나타난다. 마찬가지로 정신생활의 대규모 역사적 현상은 개체의 심리적 생활에 결부되어 있고, 후자는 매양 전자의 지지자이다. 층에서 층으로, 각각 단면을 넘어서 얹히고 밑으로부터의 제약을 받는 동일한 관계가 발견되고, 더욱이 얹히는 것의 특이한 형태, 특이한 법칙이란 자립성의 관계가 발견된다. 이 관계는 실사 세계 본래의 통일이다. 세계는 온갖 다양성과 이질성에도 불구하고, 결코 통일을 결(缺)하는 것이 아니다. 세계는 체계의 통일을 가지는바, 이 체계는 층들의 체계이다. 실사 세계의 구조는 층 구조이다. 그럴 경우 중요한 것은 단면을 건너 놓을 수 없다는 데 있는 것이 아니라, 이것은 우리에게 대해서만 그런 것인지도 모른다. 새로운 법칙과 범주적 형성이 시작된다는 데 있다. 다만 낮은 층에 의존하여, 게다가 그것에 대하여 특성과 자립성을 보유하면서 의존한다는 데 있다. 이것은 실사적 세계의 구조에 있어서의 근본 법칙이다."[52]

실사 세계를 성층으로 보는 이 성층 사상은 고대로부터 발전되어 오던 것을 하르트만이 보완하여 총 정리한 것뿐이다.

나. 성층 사상의 역사

성층 사상의 기원은 고대 철학의 전성기에 플라톤(Platon)의 마음의 세 부문에서부터 찾아 볼 수 있다.

쾌락과 불쾌의 힘이 지배하는 층을 하층으로 하고, 이성에 의하여 지도되는 층을 상층으로, 그 중간에 열성과 용기로 나타나는 욕구의 층으로 구분한 것이 그것이다. 그리고 그는 이 마음의 기능에 따라 삼분법과는 별도로 인간의 덕성과 정치적 사회구조를 연계시켜 도덕적 태도로서의 덕성의 수준에 따라 정치적 사회구조를 성층적 방법으로 분화시켜 임무를 맡게 하는 계급 국가관에서도 성층적 성격을 찾아볼 수 있다.

신 플라톤 학파의 대표였던 플로티노스(Plotinos)의 5가지 실체(① 一자, ② 누스(Nous), ③ 영(靈), ④ 자연, ⑤ 질료(質料)와 스코투스 에류게나(Scottus Eriuggena, Tohannes)의 자연 구분론, 즉

① 창조하나 창조되지 않는 자연(歷史)

② 창조되며 창조하는 자연(人間)

③ 창조되고 창조하지 않는 자연(有機體)

④ 창조되지 않고 창조하지 않는 자연(無機物)

---

52) N. Hartmann, 《존재학 범주론》, 전게서, pp.243-244

등에서도 성층 사상은 나타난다.

그 후 플라톤의 성층 사상을 계승한 아리스토텔레스(Aristoteles)는 그의 정신론에서 이 성층 사상을 더욱 깊이 전개하였다. 1층의 생활기능은 의식현상과 상관이 없는 물질대사와 생식의 과정을 원동력으로 하는 원리가 지배하고 있고, 중간층은 지각과 숫자가, 상층은 이성이 각각 지배하는바 높은 단계가 낮은 단계 위에 얹히고, 그것 없이는 성립할 수 없으나, 낮은 단계는 높은 단계 없이도 훌륭히 성립한다면서 예로서 식물은 생명 영혼이 없어도 성립하고, 동물은 지각 영혼이 없이도 성립한다고 들었다. 그러나 높은 단계는 언제나 그 자신의 자립적인 원리를 가지고 있다는 것이 이에 못지않게 중요한 관심사였다. 그리하여 그는 실사 세계의 성층 구조를 질료(質料)위에,

① 물리적 물체가 높여지고,

② 그 위에 유기체가 높여지며,

③ 다시 그 위에 영혼이 있는 생물이 놓여지고,

④ 또 다시 그 위에 정치적 생물(人間)이 높여진다

고 하였다. 그리고 인간으로서의 4층에서 끝나는 것이 아니고 인간은 덕으로서 다시 보다 높은 지위에 올라 자기를 완성할 수 있는 것이라 하였다. 이 덕은 최고의 지적 덕에 있어서 다시 한 번 특수한 정점, 순수한 정신적·직관적 생활의 정상에 도달하게 된다.

이 단계 서열은 중세의 사상적 체계에 있어서 여러 가지로 변형되어 종종 다시 나타난다. 사변적(思辨的)으로 제약되어 있는 최후의 항목인 덕을 도외시한다면 마음의 기능적 충돌과 마찬가지로 변동시킬 수 없는 현상군들에 대한 자연스러운 의속(依屬)을 보여주고 있다. 그것이 ① 물질적, ② 유기적, ③ 심리적, ④ 정신적으로 존재하는 네 가지 중요 단계를 명료하게 인정한다.

그 후 라이프니츠(Leibniz, Gottfried Wilhelm)의 모나드(Monadenlehre)론과 이를 모방한 독일 관념론자 셸링(Schelling, Friedrich Wilhelm Joseph)의

정신론에서는 자연의 형태 및 그 구성물들은 아래로부터 위에 이르기까지 정신이 숨어 있어야 한다든지, 19세기의 헤겔(Hegel, Georg Wilhelm Friedrich)의 세계정신, 쇼펜하우어(Schopenhauer, Arthur)의 의지의 원리 등에서 이 성층 사상은 계속 전개되어 왔다.[53]

다. 성층 간의 관계

하르트만은 실사적 존재권역은 4층[54]으로 구성되는데 가장 토대가 되는 맨 아래층이 물리적 물질층이라 하여 물리화학적 법칙의 지배를 받는 무기물로서의 존재자들이다. 이 1층 바로 위 2층이 유기적 생명체이다. 유기적 생명체는 물리화학적 법칙에 생명의 법칙이란 신규자가 그 위에 가공된 상태로 새로운 특성이 형성된 것을 의미한다. 따라서 1층과 2층의 관계를 가공형성관계[55]라 한다.

가공형성관계의 특징은 1층의 물리화학적 법칙이 전부 상층인 2층에 뚫고 올라가 상층 존재의 구성 요인으로 되는 데 있다. 즉, 물질층이 전부 생명층으로 관철하여 유기체 형성의 요인으로 참여하는 것이다.

유기체적 생명층 위에는 심리적 의식의 새로운 법칙이 시간에 포착된다. 이 3층 위에 역사적·보편적 법칙이란 신규자와 함께 정신생활층을 구축하게 된다. 2층(유기적 생명층)과 3층(심리적 의식층)의 관계와 3층과 4층(정신생활층)과의 관계를 가상구축관계라 한다. 가상구축관계는 그 특징이 하층의 법칙들 중 일부만 상층에 재현하고 일부분은 층 경계에서 정지함으로써 상층이 하층 위에 얹히는(Aufruhen) 모양으로 되는 점에 있다. 예를 들면 물질층의 소속 법칙 중 일부, 즉 시간성, 실체성, 과정성, 상태성, 법칙성, 개별성과 같은

---

53) N. Hartmann, 《존재학 범주론》, 전게서, pp.235-236
54) 하기락, 《하르트만 연구》, 전게서, pp.72-75
55) 상게서, p.85

것은 생명층과 심리층을 거쳐서 정신층까지 관철하는데, 그 중 일부, 즉 공간성, 물체성, 중력, 타성, 밀도와 같은 것은 생명층을 통과한 후 생명층과 심리층과의 경계선에 이르러 정지되고 만다. 마찬가지로 심리층과 정신층과의 경계선에 있어서도 또한 일부 법칙들의 관철과 정지라는 동일의 사태가 나타난다.[56]

이상이 실태 세계의 성층 구조다. 이 성층 구조는 한편으로 하층에서 상층으로 관철하는 높이에 있어 법칙에 따라 차이가 있고, 다른 편으로 층이 새로워질 때마다 신규의 법칙들이 등장함으로써 존재권역에 층이 생기게 되고, 이에 대응하여 세계상도 성층적으로 파악된다. 그런데 법칙들이 그 밑으로부터 위로 향하여 뚫고 올라감에도 불구하고, 또 상층 법칙에 대한 하층 법칙의 불가침의 자립성에도 불구하고 상층도 신규 법칙들의 새로운 출현으로 말미암아 풍부하고 체계적인 형태 형성의 활력무대를 갖게 된다. 물론 상층은 하층을 떠나 존립할 수 없다. 물질을 떠나 생명이, 생명을 떠나 의식이, 의식을 떠나 정신적 존재가 있을 수 없다. 의식은 육체에 부담되어서만 존립할 수 있다. 그럼에도 불구하고 의식은 육체보다, 정신은 의식보다 1층 풍부하고, 미묘하고, 다양한 형태형성에의 자유를 향유한다.

3. 양 존재권역 간의 관계

이 양 존재 방식에 의한 존재권역은 다음과 같다.

① 실사적 존재권역은 시간성, 개별성, 인과성의 지배를 받는다. 예로서는 개개의 물체, 생명체, 심리적 작용, 정신생활 등이다.

② 이법적 존재권역은 시간성, 인과성, 개별성을 벗어난 다른 종류의 법칙

---

56) N. Hartmann, 《존재학 범주론》, 전게서, pp.336–337. 개별 인간의 태도, 심리적 특성, 가치관, 인격, 행동 양식 등은 심리층(三層)과 정신층(四層)의 경계에서 정지되거나 퇴각된다.

하에 있다. 예로서는 실사자의 본질, 논리적 법칙, 수학적 법칙, 제 가치 등이다.

③ 이법적 존재는 실사자 속에 포함되어 실사자의 근본 구조를 이룬다. 이는 실사적 존재권역과 이법적 존재권역이 중첩된 상태이므로 동일 관계를 중첩 관계라 한다. 예로서는 '실사자의 본질'을 들 수 있다.

④ 이법적 존재는 실사적 존재의 특정한 측면을 규정한다. 예를 들면 수학적 존재와 논리적 존재를 들 수 있다.

⑤ 실사적 존재에 대하여 이법적 존재는 한갓 규범으로 임하고 있다. 예로서는 다종다양하고 가장 복합체적인 제 가치를 들 수 있다.

⑥ 이법적 존재권역에만 존재하는 것은 수학적 공간의 복수성과 제 가치의 총체이다.

⑦ 실사적 존재권역에만 존재하는 것은 비논리적 존재, 실제 이율배반적인 존재, 반가치 등이다.[57]

⑧ 이법권역은 실사권역 위에 포개지는 중첩 관계에 있다.

⑨ 실사적 존재는 개별적이요, 1회적이며, 되풀이 될 수 없다.

⑩ 이법적 존재는 보편적이요, 항존적이며, 되풀이 될 수 있다.[58]

이와 같이 이법적 존재권역은 사실적 존재권역 위에 부동적 중첩 관계에 있으면서도 독자적인 자체 존재를 갖는다. 그러나 자체 존재는 하나의 희박한 실체 없이 부동하는 존재에 불과하다. 말하자면 반존재(Halbes sein)에 불과하다. 고로 이법적 존재 법칙은 실사적 존재 법칙에서 분리시켜 도출할 수 없

---

57) 윤병태, 《행정인의 능력 발전》, 《한국행정학보》 제20권 제1호), 1986년 6월, p.58. 권위주의, 의식주의, 형식주의, 계서주의, 관운주의, 의리주의, 할거(割據)주의, 족벌주의, 가족주의, 자연주의 등은 실사권에만 존재하는 것. 고로 이법적 존재권역에 거(據)하는 존재자들을 활용함으로써 해결할 수 있다.

58) N. Hartmann, 《존재학 원론》, 전게서, pp.73-74. 인간의 육체는 실사적 존재로서 1회한이나, 이법적 존재는 항존적이며 반복될 수 있으므로 이 양 존재자 간의 관계는 종교적 차원으로 승화시킬 수 있는 가능성을 열어놓고 있다(死의 극복). 이는 자기실현을 통한 자아완성과 사회 발전의 당위성에 관한 행정인의 신념 체계를 구축할 수 있는 근거이기도 하다.

으나 독자적 자체 존재임에는 틀림없다.

이상이 '정재(Dasein)'에서 분기되는 존재 방식이다. 실사적 존재권역과 이법적 존재권역이 밝혀짐으로 세계의 기본 구조가 들어나는 셈이다. 실사적 존재권역과 이법적 존재권역 간의 근본 법칙을 주어져 있는 세계로서 '세계의 날(緯)'이라고 한다면 실사 세계의 성층 구조는 '세계의 씨(經)'에 해당한다고 할 수 있다.

'정재(Dasein)'에서 분기되는 존재 방식을 도표로 나타내면 다음 표와 같다.

존재 계기	존재 방식	층별	지배 법칙	현상	공통 지배	층 투시의 원리		
정재	실사적 존재 권역 (실사성)	1층	물리화학적 법칙	개개의 물체(物質)	시간성 개별성 인과성	가공형성관계		
		2층	생명의 법칙	식물과 동물				
		3층	의식의 법칙	인간(심리작용)		가상구축관계		
		4층	정신의 법칙	정신생활과 역사적·문화적 산물				
	구분	영역별	특성	자유 정도	공통지배	가치 구조의 법칙		
	이법적 존재 권역 (이법성)	실사자의 본질	부착된 이법성 실사자 속에 구속		초시간성 보편성 당위성	제1군	① 성층관계의 법칙 ② 상대관계의 법칙	
		논리적 법칙	합리성, 동일률, 모순율, 배중률, 보편과 특수와의 관계 법칙	중		제2군	③ 반대관계의 법칙 ④ 보충관계의 법칙	
		수학적 원리	실제 세계의 분양적 측면 규정	상		제3군	⑤ 고저의 법칙 ⑥ 강약의 법칙	
		제 가치	실사자에 대한 심정의 위치	복합		* 가치의 고저		
						하	중	상
						반합리적 쾌락주의	합리적 공리주의	초합리적 이상주의(종교, 철학)

제2절 '상재(相在, Sosein)'에서 전개되는 범주적(範疇的) 체계

존재자의 존재 계기 중 '상재(Sosein)'에 대한 하기락 교수는 다음과 같이 정리하였다.

"그 있음을 말한다 해서 그 무엇임(Was)이 밝혀진 것은 아니다. 사람은 이성적 동물이다. 신은 창조자요, 섭리자이다'라고 말함으로써 비로소 사람이란 존재자의, 또 신이란 존재자의 무엇임이 밝혀지는 것이니, 존재자에 있어서의 이 계기를 가리켜 그리 있음(Sosein)이라 이르는 것이다. 그리 있음(Sosein)은 사물의 내용 존재이다. a_0의 값이 1이라고 말할 때, 1은 a_0의 그리 있음이다. 거기 있음과 그리 있음은 중세의 존재론적 유신논쟁 이래, 그리고 이에 대한 칸트(Kant)의 비판을 통해서 더욱 확실히, 존재자의 두 가지 존재 계기를 이루었다는 것이 잘 알려지고 있는 터이다. 하르트만은 '존재자로서의 존재자' 일반이 거기 있음과 그리 있음이란 두 가지 존재 계기에서 성립하는 것으로 본다. '거기 있음'과 '그리 있음'은 존재자 일반에 공통한 가장 기본적인 존재 규정이다. 하르트만에 있어서 그리 있음(Sosein)이란 용어는 본질(Essentia)이란 용어보다 훨씬 넓은 내용을 갖고 있다. 본질은 존재자의 여러 가지 내용 규정 중에서 비교적 변동이 없는 핵심적인 몇 가지 규정에서 성립한다. 그러나 그리 있음(Sosein)은 내용 규정이란 모든 내용 규정을 그것이 불변적·핵심적 규정이거나 가변적·주변적 규정이거나 간에 총망라한 내용을 갖고 성립한다."[59)]

이제 정재(Dasein)가 명확해져서 어떤 거기에 자리를 잡았으면 그 위에 건축물을 세우는 일이다. 전자에서는 존재자 일반의 '정재(Dasein)' 계기에 관한 것으로서 일절의 내용적·구조적 요소가 개입하지 않았다. 이제 존재자 일반

---

59) 하기락 저, 《하르트만 연구》, 전게서, p.57

의 구조적 내용(초점)의 문제로 들어가 존재자 일반의 '상재(Sosein)' 계기를 전개할 차례다. 존재자 일반의 '상재(Sosein)'에 관한 존재 규정은 범주의 체계로서 전개되는데, 이 범주 체계에 의하여 세계의 상이 파악된다. 세계의 통일적 조직은 범주의 체계에 의하여 구성되기 때문이다.

실사권역이 의식 내에 반영된 부분권역을 인식권역이라 한 바 있고, 이법적 권역이 의식 내에 반영된 부분권역을 논리권역이라 한다. 이 인식권역과 논리권역을 제1차적 존재권역이라고 부른다.[60]

모든 존재권역(제1차적, 제2차적)에 공통된 보편성을 띤 범주를 '기본 범주(Fundamental Kategorie)'라고 한다. 이 기본 범주는 모든 존재의 공통된 토대를 이루므로 실사 세계 전체의 통일된 기초를 형성한다.

이 기본 범주는 세 군의 이치로 되어 있다. 그 한 군의 원리는 양상(樣相)[61]의 원리로 가능성과 현실성[62]이다. 이는 존재 방식, 즉 이법성과 실사성에 따라 그 변모하는 과정이 다르다는 것을 입증함으로써 존재 방식 자체의 타당성을 확인한 것이므로 정재(定在(Dasein) 계기에서 분기되는 한 계열에 속한다. 또한 다른 한 군의 원리는 12짝의 요소적 대립범주요, 세 번째는 16개의 범주적 법칙이다. 실사 세계의 구조는 이 세 군의 원리에 의해 구성된다. 이것이 세계의 상이고 세계의 내용을 구성하는 요소들이다.

요약하면 세계는 이상과 같이 그렇게 있는(Sosein) 것이다. 이 양 범주의 관계는 요소적 대립범주가 기저(基底)를 이루고 그 토대 위에 실사 세계의 내부 구조를 이루는 개개의 특수 원리가 서로 결속되어 있다. 결속은 일정한 법칙에 의하는바 이 원칙을 범주적 법칙이라 한다.

---

60) 상게서, p.72
61) 양상 범주는 행정 기획 및 계획 시 참고되는 것이다. 정체성 이론에는 그다지 필요로 하지 않는다.
62) 상게서, p.62

1. 요소적 대립범주

그 요소적 대립범주는 다음과 같은 12짝으로 되어 있다.

원리 ~ 구체자	통일 ~ 다수
구조 ~ 양상	일치 ~ 배치
형상 ~ 질료	대립 ~ 차원
내면 ~ 외면	단절 ~ 연속
결정성 ~ 의존성	기체 ~ 관계
성질 ~ 분량	요소 ~ 조직

이는 여태까지의 철학사의 모든 성과에서 대립범주 상호 간의 변증을 철저히 거쳐 체계화한 것이다. 장래의 철학으로 향하여 문호가 개방된 체계다. 그리하여 이 요소적 대립범주는 결국 존재 규정성 또는 '상재(Sosein)' 일반으로 구조에 속한다. 이는 전 존재권역에 보편적으로 해당한다.[63]

2. 범주적 법칙

범주란 일반적으로 구체적 존재자를 결정짓는 원리이다. 범주적 법칙의 경우 그것이 결정지어야 할 구체자는 전체로서의 실사적 세계이다.

실사적 세계의 각층에 타당한 특수적 제 범주의 총체라 해도 좋은 것이다. 이런 의미에서 범주적 법칙을 말하자면 범주의 범주다.[64]

개개의 물체적 사물이 범주의 결정을 받고, 그 아래 종속하듯이 모든 특수적 범주는 범주적 법칙 아래 종속하여 그 결정을 받지 않으면 안 된다.

이리하여 범주적 제 법칙은 실사적 세계 전체의 구조를 결정하는 또 하나

---

63) 하기락 저, 《하르트만 연구》, 전게서, p.76
64) N. Hartmann, 《존재학 범주론》, 전게서, pp.469~642

의 기본 범주의 군을 형성한다. "범주적 제 법칙은 네 가지 원칙에 따라 다시 넷의 그룹으로 나누어지고, 각 그룹마다 넷씩의 법칙이 속하니 도합 16을 헤아리게 된다."[65]고 하였다.

이 16개의 범주적 법칙은 정체성 모색시(5장) 행정론과 연관하여 상술하게 되므로 여기서는 원칙별 법칙 명과 그 특성만 들면 다음 표와 같다.

	원칙	법칙	특성
범 주 적 법 칙	타(妥)	원리 법칙	구체자의 측면 결정
	당(當)	층 타당 법칙	소속층 내부의 구체자 결정의 구속력
	원(原)	층 공속 법칙	소속층 내부의 구체자에 대해서만 타당
	칙(則)	층 결정성 법칙	해당 층의 원리 결정
	공(共)	결속성 법칙	한 층의 원리들로 결속하여 구체자 결정
	속(屬)	층 통일성 법칙	해당 층 내부 통일
	원(原)	층 전체성 법칙	요소들의 총합이 아니고 요소에 선행하는 전체
	칙(則)	함축성 법칙	층의 전체성은 각 요항 속에 재현
	성(成)	재현 법칙	하층은 그 전부 또는 일부가 상층에 재현
	층(層)	변모 법칙	하층이 상층에 재현 시는 변모
	원(原)	신규자 법칙	하층에서 올라온 것 외에 새롭게 생기는 원리
	칙(則)	층 간격 법칙	신규자에 의해 새로운 층 공속성 성립
	의(依)	강관 법칙	하층에 대한 상층의 취약성과 하층의 강인성(强靭性)
	존(存)	무관성 법칙	하층은 상층과 관계없이 자립
	법(法)	질료 법칙	하층은 상층의 질료 구실
	칙(則)	자유 법칙	상층일수록 폭이 넓고 깊으며 자유로움

제3절 정재(定在, Dasein)와 상재(相在, Sosein)와의 관계

정재(Dasein) 분석에서 시간의 제약을 받는지 안 받는지의 여부를 기준으

---

65) 하기락 저, 《하르트만 연구》, 상계서, p.79

로 존재권역을 실사적 존재권역과 이법적 존재권역으로 구분되고, 실사적 존재권역은 물리적 물질층, 유기적 생명층, 심리적 의식층, 역사적 정신층으로 층이 이뤄져 있고, 이법적 존재권역에서는 자유의 정도에 따라 실사자의 본질, 논리적 법칙, 수학적 존재, 제 가치 등으로 구성되었음을 밝혔다.[66](1절)

상재(Sosein) 분석에서 12짝의 요소적 대립범주와 16범주적 법칙을 밝혔다.[67] (2절)

그러나 여기에 언급하지 못했던 것은 이 양 존재 계기로서의 정재와 상재의 상호관계. 이 관계에 관해서는 하르트만이 '존재자로서의 존재자'는 두 개의 대립 짝의 교차관계라 지적하였다.[68]

고로 정재와 상재의 상호관계는 이 두 개의 대립 짝의 교차관계가 된다.

두 개의 대립 짝이란 이법적 존재권역에 정재와 상재의 한 짝이 있고, 다른 한 짝은 실사적 존재권역에 정재와 상재가 있는 것을 말한다. 즉, ① 이법적 정재, ② 이법적 상재, ③ 실사적 정재, ④ 실사적 상재 등 4개 항의 교차관계를 말함이다.[69]

정재가 가장 보편적인 것에도 성립함은 상재가 가장 개별적인 것에도 성립함과 같다.[70] 예를 들면 법칙성 같은 시공의 제약을 받지 않는 이법적 존재에도 정재가 있어야 하고, 시공의 제약을 받는 구체적인 개물(個物)도 본질과 같은 상재가 있어야 한다는 뜻이다.

그러므로 정재와 상재는 모든 존재자에 있어 서로 연관하고, 그러면서도 일종의 독자성을 가진다. 여기에서 양 존재 계기는 독자성과 상호 연관성의 문제가 제기됨에 따라 분리, 접속, 전위(轉位) 등 3가지 관계가 성립된다.

---

66) 본 논문, 2장 1절, p.17
67) 본 논문, 2장 2절, p.30
68) N. Hartmann, 《존재학 원론》, 전게서, p.189
69) 상게서, p.198
70) 상게서, p.128

1. 정재와 상재의 분리관계

어떤 존재자에 관하여 그것이 있는지 없는지에 상관없이 그것이 무엇이라고 말할 수 있으며, 마찬가지로 그것이 무엇인지 알지 못하더라도 그것이 있는지 없는지를 논할 수 있다. 물론 이럴 경우 확실한 한계는 있다. 그러나 정재와 상재와의 관계에 있어서 비로소 두드러진 것은 양자 간에 어떤 종류의 무관성이 있다는 것이다. 양자 간의 이 무관성은 각각 독자적인 요소를 가진다는 뜻이다. 그래서 존재임을 주장하는 모든 것은 정재와 상재로 나누어진다. 결국 세계 전체와 그 속에 자리하는 모든 것이 두 가지 이질적 존재 요인으로 구성되고, 그럴 적에 어느 부분에서나 접합은 흡사(마치) 하나의 구열(龜裂)이 전체를 관통하는 것처럼 보인다.[71]

정재는 결코 상재로 변하지 않고 어떤 방식이나 관점에서도 상재로 생각될 수 없으며, 상재 또한 결코 정재로 변하지 않고 어떤 방식으로도 정재로 돌려 버릴 수 없도록 그것은 그렇게 그 자체 이미 존재자의 두 가지 성분으로 구분되고, 더욱이 철저히 구분된다. 이것을 하르트만은 "대립의 존재론적 첨예화(尖銳化)[72]니라" 하면서 중요한 것들을 들면 다음과 같다고 하였다.

가. 모든 상재(내용 규정)는 정재 있는 것(Daseindes)에게 귀속한다. 그것은 허공에 떠 있는 것이 아니라 그것이 들러붙은 하나의 밑바탕 기체(Substrat)를 전제한다. 상재는 넓은 의미에서 사물의 됨됨으로 보고, 정재는 됨됨이의 밑바탕으로 본다. 그런데 됨됨이는 밑바탕으로 변하는 일이 없고 어디까지나 그것에 붙어 있는 어떤 것이다. 밑바탕 쪽도 어떤 것의 됨됨이로 될 수 없으며,

---

71) 상전서, p.129
72) N. Hartmann, 《존재학 원론》, 전게서, p.129

오직 밑바닥에 깔려있을 뿐 다른 것에게 귀속할 수 없다. 그러므로 정재와 상재는 극히 밀접한 관련을 갖고 있음에도 불구하고 결코 피차 혼합되지 않는다.[73] 즉, 정재는 됨됨이의 기체(Substrat)이고, 됨됨이는 사물의 상재를 이룬다. 됨됨이가 정재에 붙어있는 어떤 것이지 정재가 상재에 붙어 있는 것은 아니다. 양자는 피비(被比) 이행(移行)이 안 된다. 그것은 존재자에 있어서의 이질적인 두 계기이다.[74]

나. 정재와 상재 상호간의 위에서 말한 무관성은 사물 자체에도 쉽게 옮겨 놓을 수 있다. 상재에 있어서는 그러한 어떤 것이 실존하든지 아니하든지에 아무런 상관이 없다. 설사 그런 어떤 것이 있지 않다 하더라도 그것은 여전히 그렇게 됨됨이로 되어 있는 것이다. 마찬가지로 정재도 설사 일정한 상재를 결(缺)한다 하더라도 정재가 아니 되지는 않는다.[75]

다. 실사적(Real) 실존자 편에서 보면 본질은 단순한 가능성으로 보이므로 상재 그것만으로는 그저 가능한 존재에 지나지 않는다. 이와 반대로 정재는 현실성의 성격을 띤다. 이 점에서도 상재는 벌써 존재 양상에 의하여 정재로부터 분리된다는 결론이 나온다.

정재에 있어서는 상재가 이렇게 또는 저렇게 되어 있음에 대하여 아무런 차이가 없다. 그리고 상재에 있어서는 그런 어떤 것이 실존하고 안 하고 아무런 차이가 없다. 본질에서 본다면 정재란 일반적으로 필수적인 것이 아니다. 정재란 것은 상재에 있어서는 우연적인 것이고 외면적인 것이다. 마찬가지로 일정한 상재도 정재에서는 외면적이고 우연적이다.[76] 세계의 정재는 실사적 성

---

73) 상게서, p.130
74) 상게서, p.130
75) 상게서, p.130
76) 상게서, p.130

층 구조에 있으면서 실체 없는 반 존재로서의 이법적 존재권역의 영향을 받는 방식으로 자리하여 있으며, 세계의 상재는 이 정재에 붙어서 요소적 대립 범주와 범주적 법칙을 형성하고 있다.

2. 정재와 상재의 접속관계

벌거숭이의 정재란 이 세상에서는 오직 추상적이고 한계 사례로서 나타날 뿐이다. 모든 현실적인 정재는 정한 어떤 관계 속에 출현하는 정재이다. 설사 벌거숭이의 정재가 있다 하더라도 관계지어진 정재도 마찬가지의 정재인 것이다. 실존은[77] 어디에 있든지 어떤 관계 속에 있든지 아무 상관이 없다.

정재와 상재가 이질적이라 해도 동일한 형성체의 통일 속에 결합될 수 있다. 예를 들면 물지각(物知覺) 속에 형태와 색채가 결합되어 있는 것은 그러한 것이다. 그것들은 어디까지나 이질적이고 상호 교류하지 않으나, 그러면서도 본질적으로 서로 관계하고 있다.[78]

정재와 상재는 그 본연의 모습대로 '동일한 존재자의 존재 계기'로서 생각하면 양자 간의 무관성은 무너진다. 그럴 때 양자는 언제나 동일한 존재권역에 속하고, 동일한 존재 방식을 가진다. 실사적인 정재는 언제나 실사적인 상재를 가진 정재이고, 실사적인 상재는 언제나 하나의 실사적인 정재를 가진 상재다. 즉, 실사적인 상재는 실사적인 정재에 굳게 결합되어 있음은 후자가 전자에 있어서 그러함과 마찬가지이다. 똑같은 것이 이법적 존재권의 내부에서도 타당하다. 여기서는 흔히 정재는 간과되기 쉽다. 그러나 그것은 실사적인 정재와 마찬가지로 존립한다. 예를 들면 막(幕)[79]의 계열 속에 a_0란 사례가 있

---

77) 실존철학의 실존과는 개념이 다름. 실사적 존재자를 말한다.

78) N. Hartmann, 《존재학 원론》, 전게서, p.156

79) 기본적인 막(幕)의 계열 X를 변수로 하는 $a_0 + a_1 x^1 + a_2 x^2 \dots a^n x^n$이나 $a_0 + a_1(x-a) + a_2(x-a)^2 + \dots + a^n(x-a)^n +$라는 막급수(幕級數) 속에서 항상 a_0가 차지하는 위치가 설정되어 있고, 그것은 어떤 조건이 주어지면 그에

다는 것은 그것의 이법적인 정재다. 그리고 그것에는 정한 수치가 해당하므로 그것은 이법적인 상재이기도 하다. 그러므로 이법적 존재의 내부에도 정재와 상재가 불가분하게 결합되어 있다. 종합해서 말한다면 각 존재권의 내부에서 상재와 정재는 피차 불가분하게 결합되어 있다. 각 권역에서 양자는 필연성에 의하여 결합되어 있어 따로 떨어져 나타나지는 않는다.

무관성은 오직 서로 다른 존재권의 계기들 사이에 있을 뿐이다. 이법적 상재는 실사적 정재에 대하여 무관하다. 그리고 상재는 그 자신 넓은 내용 범위로 양 존재권에 있어 공통적이다.[80]

정재와 상재는 서로 다른 어떤 것으로 하나의 존재자 안에서 그것들이 대립한다는 것은 의심할 바 없다. 그러나 정재와 상재는 서로 다른 어떤 것이 아니라 어디까지나 동일하게 있는 것(존재자)이다.

그것의 정재와 그것의 상재는 그것에서 서로 다른 계기를 이룰 뿐이다. 즉, 하나의 존재권 내부에만 국한한다면 이는 상호 접속되어 있다.[81]

3. 정재와 상재의 전위관계

정재와 상재는 세계 내부의 전 존재 연관에서 보면 어떤 것의 전 상재는 그 자체 다른 어떤 것의 정재이다. 그리고 어떤 것의 전 정재는 또한 다른 어떤 것의 상재이다. 여기서 말하는 어떤 것과 다른 어떤 것은 동일한 존재자가 아니다. 구체적인 예를 든다면 나무의 그 자리에서의 정재는 그 자체 숲의 상재이다. 그 나무가 없었다면 숲은 달라졌을 것이다. 나무에 붙은 가지의 정재는 나무의 상재이다. 가지에 붙은 잎의 정재는 나뭇가지의 상재이다. 잎에

해당하는 고유의 값을 가진다. 이때의 a₀의 위치는 이법적 거점(據點)의 한 실례이고 a₀의 값은 이법적 초점의 한 실례가 된다.

80) N. Hartmann, 《존재학 원론》, 전게서, p.157
81) 상게서, p.162

붙은 줄기의 정재는 잎의 상재이다. 이 계열은 양쪽으로 연장될 수 있고 언제나 한쪽의 정재는 다른 쪽의 상재이다. 이 관계는 거꾸로도 된다. 잎의 상재는 줄기의 정재이다. 가지의 상재는 잎의 정재이다 등과 같다.

한쪽의 상재는 또한 다른 쪽의 정재이다. 이런 방식으로 상재와 정재와의 관계는 세계의 전체에서는 동일성으로 접근해 간다. 그리고 이 동일성에서는 내용의 연속적 전위(轉位)가 중요하므로 하르트만은 이것을 "연속적으로 전위하는 동일성"[82]이라 부른다고 하였다.

이상을 요약하면 정재와 상재의 어떤 무관성이란 상재를 이법적 존재로 정재를 실사적 존재로서 이해할 때 성립할 뿐이다. 즉, 상호 다른 존재권이 할당되었을 때 무관하게 된다. 그러나 반드시 상재가 이법적인 것만이 아니고, 정재 역시 실사적인 것만은 아니다. 이법적 존재도 실사적 존재와 마찬가지로 그 자신의 상재와 정재를 가지고 있다. 상재는 양 존재권역을 결합하는 특성을 가진다. 다시 말하면 양 존재 방식에 걸쳐있다. 이를 하르트만은 상재의 중립성이라 하였다. 공이 둥글다는 것은 그것이 기하학적 공이냐 물리적 공이냐에 대해 그 어떤 차이도 없다. 둥근 일반은 그 자체 전자에도, 후자에도 똑같이 귀속한다. 즉, 이법성과 실사성에 중립적이다. 그러므로 상재는 이법적 존재권역과 실사적 존재권역을 결합케 한다. 반면에 정재는 이를 갈라 분리시킨다.

---

82) N. Hartmann, 《존재학 원론》, 전게서, p.181

◆ 제3장 ◆
행정학의 발전 과정과
그 정체성에 관한 이론 전개

하르트만의 기본적 존재 규정(2장)이 수목이라면 행정학의 정체성에 관한 기왕의 이론은 태목(台木)에 해당된다. 이 장에서는 태목을 마련코자 하는 것이다. 행정학의 발전 과정과 그 정체성에 관한 이론 유형으로서의 패러다임은 학자들의 관점에 따라 분류 기준이 다종다양하다. 여기서는 행정학의 발전 과정을 요약하여 기술할 수 있는 시기를 기준으로 분류한 후 그 속에서 기본적 존재 규정과 동질적 요소들을 함유하고 있는 거점 및 초점과 행정행동의 지배 원리를 기준으로 분류함으로써 후술할 행정학의 정체성에 관한 기존 이론을 비판할 때나 행정학의 패러다임에 존재 규정을 적용(5장)할 때 사용코자 한다.

제1절 정체성 이론의 발전 과정

행정학의 정체성 이론 발전 과정의 단계별 시기도 학자에 따라 다소의 차이가 나타나고 있다. 그 중에서도 헨리(Nicholas Henry)의 시기별 분류가 본 논문을 전개하는 데 비교적 편리하다고 생각하여 이를 중심으로 분류하되 기타 학자들의 견해들도 이 절 뒤에 소개하였다.

1. 제1기(1887~1899), 행정학 태동기

흔히 행정학의 시초를 윌슨(W. Willson)의 'The study of Administration'에서 찾으려는 견해가 통념처럼 되어 있다.[83] 필자도 행정학의 태동이 윌슨의 논문에서부터 시작되었다고 하는 데 동의한다. 그러나 당시로서는 아직 행정학의 위상에 대한 공통된 인식이 형성되어 있지는 않았다고 생각된다. 일정한 관점에서 행정학을 논의하지도 않았을 뿐만 아니라 윌슨 자신의 논문에 대한 제 학자들의 견해조차도 다양하다.

이를테면 모셔(F. C. Mosher)의 경우[84] 윌슨의 입장을 가장 강력한 형태의 정치·행정 이원론(Politics-Administration Dichotomy)이라고 주장하는 데 반하여 리그스(F. W. Riggs)에 의하면[85] 윌슨은 그의 논문에서 정치와 행정은 밀접히 연관되어 있다(Intertwined)고 주장했다고 밝히고 있다. 또한 스틸만 2세(Richard J Stillman II)의 경우도[86] 윌슨의 입장은 뚜렷하지 않으며 정치와 행정을 분리시켜 행정을 과학화하려는 분명한 견해도 나타나지 않고 있다고 한다.

하여튼 윌슨의 논문을 분석해 보면 그가 공공행정을 정치와 구별시켜 이해

---

83) Woodrow Wilson, 'The Study of Administration', Political science Quarterly, 2(June, 1887), pp.197~222. 한국행정학회 《Selected Readings in public Administration.(II)》, (서울 : 다산출판사), 1986년

84) Frederick C. Mosher, Democracy and the public service, (New York : Oxford University Press), 1968, p.68

85) Fred W. Riggs, 'Relearning Old Lessons : The political Context of Development Administration', (PAR. 25) March, 1965, p.71

86) Richard J. Stillman II, 'Woodrow Wilson and The Study of Administration : A new look at on old Essay', (APSR, 67), June, 1973

하려고 하는 흔적이 뚜렷하다. 즉, 행정의 영역은 관리의 영성(領城)으로 한정코자 하는 것이다(The Field of Administration is a Field of Business). 정치는 정치가의 전문영역이고, 행정은 기술적인 관료의 전문적인 관리 영역이라고 하면서 정치와 행정의 구별을 분명히 하고 있다.[87]

그러나 윌슨의 논문은 스틸만 2세의 주장대로 행정의 과학화에 대한 좀 더 적극적인 입장으로서의 행정학의 위상 형성을 구축하지 못했다고 생각되기 때문에 이 시기를 행정학의 태동기로 본다.

이상을 요약하면 윌슨의 논문 '행정의 연구'는 학자들의 시각에 따라 정치·행정 이원론, 혹은 정치 '행정 일원론'이라고 하는 논쟁이 있었으나 핵심적인 요지는, 삶의 문제를 해결하려는 집중된 인간의 노력은 공공문제의 해결과 직결되고 공공문제해결의 주된 역할은 공공행정기관에서 담당하므로 '공공행정'은 정치학과는 별도로 연구할 가치가 있다고 인정하는 정도였다.

2. 제2기(1900~1926), 정치·행정 이원론

1900년에 굿노우(F. J. Goodnow)의 저서 《정치와 행정(Politics and Admin -istration)》이 출간되면서부터 행정학은 어느 정도 체계적인 논의가 이루어지게 되었다고 할 수 있다. 굿노우에 의하면[88] 정치란 국가 의사에 관한 정책 또는 국가 의사의 표현과 관계되는 것인 데 비하여, 행정이란 이러한 정책들의 집행에 관한 것이라고 한다. 이러한 주장은 로렌츠 폰 슈타인(Lorenz von Stein)[89]의 정치는 국가 의사의 결정 표명이요, 행정은 표명된 국가의사를 정치적인 간섭 없이 행정기관에서 집행하는 것이라고 한 주장과 일맥상통한다. 또한 화

---

87) 忠立忠夫, 《행정학》, (東京 : 日本評論社), 1986년, pp.138-141
88) Frank J. Goodnow, Politics and Administration, (New York : Macmillan), 1900, pp.10-11
89) 금운태, 《행정학 원론》, (서울 : 박영사), 1985년, pp.22~24

이트(L. D. White)도 행정을 단지 국가 목적을 달성하기 위하여 사람과 물자를 관리하는 정부의 모든 활동이라고 규정함으로써 정치와 행정을 분리시켜 이해하려 한다.[90]

따라서 행정은 가치가 배제되어야 하며, 가치가 포함된 정치의 영역에서 결정된 사항을 단순히 기계적으로 집행하는 것이라고 하는 데 있다.

3. 제3기(1927~1937), 행정원리론

오스트롬(V. Ostrom)에 의하면 행정 학도들은 윌슨식 패러다임에서의 기본적인 교훈에 근거하여, 점차적으로 여러 가지 행정의 원리들을 발견하였다고 한다.[91] 명령의 통(統, Unity of Commend), 통솔의 범위(Span of Control), 명령의 연쇄(Chain of Commend), 주요 기능에 따른 분화, 하부 행정단위에 있어서 단일 수반에 의한 지휘 등과 같은 개념들은 모든 행정 배열에 보편적으로 적용할 수 있을 것으로 여겨졌다.

또한 윌러비(W. F. Willoughby)의 《행정의 원리》에 의하면 정의상 행정에 관한 원리는 어떠한 행정 통제나 문화에도 불구하고, 그리고 기능, 환경, 사명 또는 제도적 장치에도 불구하고 예외 없이 적용되는 것이었다.[92] 그러므로 원리(Principles)는 어떠한 관리적 배경이나 환경 하에서도 성공적으로 적용될 수 있는 것이 된다.

이와 같이 행정학을 과학화하려는 노력이 세이어(W. S. Sayre)에게서도 발견

---

90) L. D. White, Introduction to the Study of Public Administration, (New York : Macmillan), 1926, pp.1-12

91) Vincent Ostrom, The intellectual Crisis in American public Administration, (Alabama University of Alabama Press), 1973

92) W. F. Willoughby, The Principles of Public Administration, (Baltimore : Jhon Hopkins Press), 1927. 같은 책 P. Viti. 그는 행정을 비정치적 성격을 띤 순수한 기술 과정으로서 이해하고 중요한 과제는 현실 행정에 있어서 절약과 능률(Economy and Efficiency)을 확보하는 것이라고 주장하였다.

된다. 그에 의하면 정치·행정 이원론은 자명한 진리이며, 바람직한 목표로서 행정은 그 자체의 고유한 세계와 영역이 있고, 또한 고유한 가치, 법칙 방법이 있다. 둘째, 조직 이론은 과학적 관리의 의미로 사용되었고, 셋째, 집행예산제도는 합리성, 조정, 계획 및 통제의 도구로 강조되었다. 넷째, 인사관리는 합리성의 부수 요인으로 강조되었고, 다섯째, 중립적이고 공평한 공무원 제도가 능력과 전문지식과 합리성을 보장하기 위해 요구되었다.[93] 마지막으로 행정행위의 표본이 되는 과정을 규정하기 위해서 행정법이 필요하다는 것이다.

이와 같은 연구의 전통은 '행정관리에 관한 대통령위원회(The President's Committee of Administrative Management)'의 연구에 의해서 절정을 이루었다. 즉, '대통령위원회'는 월슨의 행정 이론이 지니고 있는 기본명제들을 뒷받침해 주고 있다. 또한 귤릭(L. Gulick)과 어윅(L. Urwick)이 편집한 '행정과학논집(Papers on the Science of Administration)'도 이러한 맥락에서 이루어진 결실인데, 마찬가지로 행정의 원리들이 강조되었다. 즉, 인간적 결사(結社)의 결정을 지배하는 인간 조직에 대한 연구로부터 귀납적(歸納的)으로 추출해 낼 수 있는 원리들이 있는데, 이들 원리들은 조직의 목적, 이를 구성하는 인간들, 또는 조직을 뒷받침하는 어떠한 헌법적, 정치적, 사회적 이론과도 무관하게 단지 기술적 문제로서 연구될 수 있다는 것이다. 이렇게 해서 그들이 제시한 일곱 가지의 행정 원리라는 것이 있는데 포스드코르브(POSDCoRB)가 그것이다.[94]

이상의 내용 요지는, 행정은 정치에서 결정된 내용을 단순히 집행하는 것이 아니라 행정기관에서 집행할 경우 정치학의 이론이나 내용과는 전혀 다른 별도의 과학적 원리가 있으며, 이 원리가 행정 원리로 되어야 한다는 것이다.

---

93) W. S. Sayre, `premises of Public Administration : Past and Energing, (PAR, 18), pp.102~103
94) Luther Gulick and L. Urwick, papers of the Science Administration, (New York : Institute of Public Administration), 1937, p.49

4. 제4기(1938~1947), 행정원리론에 대한 반론기

행정 이론을 재구성하려는 사이먼(H. A. Simon)은 합리적 선택 이론을 개발하려고 노력하였다. 그는 사실적 상황은 발생 가능한 결과를 추정하는 데에 관련이 있고, 가치를 내포하는 평가라는 것은 선호도를 측정하는 데에 관련이 있다는 점에 착안하여 사실과 가치의 구분(Fact-Value Distinction)을 주장하였다.[95] 즉, 인간의 선택 심리는 본래부터 근본적 제한성(Radical Limits)을 지니고 있다는 것이다. 따라서 의사 결정시 모든 변수들이 완벽하게 고려되어질 수 없는 이상 완벽한 대안이라는 것은 존재할 수 없고, 결국 행정조직 내에서 어떤 완벽한 원리라는 것이 있을 수 없다는 논리가 성립된다. 이를테면 통솔 범위의 원리는 의사 전달 극대화의 원리와 상반되는 것이다.

이러한 주장은 버나드(C. I. Barnard)의 '관리자의 역할(The Function of the Executive)[96]에서 나타나기 시작하여 1946년 사이먼의 논문 '행정의 격언(The Proverb of Administration)[97]에서 본격적으로 다루어지고, 왈도(D. Waldo)의 '행정 국가론(Administrative State)'에서 더욱 일반화되어진다.[98]

여기에서 왈도는 굿노우와 윌로우비에 의해서 강조되었던 정치·행정 이원론에 대한 반발 기운이 일어나고 있음을 인지하고 여러 학자들의 견해를 소개한다.

첫째, 레슬리립슨(Leslie Lipson)은 정부의 기능을 구분하려는 시도는 불가

---

95) Herbert A. Simon, Administrative Behavior : a Study of Decision Making Process in Administration Organization, (New York : Free Press), 1947, V. Ostrom, Intellectual Crisis in American Public Administration, (Alabama, University of Alabama Press), 1973

96) Chester I. Barnard, 'The Function of Executive', (Cambridge, Mass : Harvard University Press), 1938

97) Herbert A, Simon, 'The Proverbs of Administration', (PAR, 6), Winter, 1946, pp.53~67

98) Waldo, The administrative State : A study of political theory of American Public Administration, (New York : Ronald Press), 1948, pp.121~122

58 행정철학 논총

능하다고 한다. 정부는 하나의 연속된 과정이라는 것이다.

둘째, 프리드리히(C. J. Friedrich)는 정치와 행정이 상호 배타적인 두 개의 박스(Box)가 아니라고 하면서 동일한 과정에 있어서 두 개의 밀접히 연결된 양상이라고 굿노우의 이분론을 반박한다.

셋째, 킹슬리(D. Kingsley)에 의하면 행정은 정치의 한 분야(a Branch) 라는 것이다.

넷째, 훼슬러(J. W. Fesler)에 의하면 정책과 정부 그리고 경제로부터 행정을 격리시키는 것은 잘못된 것이라는 것이다.

다섯째, 앤더슨(W. Anderson)에 의하면 행정은 정치제도나 전통 그리고 이념과 밀접히 연관되어 있다는 것이다.

이러한 왈도의 소개는 결국 사이먼이 그의 저서 《행정 행태론(Administrati-ve Behavior)》에서 주장한 행정의 원리 그 자체가 도전을 받게 된 것을 말한 것이다. 즉, 행정의 제 원리에는 논리적 일관성도 없을 뿐만 아니라 원리들에는 각각 그 반대되는 원리들이 존재한다. 그러므로 행정은 정치와 분리될 수 없으며 정치에 복귀할 것을 주장한 것이다.

5. 제5기(1947~1950), 행정원리론의 반발에 대한 반동기

행정은 철저한 사회심리학적 기초에 근거한 순수 행정과학의 분야와 공공정책을 구명하는 분야가 있는데, 이 양 분야는 상호 갈등 없이 조화를 이룬다는 사이먼의 주장[99]에 회의를 품고 행정을 정책 결정 과정의 내적 단계(Internal Stage)만을 형성한 후 형성된 정책을 정치권에 넘겨야 하며, 정치는 정책 결정의 외적 단계를 행정에서 넘겨받은 정책과 함께 최종적으로 정책을

---

99) Herbert A, Simon, Administrative Behavior, (New York : Free Press), 1947

결정하는 것이 이 시기 행정학의 요지이다.

이를테면 애플비(P. H. Appleby)의 경우 종래의 과학 지향적인 정치·행정 이원론을 부정하고 정치·행정 일원론을 강조한다.[100] 그는 여덟 개의 정치과정을 열거하고 그 중 여덟 번째 과정을 행정적 혹은 집행적(Executive) 과정이라고 규정하고 행정의 정치적 측면을 논의한다. 이러한 주장은 결국 정치·행정 일원론을 통해서 행정과 정책 결정이 밀접히 연관되어 있음을 시사한 것이라고 할 수 있다.

6. 제6기(1950~1970), 정치·행정 일원론

행정원리론에 대한 애플비 등의 반론이 제기될 무렵, 정치·행정 이원론으로 표현될 수 있는 행정원리론에 대한 결정적인 비판이 제기된 것은 달(R. A. Dahl)의 주장이라고 생각된다. 그는 행정학을 과학화하는 데 있어서 문제가 되리라고 생각되는 사항을 몇 가지 제시한다. 즉, 행정학이 과학화되기 위해서는 보편적인 원리를 필요로 하는데 과연 행정에 있어서 보편적인 원리(General Principles)라는 것이 존재할 수 있는가에 대한 물음이 그것이다. 그에 의하면 행정학은 여러 가지 규범적인 가치(Normative Values), 개개인의 성향(Human behavior), 사회적 여건(Social Setting) 등에 의해서 제한을 받는다[101]는 것이다. 따라서 행정학에 있어서 원리라는 것은 개인과 국가에 따라서 각각 다르게 나타날 수밖에 없으며, 이를 해결하기 위해서 비교연구(Comparative Study)를 할 수밖에 없다는 논리가 성립된다.

---

100) Paul H. Appleby, Policy and Administration (University of Alabama, The University of Alabama Press), 1949, pp.28-30

101) Robert A. Dahl, 'The Science of Public Administration : Three Problems', (PAR Vol. 7, No. 1), 1947, pp.1-11

그리하여 행정학은1950년대 이후 비교연구에[102] 의해서 많이 세련되어졌고, 더 나아가 발전 행정[103] 등을 창출해 내게 되었다. 또한 자연스럽게 사례연구 (Case Study)가 활발히 진행되기도 하였다.

그러나 이러한 연구방법들은 정치학의 연구방법들과 같은 것으로서 결국 비교 행정(Comparative Public Administration), 발전 행정(Development Administration) 등은 더 이상 발전을 보지 못하고 소강상태에 들고 말았다. 이 시기의 행정학을 정치·행정 일원론이라 하였다.

7. 제7기(1956~1970), 관리학으로서의 행정학

순수 과학(Pure Science)으로서의 행정학을 주장한 사이먼의 입장을 계승한 학자들이 관심을 보인 것으로서 행정학을 조직 및 관리 과학(Administrat -ive Science)으로 이해한다.

이것은 제2의 정치·행정 이원론이라고도 할 수 있는데 조직 이론은 조직형태를 이해하고자 하는 것으로서 주로 사회심리학, 경영학, 사회학의 연구 업적에 의존한다.[104] 관리 과학은 프로그램 효과를 제고하고 통계학, 사례 분석, 컴퓨터 과학 등의 연구 업적[105]에 의존하고자 한 것이다.

이와 같은 조직 이론과 관리 과학으로서의 행정학은 가치를 배제시킴으로써 사실상 경영학과 동일시되어 정체성의 위기(Crisis of Identity)를 당하게 된 것이다.

---

102) Ferrel Heady, Public Administration : Comparative Perspective, 2nd(ed), (N. Y. : Marcel Dek ker), 1979

103) Edward W. Weidner(ed), Development Administration in Asia, (Durham N. C. : Duke Unive rsity Press), 1970

104) Glendon A, Schubert, Jr, 'The public Interest in Administrative Decision Making' (APSR, 51), June, 1957, pp.346-368

105) Keith M. Henderson, Emerging Synthesis in American Public Administration, (New York : Asia Publishing House), 1966

8. 제8기(1971~), 행정학으로서의 행정학

사회과학의 전반적인 분위기가 탈행태주의(Post Behavioralism)를 강조함으로써 행정학에서도 사회적 적실성(Social Relevance)의 문제가 크게 강조되었다. 즉, 행정학이 관리 과학(Administrative Science)으로서 인식되어 오면서 가치(Value)가 배제되고, 따라서 공공성(Publicness)을 강조해야 할 행정학(Public Administration)이 그 적실성(Relevance)을 잃어버렸다는 주장이 대두되었던 것이다.[106]

이것이 바로 신 행정학(New Public Administration) 운동을 시발로 전개된 것인데, 공통되는 것은 가치, 도덕, 윤리를 강조하는 규범 행정학을 지향함으로써 그 정체성(Identity)을 확보하여야 한다는 것이다.[107]

9. 제 학자들의 정체성 이론

기타 제 학자들의 행정학 정체성 이론의 발전 과정도 들어보면, 헨리의 이론과 유사한 요소들을 발견할 수 있을 것이다. 우선 정치와 행정의 관계라는 측면에서,

첫째, 1887년에 쓴 윌슨의 'The Study of Administration'이라는 논문에서부터 1930년대 후반까지를 정치·행정 이원론, 혹은 기술적 행정학의 시대로 규정하고 있다.

둘째, 뉴딜(New Deal)정책 이후부터 일부 행태 과학적 접근(Behavioral

---

106) Lynton K. Caldwell, 'The study of administration in the organization of the university,' (Chinese journal of administration), July, 1965

107) Michael M. Harmon, Action theory for public administration, (N. Y. Ongman), 1981, pp.73~74

Science Approach)을 하는 학도들에 의해서 정치·행정 일원론에 강한 반론을 제기하기 시작할 때까지를 정치·행정 일원론 혹은 기능적 행정학의 시대로 규정하고 있다.

셋째, 사이먼을 중심으로 한 일부 행태론자들에 의해서 1940년대 후반에 제기되었던 정치·행정 일원론에 대한 일련의 논리적 반발기를 행태론, 혹은 새 이원론의 시대로 규정하고 있다.

마지막으로 1950년대를 지나서 1960년대를 거쳐 신 행정론이 등장하기 전까지를 발전론, 혹은 새 일원론의 시대로 규정하고 있다. 다음으로 과학과 기술이라는 측면에서는 행정학이 과학시, 기술시 등으로 취급되면[108] 서 이론이 전개되고 있다고 한다.[109]

현대 미국 행정학의 흐름을 7기로 구분하여 요약, 정리하고 있는 경우도 있다.

제1기는 관리·기술기(1900~1930)로서 연구의 관심은 주로 능률성의 향상과 효과성에 관한 것이었으며, 연구의 대상은 주로 관리 방법과 합리적인 조직 모형 그리고 따라야 할 원리들이었다.

제2기는 인간관계론기(1930~1940)로서 연구의 관심은 적시 능률성과 효과성이었다. 그리고 주된 연구의 대상은 조직 구성원의 직무행태와 이에 영향을 주는 요인들이었다. 여기서 발견한 이론은 '비공식 집단과 사기(morale)' 등에 관한 것이었다.

이때는 다만 조직 구성원에게 단순한 정서적·감정적 측면이 중시되었지 심오한 인격적 요소는 다룰 수 없었다.

제2기는 정책 형성 기능기(1935~1950)로서 연구의 대상은 행정과 환경과의 상호 작용이었으며 행정의 생태론(Ecology)과 행정의 정책 형성 기능이 강조되었다.

---

108) 박동서, 《한국 행정론》, (서울 : 법문사), 1986년, pp.84-113
109) 안해균, 《현대 행정학》, (서울 : 다산출판사), 1984년, pp.67-69

제4기는 의사 결정의 행태기(1945~1950)로서 연구의 초점은 조직의 합리적인 의사 결정(Decision-Making) 과정과 행태였다. 이 연구는 정책·결정 이론의 발전 배경이 되었던 것이다.

제5기는 비교 행정론기(1957~1964)로서 사회 문화적 특성과 행정과의 관계에 관심이 기울어지고 사회 이분론(Social Dichotomy)이 등장하였다.

제6기는 발전 행정기(1965~1970)로서 기관 형성론(Institutional Building) 등에 관심을 기울였고, 마지막으로

제7기는 정책과 기법(1970~1980)을 중심으로 사회지표 개발, 정책의 구상과 집행 및 평가 그리고 관리 과학 등에 관심을 기울였다.

다음은 행정학의 발전을 5단계로 나누는 경우[110]도 있다.

첫째, 과학 전 단계에서의 모색기로서 전통적 행정학이라고 규정하고 있는데 원리와 기법은 있으되 이론이 없었다고 한다. 그리고 지배적인 접근법은 서술적이었다.

둘째, 과학에의 발돋움기인 비교 행정기로서 이론 수준은 보편적인 법칙을 찾아내는 정도였고, 접근법은 비교론적 방법이었다.

셋째, 과학적 기반의 조성기인 발전 행정기로서 이론적 기반은 행태 과학론적 입장이었고, 접근법은 다학문적(Multi-Disciplinary)이었다.

넷째, 과학의 성숙기인 관리 과학·정책과학기로서 접근 입장은 각각 정량적 통계와 정성적 입장을 합한 것이며, 전자가 기술 지향적(Technique-Oriented)이라면 후자는 범학문적(Pan-Disciplinary) 입장으로서 서로 보완적인 관계에 있다.

마지막으로 정상 과학의 추구기로서 행정과학의 시대라고 할 수 있는데 철학과 가치를 배경으로 제 입장을 포섭하고 있다고 한다. 이는 헨리가 제시하

---

110) 금광웅, 《행정과학 서설》, (서울 : 박영사), 1984년, pp.58~64

는 '행정학으로서의 행정학'을 강조하는 패러다임과 일치한다고 생각된다.

다음으로 스릴만 2세의 '조망(Perspective)'을 통해서 본 미국 행정학의 위상 변화'를 살펴보면서 행정학 이론의 발전 과정에 대한 이념적 측면을 고찰해 본다.[111]

첫째, 19세기의 미국 행정학은 낭만적 제퍼슨주의가 지배하고 있다고 한다. 제퍼슨주의에 의하면 정치는 정책 결정 기능을, 행정은 정책 집행기능만을 함으로써 시민의 자유를 확보한다는 것인데, 이는 행정학이 원리와 구조에 연구의 중심을 두고 있다는 것을 의미한다.

둘째, 20세기에 들어서면서 행정은 고전적 해밀턴주의의 지배를 받는다고 한다. 이는 행정이 정책 결정기능까지 떠맡아서 사회를 주도해 나간다는 입장인데, 결국 팽창된 사회에서의 의식적이며, 통합적이고, 활력 있는 행정을 요구한다는 것이다. 이러한 논의는 정치·행정 일원론과 관계되며, 행정의 기술과 인간의 행태에 그 연구의 중심이 모아진다고 하겠다.

셋째, 2차 대전 이후 행정은 신 고전적 메디슨주의가 지배하고 있다는 것인데 이는 사회를 다원적으로 보고, 행정은 중재자 역할만을 한다는 것으로서 정치·행정 이원론적 입장에서 생태(Ecology)에 연구의 중점을 두고 있다.

넷째, 미노브룩(Minnowbrook) 회의 이후의 행정을 가리키는 것으로서 민주주의의 큰 물결과 낭만적 제퍼슨주의의 부활에 지배되는 시기를 의미한다. 이는 과학과 기술이 융합되어 적실성(Relevance)이 강조되는 후기 행태주의에 기반을 두어 인간(Administrative Statesman)을 연구의 중심으로 삼아 정치·행정 일원론적 시각에서 행정 현상을 이해하려는 입장이다. 이와 시기를 같이 하여 오스트롬의 경우는 미국 행정학의 지적 위기를 타개하기 위하여 민주행정 패러다임을 제시하기도 한다.

---

111) Richard J. Stillman Ⅱ / Joseph A. Urges, Jr(ed), Public Administration history and theory in contemporary perspective, (N. Y. : Marcel Dekker, Inc), 1982, pp.5-37

결국 이 시기는 정치학, 경영학 모두로부터 독립된 '행정학으로서의 행정학'을 모색하는 단계로서 그 정체성을 확보하려고 노력하는[112] 시기라고 할 수 있다.

제2절 거점(Locus)과 초점(Focus)을 기준으로 한 정체성 이론

헨리는 거점과 초점을 기준으로 행정학의 정체성에 관한 이론 유형으로써의 패러다임을 다섯 가지로 분류하였다.[113]

1. 패러다임 I, 거점 명확, 초점 불명

시기 구분 중 제2기(1900~1926)인 정치·행정 이원론이 이에 해당된다. 정치는 국가의사를 결정, 표명하는 국가 의지에 해당하는 것이고, 행정은 그 의지에 따라 단순히 집행하는 것임으로 집행하는 행동은 공평무사하고 비정치적이어야 한다는 것이다. 그러기 위해서는 정치적으로 간섭받지 않는 행정기관에서 독자적으로 집행하는 것을 강조하였다.

그러므로 제2기인 정치·행정 이원론은 정치에서 결정된 정책을 행정기관에서 단순히 집행한다는 것인데, 이는 행정학의 거점이 행정기관에 자리한다는 것 이외에 아무것도 아니다. 즉, 행정행동은 자리만 확보하였을 뿐 행정의 내용은 정치에서 결정된 것이므로 행정행동의 독자적인 내용이 구축되지 못하고 비어있는 상태로서 대신 정치가 내용으로 담겨진 결과가 된 것이다.

---

112) Vincent Ostrom, The intellectual Crisis in American public Administration, (Alabama University of Alabama Press), 1974, p.112
113) N. Henry, 《현대 행정관리 총론》, 中村瑞穂監 역, (東京 : 文眞堂), 1986

패러다임 I은 행정행동이 일어나는 위치, 즉 거점만이 강조되고 거기(행정기관)에서 일어나는 행정학의 내용에 해당하는 초점은 등한시되었다.

2. 패러다임 II, 초점 명확, 거점 불명

발전 과정 중 제2기(1927~1937)인 행정 원칙론이 이에 해당한다. 패러다임 I에는 정책을 공평무사하게 집행하는 행정기관의 필요성만 강조되었으나, 패러다임 II에서는 집행함에 있어서는 과학적 원칙이 존재한다는 것으로 전문적인 지식과 기술 없이는 이 과학적 원칙에 따른 행동을 할 수 없다는 것이다. 따라서 행정의 기관보다 행정행동의 내용적인 초점이 강조되었다.

그러므로 패러다임 II의 행정 원칙론은 행정행동을 결정하고 행동(Action)하는 데는 고유하고 보편적이며, 과학적이고 독자적 원리가 있어 조직 내외를 막론하고 모든 영역, 즉 문화, 직능, 환경, 제도적 조직과 심지어는 인간적 사명에까지 예외 없이 적용된다고 보는 것으로 행정학의 내용적 초점만이 강조되고, 행정학이 자리할 수 있는 위치는 등한시된 패러다임이다.

3. 패러다임 III, 거점 명확, 초점 불명

시기별 구분 중 제6기인 정치·행정 일원론이 이에 해당한다. 제6기의 정치·행정 일원론은, 행정행동의 내용은 그 범위와 심도에 있어서 풍부하지만 결과적으로 정치학의 내용과 대동소이한 것이다. 이를테면 비교 행정이나 발전 행정 등은 사실상 비교 정치론이나 정치 발전론 등과 뚜렷한 차이를 볼 수 없으며, 사회의 욕구, 문화적 구속력 등 가치, 관념, 문화 등을 강조한 것 역시 정치학과 크게 다를 바 없다. 따라서 결국 이론과 실무 지향적 행동이 분리되어 정치학으로 복귀되고 말았다고 할 수 있다. 즉, 행정학의 내용 구조는 정치로 가고 등한시되어 자리만이 정부의 관료제에 두게 되는 결과가 되므로 결국 거점만이 강조되었다.

4. 패러다임 Ⅳ, 초점 명확, 거점 불명

시기 구분 중 제7기(1956~1970)인 관리 과학으로서의 행정학이 이에 해당된다.

패러다임 Ⅲ에서는 정부의 관료제라는 거점이 강조되었으나 패러다임 Ⅳ에서는 인접 과학의 업적을 활용하는 행정행동의 내용적 초점이 활용되어 정부의 관료제와 조직 이론의 내용으로 흡수되었다. 그러므로 이 제7기의 조직 및 관리 과학으로서의 행정학은 조직 행태의 이해 및 관리 효과를 제고시키는 행정행동의 내용을 중시한 것이다.

조직 행태에 대한 이해를 높이기 위하여 사회심리학, 경영학, 사회학 등의 업적을 강조하는 행동의 내용을 밝히고자 함이요, 관리 과학은 프로그램 효과를 제고한다든지 통계학, 체제 분석, 컴퓨터 과학, 경제학 등의 업적을 활용하는 행정행동을 강조한 것이다. 즉, 행정행동의 내용은 조직 이론과 관리 과학을 양 축으로 하여 그 내용을 구성하여야 한다는 것이다. 결국 행정행동의 내용은 구조화되고 있으나 자리하는 위치가 불분명해지고 말았다. 위치가 분명하지 못하다 함은 사적 부분에도 적용될 수 있기 때문이다.

5. 패러다임 Ⅴ, 거점과 초점의 겸비

시기 구분 중 제8기(1970~)의 '행정학으로서의 행정학'이 이에 해당된다.

무엇이 공공적 이익이며, 무엇이 공공적 사항이고, 누가 행정 정책을 수립하는가 등의 문제는 패러다임 Ⅳ의 관리 과학의 영역을 넘는다.

공공적 이익과 공적 사항은 사적 영역과는 다른 공공적 영역에 존재한다.

그러므로 행정학의 거점은 공익과 공공 문제에 있어야 타 학문과 구분될 수 있다는 것이다. 무엇이 공익이냐의 문제는 존재론적인 문제이고, 무엇이 공적 사항이냐는 인식론적 문제이며, 행정 정책의 수립은 윤리적 선택의 문제로 가치론적 문제다. 이는 곧 행정학의 거점은 철학에 두어야 한다는 징후이기도 하다.

정치경제학, 행정 정책 작성 과정과 그 분석, 정책성과의 측정 등의 정책과학은 종합적인 영역에 걸쳐 있다. 이 정책과학이 행정학의 내용적 초점이 되어야 한다는 것이다. 그러므로 패러다임 V는 공익과 공공 문제에 행정학의 거점을 두고 정책과학으로서의 조직 이론과 경영과학에 초점을 두어 거점과 초점이 상호 접속되는 패러다임이다.

6. 기타 학자들의 행정학의 거점과 초점을 기준으로 한 정체성 이론

'거점'과 '초점'의 관점에서 행정학의 패러다임을 구분한 학자로서는 헨리 이외에 골렘뷰스키(K. T. Golembiewski)와 스틸만 2세가 있다. 골렘뷰스키는 거점과 초점을 상대적(Relatively)으로 구체화(Specified)된 정도의 여부에 따라 네 가지의 발전적 국면 (Developmental Phase)으로 나누어 행정학의 발전 과정을 설명하고 있다.[114]

첫째 국면(Phase I)은 분석적 정치·행정 이원론기(Concrete Politics Administration)로서 골렘뷰스키는 굿노우의 《정치와 행정》[115]을 인용하여 행정학에 대한 분석적인 초점(Focus)은 분명하지만 고유한 현상의 실제거점(Locus)은 불분명하다고 주장한다.

둘째 국면은 구체적 정치·행정 이원론기(Concrete Politics Administration)

114) Robert T. Golembiewski, Public Administration as a developing discipline, (N. Y. : Murcel Dekker, Inc), 1977, pp.3-33

115) Frank J. Goodnow, Politics and Administration, (New York : Macmillan), 1900

로서 골렘뷰스키는 윌로우비의 《현대 국가의 정부》[116]라는 책을 인용하여 적절한 현상의 거점(Locus)은 정부 관료제로서 분명하지만 초점(Focus)은 불분명하다고 주장한다.

셋째 국면은 관리 과학(A Science of Management)의 시기로서 골렘뷰스키는 마틴(R. Martin)의 말을 인용하여[117] 이 시기에 있어서 원리(Principles)나 과학적 관리[118] 등의 중요성을 강조한다. 이때는 거점과 초점이 모두 상대적으로 구체화된 시기라고 골렘뷰스키는 보고 있다.

넷째 국면은 공공 정책 접근기(Public Policy Approach)로서 거점과 초점이 모두 상대적으로 덜 구체화된(Unspecified) 시기로서 정치와 행정의 상호 침투현상이 강조되고, 동시에 모든 행정이 프로그램화되어 정치 혹은 정책 결정 과정과 구체적 공공 프로그램을 지향하는 현상이 나타난다고 한다. 골렘뷰스키는 이 시기를 (I) 1945~1960, (II) 1960~1975으로 나누어서 전자의 경우 정치와 행정의 상호 침투를 강조하고, 후자의 경우 ① Political Economy, ② Public Policy, ③ Policy Science, ④ Policy Analysis에 대한 강조를 통해서 후기 행태주의(Post Behavioralism)에 기초한 적실성(Relevance)의 문제를 부각시킨다.

스틸만 2세의 이론에 따른 행정학의 변화 과정을 거점(Locus)과 초점(Focus)의 강조 여부에 따라 살펴보면 다음과 같다.

첫째, 거점 중시 패러다임으로서 고전적 해밀턴(Hamilton)주의가 여기에 속한다고 할 수 있다.

둘째, 초점 중시 패러다임으로서 제2기에 해당되는 낭만적 제퍼슨(Jefferson)주의와 제7기에 해당되는 신 고전적 메디슨(Madison)주의가 여기에

---

116) W. F. Willoughby, Government of modern state, (N. Y. : Appleton-Century), 1936, pp.219~221
117) Roscoe Martin, 'Political science and public administration American political science review 46', september, 1952, p667
118) Luther Gulick and L. Urwick, papers on the Science of Administration, 1937 등이 대표적이다.

해당된다고 할 수 있다.

셋째, 거점과 초점의 접속을 강조하는 패러다임으로서 1970년대 이후 부활된 새로운 낭만적 제퍼슨(Jefferson)주의가 여기에 속한다고 할 수 있다.[119]

그리고 행정학의 접근 방법은 초점에, 모델은 거점에 해당된다고 볼 수 있다.

프레스더스(Robert Presthus)는,[120]

첫째, 행정부의 권리와 의무를 중시한 제도적 접근 방법(Institutional Appro-ach)으로부터

둘째, 과학적 관리 기법을 중시하는 구조적 접근 방법(Structural Appro-ach),

셋째, 사회학과 심리학 등을 중시하는 행태적 접근 방법(Behavioral Appro-ach),

넷째, 가치를 기반으로 행동(Action)과 적실성(Relevance)을 강조하는 후기 행태적 접근 방법(Post Behavioral Approach)의 순으로 행정학의 접근 방법을 나열하고 있는데, 이것은 결국 행정학 이론의 발달사와 연관시켜 볼 때 그 의미가 크다고 하겠다.

이와 유사한 접근 방법으로는

첫째, 구조적 접근 방법

둘째, 행태적 접근 방법

셋째, 생태적 접근 방법

넷째, 발전 지향적 접근 방법

의 순으로 전개하는 경우도 있다.[121]

---

119) Richard J. Stillman Ⅱ / Joseph A. Urges, Jr(ed), Public Administration history and theory in contemporary perspective, (N. Y : Marcel Dekker, Inc), 1982, pp.5~37

120) Robert Presthus, Public Administration,6th(ed), (N. Y. : the Ronald Press Co), 1975, pp.7~12

121) 금복규, 《행정학의 연구 방법》, 조준석 외, 《한국 사회와 행정》, (서울 : 서울대출판부), 1981년, pp.26~31

한편, 프레데릭슨(H. G. Frederickson)은[122] 모델을 중심으로 행정학 이론의 발전 과정을 설명을 하고 있는데, 이를 살펴보면 다음과 같다.

첫째, 고전적 관료 모델(The Classic bureaucratic Model)

둘째, 신 관료주의 모델(Neo-Bureaucratic Model)

셋째, 제도적 모델(The Institutional Model)

넷째, 인간관계 모델(The Human Relation Model)

다섯째, 공공 선택 모델(Public Choice Model)의 순이 그것이다.

제3절 행정행동의 지배 원리를 중심으로 한 정체성 이론

에드거 샤인(Edgar H. Schein)은 조직에 있어서 인간 본질에 대한 가정(假定)은 역사적으로 각 시대의 관점을 반영시키고 있다고 보면서 인간관을 다음의 네 가지로 분류하고, 설명력 있고, 현실적이며, 통할 수 있는 인간관을 복잡한 인간(Complex Man)이라고 지적한다.

첫째, 고전적 조직 이론의 인간관으로서 합리적, 경제적 인간관(Rational Economic Man)을 들 수 있고,

둘째, 인간관계론적 인간관으로서 사회적 인간관(Social Man)을 들 수 있다.

셋째, 자율적으로 자기 규제를 할 수 있다고 보는 인간관으로서 자기실현적 인간관(Self Actualizing Man),

넷째, 현실적으로 인간의 동기나 본질은 어느 한 입장으로 이해될 수 있는 것이 아니며 상황이나 역할에 따라서 달라진다고 보는 인간관으로서 복잡한 인간관(Complex Man)이 그것이다.

---

122) H. George Frederickson, New public administration, (Alabama : The university of alabama press), 1980, pp.18-19

첫 번째의 물질적·경제적 인간관은 무기적 자연을 지배하고 있는 법칙을,

두 번째의 사회적 인간관은 유기체와 환경과의 관계에 관한 자기운동의 법칙을,

세 번째의 자기실현적 인간관은 반성적 의식의 원리가 지배하는 법칙을,

네 번째의 복잡한 인간관은 역사적 상황이나 역할에 따라 보편적인 정신의 원리가 지배하는 법칙을 각각 중시하며, 이 법칙들은 물질적 존재로부터 정신적 존재에까지 각각 투영한 것이라 판단된다.

그러므로 행정행동의 지배 원리를 기준으로 행정학의 발전 과정을 이해할 때 현상에 대한 물질적 이해로부터 정신적 이해에로의 그 변화 과정을 추출해 볼 수 있는데, 이는 조직 이론이나 관리 이론을 연구하는 학자들의 이상과 같은 견해를 살펴 볼 때 더욱 그 타당성이 입증된다고 할 수 있다.

인간관에 관한 이 네 가지의 견해들은 인간관에만 국한될 수 없다. 모든 행정행동에도 적용된다. 그것은 행정 이론 각각의 특성에 따라 인간을 본 것이므로 모든 행정행동도 행정 이론의 특성을 형성하는 지배적 원리에 연유한다.

행정행동을 지배하는 근본원리들 중에서 행정 이론의 유형별 특성에 맞는다고 생각되는 대표적인 원리, 즉 많은 원리들 중에서 특히 강조된 원리를 기준으로 행정학의 학설 유형을 분류할 수 있다. 이는 후술된 실사 세계의 성층 구조와 동질적인 요소가 있음으로 이에 접목시키고자 하는 기초 작업에 해당한다.

1. 무기적 자연의 법칙이 지배하는 이론

전술한 행정학의 발전 과정 중 제1기인 태동기로부터 제2기에 이르기까지 (1887~1937)의 행정행동을 지배한 원리를 무기적 자연의 법칙이라고 규정할 수 있는데, 그것은 당시의 행정학에 있어서 과학적 관리 학파, 행정관리 학파 그

리고 웨버(M. Weber)의 관료제 이론이 그 주종을 이루고 있었다. 이들 모두의 공통적인 특징은 기계론적 사고에 기인되었기 때문이다. 기계를 지배하는 무기적 자연의 법칙을 그대로 인간과 인간들의 조직에까지 적용했다고 볼 수 있다.

과학적 관리 학파는 테일러(F. W. Taylor)와 그 추종자들이 추구한 연구 경향인바 이 학파의 창시자처럼 생각되고 있는 테일러는 과학적 관리의 요체를 정신 혁명(Mental Revolution)이라고 하였다. 그리하여 그는 과학적 사고의 정신 혁명을 뒷받침하기 위하여 수동적 작업에 관한 최선의 방법(One Best Way)을 발견하고 기타 능률 제고의 기법(Efficiency Devices)들을 개발하는 데 힘썼다.[123]

그가 발견한 과학적 관리법의 4대 기본 원리를 보면, 첫째, 노동자의 관리를 위한 과학적 방법, 둘째, 노동자의 과학적 선발, 셋째, 노동자에 대한 과학적인 교육과 계발, 넷째, 관리자와 노동자 간의 계속적이고 밀접한 협력이다.[124]

이는 인간과 인간 간의 관계 그리고 인간 그 자체를 무기적 자연의 법칙에

---

123) James D. Thompson, Organizations in Action, (McGrow-Hill), 1967, pp.4-5

124) Edgar H. Schein, Organizational Psychology, (England Cliffs, N. J. : Prentice-Hall), 1965, pp. 48-63. 한편, A. H. Maslow는 인간의 욕구에는 단계가 있다고 보고 하위 욕구로부터 상위 욕구로 발달한다고 한다. 첫째, 생리적 욕구(Physiological Needs)로부터 둘째, 안전 욕구(Safety Needs), 셋째, 애정 욕구(Belongingness and Love Needs), 넷째, 존경 욕구(Esteem Needs), 다섯째, 자기실현 욕구(Self-Actualization Needs)로 발달하였다고 한다. 이는 행정학이 인간을 대상으로 한다는 점에서 볼 때 행정학의 발달 과정과 밀접한 관계를 지닌다고 할 수 있다. Abraham H. Maslow, Motivation and Personality, (N. Y. : Harper & Row), 1970, pp.35-37. 또는 R. Likert는 관리 체제 이론에 입각해서 조직 개혁을 위한 행태적 조사 연구로부터 관리자의 입장에서 본 체제의 유형 변화 과정을 설명을 하고 있는데, 이것 또한 행정학의 발달 과정과 연관시켜 볼 수 있다. 첫째, System I로서 착취적, 권위적 체제(Exploitive Authoritative System)를 의미하며, 둘째, II는 자비적, 권위적 체제(Benevolent Authoritative System)이고, 셋째, System III은 조언적 체제(Consultative System)이며, 넷째, System IV는 참여적 그룹 체제(Participative Group System)가 그것이다.
   * Rensis Likert, The human organization : Its Management and value, (N. Y. McGrow-Hill), 1967

의해서 이해하려는 시각으로서 노동자나 관리자와 같은 인간 존재도 어떤 특별한 새로운 차원의 원리나 법칙이 적용되는 것이 아니고, 무기적 자연의 법칙이 좀 더 복잡해진 것뿐이라는 사고가 지배하고 있다고 본 것이다. 그러한 의미에서 당시의 행정학이 무기적 자연의 법칙에 지배되고 있었다고 보았다.

행정관리 학파는 능률을 기본적인 가치로 삼고 조직 단위들의 구조적 관계, 관리 기능의 유형, 관리의 과정, 분업과 통제에 관련된 원리들을 연구하였다. 어윅과 귤릭, 페이욜(H. Fayol), 무니(J. D. Mooney) 등에 의해서 대표되는 이 학파는 테일러의 생각, 즉 과학적 사고를 조직 이론에 반영했다. 그리하여 분업화와 부성화(部省化) 그리고 계획에 따른 행동의 통제를 통하여 능률을 제고시킬 수 있다고 믿었는바 분업의 원리, 명령 통일의 원리, 통솔 범위의 원리, 조정의 원리, 계층화의 원리, 부성화의 기준 등을 발전시키는 데 열중하였다.

모든 조직 이론의 기본적 가치 기준이 능률이었듯이 어윅의 경우에 있어서도 능률이 조직 관리의 목표로서 등장한다. 그의 견해에 의하면 능률은 업무의 전문화와 계선(系線)과 막료(幕僚) 그리고 기능적 관리자 간의 관계를 공식적으로 구조화함으로써 달성된다고 한다. 이러한 3자는 가장 능률적인 방법으로, 즉 투입에 대한 산출의 비를 극대화할 수 있도록 조직되어야 한다는 것이다. 코스드코르브(POSDCoRB)이라는 신조어도 이러한 맥락 하에서 등장한다.

한편, 웨버는 지배·복종 관계에서 복종을 야기하는 요인으로서 권위(Authority)를 들면서 권위의 근거로 첫째, 전통, 둘째, 카리스마, 셋째, 합법성을 제시한다. 그리고 그에 의하면 관료제는 합법적 권위에 기초하고 있다고 한다. 그와 같은 관료제론에서 특히 강조되고 있는 것은 첫째, 계층제(Hierarchy), 둘째, 전문화(Specialization), 셋째, 엄격한 법칙성, 넷째, 안정성(Stability), 다섯째, 일상화(Routinization), 여섯째, 예측 가능성(Predictability) 등이 된다.

웨버의 관료제론을 과학적 관리론과 함께 고전 이론에 포함시키는 이유가 여기에 있다고 하겠다. 그는 조직을 협동집단(Corporate Group)이라고 부르는데, 이것은 외부와의 관계가 폐쇄되어 있는 것으로서 고전 이론적 조직 이론의 측면을 보여주고 있다. 계층제나 전문화나 엄격한 법칙성 등은 모두 무기적 자연의 법칙이 주가 되어 있음을 쉽게 알 수 있다.

안정성, 일상화, 예측 가능성 역시 엄밀히 검토해 보면 그 모두가 기계적 법칙에 근거되어 있다. 특히 예측 가능성은 무기적 자연 법칙의 한 존재 양상인 필연성에 의한 예측이다. 그리고 웨버의 관료제도 이 법칙을 조직에 적용하였기 때문에 폐쇄성을 드러낸 것이다.

이렇듯 테일러, 귤릭, 어윅, 페이욜, 웨버, 무니 등에 의해서 대표되는 고전 이론(Classical Organization Theory)은 세계를 기계시(Mechanical View of the World)하며, 조직은 근본적으로 합리성에 기초를 두어야 하며, 조직의 연구는 과학적이어야 한다고 본 것이다.

이때의 합리성이라든지 과학적이라는 의미도 오직 무기적 자연의 법칙에의 적합성을 의미하는 데 지나지 않는다. 심지어 생명 의식, 역사적 객관 정신까지도 이 법칙이 보편타당하게 적용된다고 보는 유물론적 사상이 이에 해당된다. 이러한 사상은 무기물, 유기물, 인간, 정신 등의 구별을 오직 이 법칙들이 복합되는 정도에 따른 구분에 지나지 않는다고 보는 것이다. 이러한 의미에서 이 시기의 행정학의 학설 유형을 무기적 자연의 법칙이 지배하는 패러다임이라고 규정할 수 있을 것이다.

2. 자기운동의 법칙이 지배하는 이론

기술적·기계적 제 원리, 즉 무기적 자연의 법칙이 지배하는 행정행동을 주장하는 과학적 관리론들의 보편적 원칙들로서의 행정의 원칙들은 각각 그 반대되는 원칙들이 있을 뿐만 아니라 논리적 일관성마저 결여하여 있다고 반론을 제기한 제4기(1938~1947)로부터 정책 결정의 내적 단계와 외적 단계 등으로 제4기의 반론을 다시 반박하는 제5기(1947~1950)를 거쳐 제6기(1950~1970)의 정치, 경제, 사회, 문화의 자율성이 중시된 시각에서 이해하려고 할 때까지의 기간을 의미하는 데 유기체적 원리가 행정행동을 지배한다고 본 것이다. 즉, 자기운동의 법칙을 중시하여 생태적 연구가 활발했던 시기이다.

이는 고전 이론의 입장에서의 조직 이론이 조직의 구성 요소 중 인간적 요소를 중요한 변수로 여기지 않는 반면, 신 고전 이론의 입장에서는 조직 내의 인간적 요소를 중시하는 것과 관련된다. 그리하여 고전 이론을 과학적 관리론으로 보는 학자들은 신 고전 이론을 인간관계론이라고 부르는 것이다.

이러한 인간관계론적 조직 이론에서는 기본적 가치를 인간성의 회부 내지 조직의 인간화(Organizational Humanism)에 두고 있으며, 인간의 본질과 행태에 연구의 초점이 모아지고 있다. 즉, 고전 이론에서는 조직 구성 요소들의 과학적 관리를 통한 능률성과 생산성의 제고에 관심이 모아졌다면 신 고전 이론에서는 조직 내 인간의 행태, 비공식적인 요인 등에 관심을 두어 결국 사회적 능률성(Social Efficiency)을 제고시켜 보자는 것이다.[125]

이러한 인간관계론(Human Relations Approach)은 고전 이론에 대한 반론의 형태로 출발하여 현대 조직 이론의 형성에 지대한 영향을 끼쳤는데, 그 출발은 하버드대학교 경영대학원 교수였던 메이요(E. Mayo)의 호오손실험 (1927~1932)에서부터였다고 할 수 있다. 이 실험에 의하면 물리적 또는 육체적 작업조건보다는 조직 구성원의 개성이나 사회관계가 기업의 생산과정에서 중요한 영향을 미치며, 생산량의 증대는 기술의 조직보다 오히려 인간관계의 조

---

125) D. Waldo, 'Development in public administration', The Annals, (Vol. 404), Nov, 1972, pp.217~254

직에 달려 있다는 것이다.[126]

그들의 계속된 실험에 의한 결과를 요약해 보면 첫째, 인간은 주로 경제적 보수에 의해 통제된다고 하는 합리적·경제적 인간관은 부적합한 것이다. 둘째, 피고용인의 작업량은 그의 육체적 능력이 아니라 사회적 능력(Social Efficien-cy)에 의해서 결정되는 것이다. 셋째, 조직 내에서의 비공식적인 동료집단과 비공식적 조직 등이 생산성에 중요한 영향을 미친다. 넷째, 고도의 전문화가 가장 능률적인 분업화는 아니다. 다섯째, 피고용인은 부분적으로서가 아니라 전체적으로 인식되어야 한다.

신 고전 이론으로서의 인간관계론은 유기적 조직체와 그 환경과의 관계에서 주로 자기운동의 법칙에 따라 적용되는 것이지 인격이나 정신 등에 대한 깊은 성찰은 찾아 볼 수 없으므로 이 시기의 행정행동을 지배하는 원리는 어디까지나 자기운동의 법칙이란 새로운 생명의 법칙이 무기적 자연의 법칙과 층을 형성하여 함께 작용하는 정도여서 엄밀한 의미로는 인격과 인격간의 관계라기보다는 단순한 환경과의 관계에 머무는 생태론에 입각한 견해라 본 것이다.

이와 같이 조직 이론과 연결시켜 생각해 보면 이 시기의 행정학은 자기운동의 법칙이라고 하는 생명의 법칙에 의해 지배받고 있음을 알 수 있다.

3. 반성적 의식의 원리가 지배하는 이론

심리학과 사회심리학, 사회학, 경제학, 경영학 등 인격과 인격과의 관계에 관한 과학의 성과를 중시하는 시기로 제6기와 제7기(1956~1970)가 이에 해당된다. 이 시기에는 관리과학과 조직 이론을 모두 다 중시하는데, 관리과학에서

---

126) Amitai Etzioni, Modern Organizations, (Prentice-Hill), 1964, p.32

는 과학적 관리론을, 조직 이론에서는 생태론과 인간관계론을 중시함으로써 지금까지의 행정론을 양적 논리로 논쟁할 것이 아니라 각각 그 장점을 채택하고 수용하는 견해가 강해지는 경향을 나타내고 있다. 그러한 반성적 사유로 이 패러다임은 반성적 의식의 원리(자아성찰[127]의 원리)가 지배하는 것으로 본 것이다.

이것 또한 조직 이론과 연관지어 생각해보면 인간관계론과 밀접한 관계를 갖는다. 특히 체제 외적 영향력이 조직에 작용하는 측면을 중시하여 조직의 환경적 조건, 조직과 환경의 교호(交互)작용 등과 관련된 접근은 이 시기의 패러다임과 상당히 일치한 면을 보여주고 있다. 파슨스(T. Passons), 버나드 등은 조직을 그 환경과 교호작용하는 사회적 단위(Social Unit)라고 보고 있다. 특히 버나드는 환경 유관론적 입장에서 인간적 요소 내지 행태적 요소를 중시한 조직관을 보여주고 있다.[128]

이밖에 사이먼, 마치(March), 사이어트(Richard. M. Cyert) 등도 조직을 변동하는 환경 속에서 문제에 직면하고 문제를 해결하는 존재로 보아 의사결정에 관한 새로운 이론을 전개하였다. 특히 사이먼의 경우 철저한 경험주의(Empiricism)에 입각하여 조직과학의 발전을 도모하였는바 이를 도전기의 조직 이론이라고 부르기도 한다.[129]

요약하면 신 고전론자들은 조직구조, 특히 계선(系線) 참모의 관계와 대인 갈등(Interpersonal Conflict)에 주목하면서 이러한 갈등의 해결방안으로서 조직 구성원의 의사결정에의 참여 그리고 의사소통의 개선 등을 통하여 조직 내부의 비공식집단의 존재를 중시해야 한다는 것이다.[130] 또한 외부와의 관계

---

127) 비판적 자아성찰(critical self reflection). 김광웅, 《비판 행정학》, 《한국행정학보》 제20권 제1호), p.90
128) Chester I. Barnard, The functions of the executive, (Havard University Press), 1938, pp.8~21
129) James G.March and Herbert A. Simon, Organizations, (John Wiley and Sons), 1958
130) James G.March, (ed), Handbook of Organizations, (Rand Mc Nally and Company), 1965

를 통한 상황적 요인을 중시하여 제반의 원리들을 융통성[131]있게 이해해 나가는 것이다. 이 시기의 행정행동을 지배하는 법칙은 생명의 법칙으로서의 단순한 자기운동에 의한 물적·인적 환경과의 적응에 그치는 것이 아니고 한층 더 나아가 인간의 의식과 인식의 영역에까지 깊고 넓게 확충된 데 그 특징을 가진다. 이러한 면에서 이 시기의 인간관계론은 전기의 인간관계론과 구분된다. 즉, 전기 인간관계론은 인성이나 인격적인 요소까지는 감안되지 않고 단순한 자기운동의 원리만이 감안된 생명의 법칙이 그 환경과의 관계만이 다루어지는 생태론에 그쳤으나 이 시기는 인간적 갈등의 해소라든지 수구(愁求), 동기, 융통성 등의 요소들까지 고려하게 됨으로 명실상부한 인간관계론이라 할 수 있다.

따라서 이 시기의 행정학을 지배하고 있는 법칙을 반성적 의식의 원리 또는 자아성찰의 원리가 지배하고 있다고 본 것이다.

4. 역사적 보편정신의 원리가 지배하는 이론

역사적 보편적 정신이란 개개인의 정신이 전제된 집단적, 시간적 행동의 규범이 되는 보편 덕목을 말함이다. 보편 덕목이란 사회적, 경제적, 정치적 제도 등 모든 영역에 선과 미의 가치를 부여함을 의미하는 것이다. 이는 이른바 신행정학운동을 비롯한 제8기가 여기에 해당되는 패러다임이다. 행정 이념으로서 행정이 누구를 위한 것인가에 대한 사회적 균형성(Social Equity)의 문제를 더욱 중시하여 민주, 정의, 복지사회건설을 위한 행정행동 등에 관심을 갖는 시기라고 할 수 있다.[132]

따라서 종래의 능률성, 경제성의 행정 이념 못지않게 사회적 균형성 행정의

---

131) Contingency Theory에 관해서는 다음을 참고하였다. Henry L. Tosi and W. Clay Hammer, Organizational Behavior and Management : A Contingency Approach, (Sf. Clair Press), 1974
132) 이는 후기 행태주의(Post Behaviorism)에서 강조된 개념이다. D. Easton, 'The new revolution in public science', (APSR), Dec, 1969, pp.1051–1061

적실성(Relevance), 규범성 등의 가치를 강조한다. 행정행동은 가치를 부여하는 행동으로 윤리적이고 도덕적인 행동이 내용구조를 이룬다. 왜냐하면 공익(Public Interest)[133] 달성은 가치실현을 의미하고, 공공의 문제는 결국 도덕적이고 윤리적인 문제이기 때문이다.

행정연구와 가치를 접목[134]하려고 시도하는 제 학자들의 노력 또한 행정과정에 잡다하게 산재되어 있는 가치요소들을 피할 수 없는 데에 있을 것이다. 이러한 맥락에서 이 시기를 역사적 보편원리가 지배하는 패러다임이라고 본다. 이 시기는 신 행정론 운동과 일치하는데, 신 행정론(New Public Adminis -tration)은 종래의 행정 이론에 불만을 느꼈던 미국의 소장학자들에 의하여 주장되었다. 즉, 1967년에 America Academy of Political and Social Science 가 주최하고 찰스워스(T. C. Charlesworth)가 주제한 의회의 성격이 행정학을 철학적 맥락에서 이해함으로써 기존의 행정학을 좀 더 다른 차원, 말하자면 가치 지향적 차원에서 이해하려는 것으로 요약되었는데,[135] 이 이의회의 주제가 1년 뒤의 미노브룩(Minnowbrook) 회의를 통하여 젊은 학자들에 의해서 좀 더 진전되어 신 행정학(New Public Administration)을 태동시켰던 것이다.

여기에서 특히 강조된 입장을 정리해 보면 우선 행정에 있어서의 사회적 형평은 행정적 가치중립성이 불가능하고 바람직하지 않다는 것으로서 사회적 형평에 대한 강조이고, 다음으로 적극적 행정인(Proactive Administrator)의 중요성에 대한 강조인데, 이는 행동주의자, 실존주의자로서 새로운 행정인은 자신의 혁신 지향적 신조를 관철할 수 있게끔 조직을 움직여 나가야 한다는 것이다. 그리고 행정조직은 수익자고객(Client)을 감독 대상으로서만 보지 않고

---

133) 공익(Public interest)에 관해서는 다음을 참고하였다. Glendon Schubert, 'The theory of the pu blic interest in judical decision Making' (Midwest Journal of Political science, Vol. 2, No. 1), Fe b, 1958, pp.1-25

134) 김영성, 《행정철학에 관한 연구》, 전게서, pp.151-155

135) 가치(Value)가 배제된 입장으로서의 행태주의(Behaviorism)에 대한 비판은 다음을 참고하였다. J. C. Charlesworth(ed), Contemporary Political Analysis, (N. Y. Free Press), 1967

수익자의 이익을 적극적·직접적으로 도모해야 한다는 것이다. 이를 위하여 조직은 관리상의 필요보다 수익자의 필요를 충족시킬 수 있는 구조를 가져야 하며 수익자가 조직의 산출 내지 효과성을 평가할 수 있도록 하여야 한다는 것이다. 다음으로 신 행정론은 가치중립적, 현상유지적, 보수적인 행태론이나 실증주의(Positivism)를 비판하고 사회의 병폐에 대한 구제책을 제시하려는 규범주의를 지향하고 있다. 마지막으로 신 행정론은 새로운 조직론을 모색하고 있는데 웨버의 관료제론을 중심으로 하는 전통적 조직 이론에 반발하면서 분권화와 참여의 확대를 지향하는 조직개편을 주장하고 있다. 반계층제적·비관료제적 조직모형으로서 다원적 권위 프로젝트팀, 상황적 적응성 조직 간의 이동성, 수익자의 참여 등을 특징으로 하는 연합모형(Consociate Model)이 제창되었던 것이다. 프레드릭슨은 신 행정론[136]의 입장에서 행정조직의 기본과정을,

첫째, 배분적 과정

둘째, 통합적 과정

셋째, 행정기관과 그 수익자 상호간의 경계 교환적 과정(Boundary Exchan-ge Process)

넷째, 사회 감정적 과정(Socioemotional Process) 등으로 나누고 있다.

논의를 거슬러서 미노브룩(Minnowbrook) 의회에서 발표, 논의되었던 내용을 정리한 마리니(F. Marini)의 신 행정학에 대한 입장[137]을 보면,

첫째, 적실한 행정학의 지향(Toward a Relevant Public Administration),

둘째, 탈실증주의(Post Positivism),

셋째, 격동적인 환경에 대한 적응(Adapting to Turbulence in the Environ-ment),

---

136) H.George Frederickson, New public administration, (University, Alabama, Press), 1980, pp.31-69

137) F. Martini, Toward a new public administration: TheMinnowbrook Perspective, (Scramton : Chandler Publishing Co), 1971, pp.358-362

넷째, 새로운 조직형태(New Organization Form),

다섯째, 고객중심의 조직(Client-focused Organization) 등이 그것이다.

이밖에 신 행정학의 입장으로서 행정과학을 가치와 윤리론의 입장에서 해석하는 칼 벨론(Carl. J. Bellone)의 견해를 보면 결국 행정학은 가치와 규범의 문제를 도외시할 수 없다는 것이다.[138]

결국 신 행정론으로 불리는 1970년대 이후의 행정학에 있어서 분명히 강조되고 있는 점은 윤리(Ethics)문제[139]라고 요약되어질 수 있다. 이것은 곧 보편적 가치문제와 관련되는 것으로서 이 시기의 행정학을 역사적 보편정신의 원리가 지배하는 패러다임이라 고 본 이유가 여기에 있다.

---

138) Carl. J. Bellone(ed), Organizational theory and new public administration, (Boston : Allyn and Bacon, 1980), pp.74-75. 여기에서 그는 적극적 행정인(Proactive Administrator)의 중요성을 강조한다.

139) Terry. L. Cooper, The responsible administrator, (Port, Washington N. Y. kennikat Press), 1982, pp.10-41

◆ 제4장 ◆
행정학의 정체성(Identity)의 위기와 존재론적 비판

행정학의 정체성 운운 자체가 행정학이 학문으로서의 기체성과 지속성을 유지하는 독자적인 학문으로서의 성격이 불명하다는 의미가 함축되어 있는 것이라 볼 수 있다. 그것은 행정학자들 간에 "정체성의 위기"란 말로 논의하였던 사실로서도 충분한 근거를 찾을 수 있다. 그러므로 행정학의 정체성을 논의함에 있어서는 학자들 간에 제기되었던 이 '정체성의 위기'는 어떠한 배경에서 발생했으며, 제 학자들은 이를 어떻게 극복코자 했던가를 기술하는 것은 처방을 제시하는 전 단계의 진단에 해당될 것이라 생각된다.

진단이 끝나면 여태까지 분석하고 논술하였던 하르트만의 '존재자로서의 존재자'의 존재 계기인 정재(Dasein)와 상재(Sosein)에서 각각 전개되는 존재 방식과 존재 규정을 기준으로 비판코자 한다.

제1절 정체성 위기 발생의 배경

신 행정학(New Public Administration)운동이 일어나기 전 행정학은 크게

두 가지 입장에서 이해되고 있었다.[140]

첫째, 행정학에 있어서 불변하는 원리(Perpetual Principle)라는 것이 존재할 수 있는가에 대한 의심으로부터 출발한 제 학자들의[141] 입장에 근거하여 1950년대 이후 행정학을 정치학과 동일시해 온 입장을 가리킨다. 즉, 달은 1947년 그의 논문[142]에서 보편적인 원리(General Principle)라는 것은 규범적인 제 가치(Normative Values), 개개의 성품상의 차이(Human Behavior), 문화에 따른 사회구조(Social Setting)상의 차이에 의해 제한을 받는다[143]고 함으로써 행정학의 문화 구속력(Culture-Bounded)을 밝히고 있다.

이러한 사실은 결국 행정학이 비교행정학으로 발전할 수밖에 없으며 한 걸음 더 나아가 발전행정학을 지향하는 것을 보여주고 있는 것이다. 그 결과 행정학은 사실상 정치학과 동일하게 취급될 수밖에 없었으며, 이는 결과적으로 행정학의 정체성의 위기를 초래하였다고 할 수 있을 것이다.[144]

둘째, 사이몬의 주장[145] 이래 그의 입장을 추종하는 제 학자들이 1950년대를 전후한 많은 비판[146]에도 불구하고 과학주의(Scientism)를 지향하여 결국 행정학을 경영학과 거의 차이가 없을 정도로 인식함으로써 정체성의 위기를 맞이한 패러다임을 가리킨다. 즉, 행정학은 관리과학(Administrative Science)

---

140) 행정학의 일반적인 패러다임을 의미한다.

141) 1938년 C. I. Barnard 저서, The Function of Executive가 출간되면서 이에 동조한 F. M. Max, R. A. Dhal, D. Waldo, Dimock 등을 가리킨다.

142) Robert A. Dahl, 'the science of public administration : There problems', (vol. 7, No. 1), 1947, pp.1-11

143) 하층의 원리들은 상층에서는 그대로 적용되지 않고 제한된다는 것을 의미한다.

144) N. Henry의 패러다임에 근거한 행정학사를 볼 때 포커스가 불분명하기 때문이다.

145) Hebert A. Simon, Administrative Behavior(1945), 순수과학(Pure Science)으로서의 행정학의 과학화를 주장하는 것을 가리킨다.

146) 행정학에 있어서 가치(Value)가 배제될 수 있다는 사실에 대한 우려를 뜻한다. 다음을 참고하였다.
① P. H. Appleby, Polish and Administration, (University Alabama : The University of Alabama Press), 1949
② P. H. Appleby, Morality and Administration in Democratic Government, (Baton Rouge, (Louisiana State University Press), 1952

의 형태로 인식됨으로써 연구의 대상이 흐리게 되어 결국 가치 배제적 학문으로서 연구되었던 것이다.[147] 이와 같은 두 입장으로부터 알 수 있는 바와 같이 행정학에 있어서 정체성(Identity)에 대한 논의가 본격적으로 이루어지기 시작한 것은 1960년대 말로서 신 행정론의 등장과 거의 동일하다. 이는 당시 사회과학의 지적 배경으로서의 행태주의(Behavioralism)에 대한 반발과도 상당한 관계가 있음을 시사하고 있다. 이러한 측면에서 볼 때 행정학의 정체성 위기(Identity Crisis) 문제는 사실상 행정학이 가치 배제적(Value-Free) 학문으로 인식됨으로써 야기된 결과라고 할 수 있을 것이다. 즉, 1960년대 후반의 서구 선진산업국가들에는 여러 가지 사회적인 문제들로 인해 사회과학 전반에 걸쳐 적실성(Relevance) 있는 이론을 지향하는 급진그룹(Radical Group)이 출현하는 바 이들은 당시 지배적이었던 행태주의의 실증위주, 경험위주의 인식 성향을 비판하면서 다양한 지적 배경을 지닌 탈행태주의(Post-Behavioralism)[148]를 불러일으켜 쿤(T. Kuhn)의 과학사 이론, 만헤임(K. Manheim)의 지식사회학, 니체(F. W. Nietzsche)의 철학, 존재론적 현상학 등을 통해 역사주의적 시점에서 미국의 사회과학을 이해하려 하였다.[149] 이는 결국 행태주의에 근거한 가치 배제적 행정학이 사회문제 해결에 상당한 한계가 있다는 것을 지적해

---

147) 이때 주로 조직 이론과 관리과학에 관심을 갖게 되었다. 특히 조직 이론의 급격한 발전을 보게 되는데 다음 책들을 참고하였다. ① James G. March and H. A. Simon, Organizations, (John Wiley and Sons), 1958. ② Victor A. Thompson, Modern Organization, (Alfred A. Knof), 1961. ③ James G. March(ed), Handbook of Organizations, (Rand McNally and Company), 1965

148) ① 1951년 H. D. Lasswell 교수는 행태주의의 분위기 속에서 가치가 개입된 정책학(Policy Science)을 제창함으로써 향후 행정학이 당면할 문제들을 미리 막아보려 했으나 사실상 실효를 거두지 못했는데, 이는 당시의 지적 분위기를 충분히 반영해 주고 있다. H. D. Lasswell, Policy Orientation, D. Lerner & H. D. Lasswell(ed), The policy sciences, (Stanford : Stanford University Press). ② Scot와 Hart는 행정학의 위기를 행정학이 메타학으로서 취급되지 않음에 있다고 지적한다. William G. Scott & David K Hart, 'Administrative Crisis : The Neglect of Mataphysical Speculation', (PAR, Vol. 33), Sep, Oct, 1973, pp.415-422

149) ① Miller, 'Positivism, Historicism, and Political Inquiry', (ARSR, Vol, 66, No, 3), Sept, 1972, p.797. ② 미국 내에서 보수성을 띤 형태론적 방법에 대해서 혁신의 필요성을 강조한 다음 글을 참고하였다. Alay K. Campbell, 'Approaches to Defining, Measuring, and Achieving Equity in the Public Sector', (PAR, Vol. 36, No, 5), Sept, Oct, 1976, p.556

주고 있는 것이다. 더군다나 이 시기에 아직도 엄격한 의미에서 주류를 형성하고 있는 행정학파[150]가 존재하고 있지 않았으며, 하나의 연구방법이 일관성 있게 적용되고 있지도 않고 있었다.[151] 즉, 이 시기의 행정학자들도 행정학사를 통틀어 그 어느 때보다도 빈번하게 행정학의 정체성 위기에 평해서 언급하고 있었던 것이다. 왈도는 1967년 말에 오스트롬이 말하는 소위 행정학의 지적 위기(Intellectual Crisis)[152]로부터 초래되는 자신감의 위기(Crisis of Confidence)를 행정학의 정체성의 위기(Crisis of Identity)라고 하였다. 그는 이러한 정체성의 위기에 평하여 다음과 같이 언급하고 있다.[153]

"행정학 연구대상(Subject Matter)의 본질과 경계 그리고 이를 연구하고 가르치는 방법이 문제시되고 있다. 결정적인 비판을 받은 지 20년이 지났으나 아직도 정체성의 위기는 만족스럽게 해결되지 못하고 있다. 행정학에 있어서 제기되는 주요한 이론적인 문제의 대부분은 이러한 지속적인 위기와 이것에 대한 해결방법이 갖는 함의(含意, Implication)와 이 방법이 초래할 결과와 관련되어 있다." 또한 왈도는 이러한 정체성의 위기 — 행정학은 무엇을 다루는가(연구대상), 또는 그러한 연구대상을 어떻게 처리해야 하는가(연구방법)를 알지 못하는 것 — 의 해결에 대해 비관적이라는 것이다.[154]

비슷한 시기의 미국 〈행정학회지(PAR)〉에도 행정학의 정체성에 관한 분위기를 잘 요약해 주는 글이 실려 있다. "오늘날 행정학이 당면하고 있는 위기는

150) H. Koontz 행정학의 학파를 분류해 보면 ① 행정과정학파, ② 경험학파, ③ 인간행동학파, ④ 사회체제학파, ⑤ 결정작성학파, ⑥ 수학학파, ⑦ 통합학파로 분류하고 있다.

151) Gerald E. Caiden, The dynamics of public administration : Guidelines to current trans formations in theory and practice, (N. Y. Holt, Rinehart & Winston, Inc), 1971, p.231

152) V. Ostrom, The intellectual crisis in American public administration, (Ala : The university of Alabama Press), 1973

153) D. Waldo, 'Scope of the theory of public administration' in theory and pracice of public administration(ed). J. C. Charlesworth, (Philadelphia : American Academy of Political and Social science), 1968, p.5

154) H. A. Simon이 Administrative Behavior를 필두로 하여 전통적인 행정 이론에 대해 결정적인 비판을 한 것을 가리킨다.

행정학사상의 어떠한 위기보다도 중차대한 것이다. 전체적으로 볼 때 행정집행부서(Public Executive)는 그들에게는 임무가 있다는 사실을 깨닫지 못하고 있다. 그들은 우리 사회의 운용(Operation)에 대한 책임을 지고 있다. 그러므로 그들은 누군가가 그들에게 무엇을 하라고 말해 주기를 기다리고 있어서는 안 된다. 그들이 모른다면 우리 모두도 알지 못하는 것이다."[155]

결국 이러한 맥락에서 볼 때 행정학연구에 있어서 이러한 자신감의 위기(Crisis of Confidence)를 정체성의 위기(Crisis of Identity)라 할 수 있다.

이상과 같은 행정학의 위기에 처한 대표적인 논의를 통해서 볼 때 거점과 초점을 완전히 갖추지 못함으로써 나타나는 정체성의 위기는 주로 행정학의 대상, 범위, 연구방법 등과 관련되어 있다고 할 수 있는데, 이러한 문제점들에 대한 평가와 구명은 행정학의 각 이론적 패러다임이 담고 있는 기본논리를 밝힘으로써 가능하다고 할 수 있다.

제2절 정체성 위기에 대한 제 학자들의 극복 노력

행정학의 정체성 위기에 처한 제 학자들의 극복 노력은 주로 행정학의 내용과 범위라는 측면에서 종합 학문적 성격[156]을 강조함으로써 행정학이 다른 학문과 구별되는 독자성을 확보할 수 있어야 한다는 데 집중된다. 행정학의 정체성 위기를 해결하고 방법으로서 새로운 패러다임의 모색이 있어야 한다는 주장이 많으나 사실상 학자들 간에 비관적인 견해가 일반적인 것 같다.[157] 그리하여 왈도는 행정학을 전문 직업관의 입장에서, 리스그는 정치학의 일부로

---

155) PAR, 같은 책, p.12에서 재인용하였다.
156) 김영성, 《행정철학에 관한 연구》, 전게서, p.147
157) 오스트롬(V. Ostrom)은 왈도(D. Waldo)의 견해를 제시하면서 왈도가 정체성 위기 극복방안에 대해서 비판적이라고 한다.

그리고 사이몬은 경영학의 일부로 이해하려고 하였다.[158]

이와 같은 도피적 견해도 행정학의 내용과 범위를 규정시켜 줄 수 있을 것이라는 점에서 정체성 위기 해결의 실마리를 찾으려 하였다. 왈도는 행정학이 너무 주변영역으로만 확장되어 왔을 뿐 자신의 중심 주제를 설정하지 못하고 있다고 하는데, 그는 이것을 행정학에 있어서 정체성의 위기(Crisis of Identity)라고 한다.[159] 그리고 그에 의하면 이러한 문제를 해결할 방안이 없다는 것이다. 전통적 이론이나 사이몬의 주장에서 제시되었던 대안간의 선택으로서는 이러한 위기를 해결할 수 없다고 한다. 왈도에 의하면 행정학은 의학과 마찬가지로 전문직업주의의 관점(Professional Perspective of Stance)에서 이해될 때 그 정체성이 확보될 수 있다고 한다. 의학이 여러 학문의 지식을 다양하게 활용하듯이 행정학도 여러 학문의 지식을 다양하게 수용하여 그 범위를 넓히면서도 하나의 전체로서 이론의 틀을 갖추면서 그 전문성을 살려야 한다는 것이다. 따라서 단순히 기술·과학적인 수준을 넘어 철학적인 기반도 튼튼히 해야 한다는 것이다. 이러한 견지에서 행정학은 국가의 의지를 단순히 경제적, 능률적으로 집행하는 도구라는 측면에서 벗어나 수많은 문제를 없애야 한다는 측면까지 고려되어서 이해되어져야 한다는 것이다. 행정학이 다루는 범위라는 측면에서 정치학과 중복된다고 생각되는 가치문제로 들 수 있는 것을 열거해 보면 첫째, 행정과 관련된 개인적인 윤리문제, 둘째, 정치와 권력의 문제, 셋째, 헌정체제 법률 및 사법권의 문제, 넷째, 공공정책의 문제, 다섯째, 정치 이론과 철학의 문제가 그것이다.[160]

그리고 정치학과 구별되는 독자적인 성격의 영역이라고 생각되는 것으로서

---

158) 백완기, 《한국 행정학의 학문성 정립 문제》, 《한국정치학회보》, 12집), 1978년, pp.79-80

159) D. waldo, 'Education for public administration in the seventies', (F. C. Mocher, American public administration), pp.215-226

160) D. waldo, 'Scope of the theory public administration', in J. C. Charlesworth(ed), theory and Practice of the public administration, (American Academy of political and social science), 1968, pp.1-26

보다 넓은 이론적 관심이라고 생각되는 사항들을 정리해 보면 다음과 같다.

첫째, 내·외부적 안보(External and Internal Security)

둘째, 정의(Justice),

셋째, 교육(Education),

넷째, 침투성과 공생에 의한 정부(Government by Osmosis and Symbiosis),

다섯째, 과학과 기술(Science and Technology),

여섯째, 도시화(Urbanism),

일곱째, 발전(Development)의 문제가 그것이다.

여기에다 왈도는 공공성을 중심으로 한 행정철학에 대한 관심을 강조한다.

한편, 프레드릭슨은 전문직업주의적 관점[161]에 의해서 행정학의 범위를 설정하고 있는 왈도의 입장을 최근에 보충해 주고 있는데, 그에 의하면 행정학의 내용은,

첫째, 변화의 대응성(Responsiveness),

둘째, 합리성,

셋째, 관리자와 노동자, 관리자와 시민간의 관계,

넷째, 구조,

다섯째, 교육이 그것이다.

그는 특히 대응성의 문제를 강조한다.

리그스(Fred W. Riggs)는 전문직업주의적 견지[162]에서 정치와 행정을 분리하여 생각하는 것은 옳지 않다고 하면서 정부를 전체적으로(a Whole System) 이해할 것을 강조한다. 즉, 정치와 행정을 동일시하여 과학으로서의 행정학 연

---

161) H. G. Frederickson, 'Public administration in the 1970 : Developments and Directions', (PAR, 36:5), sept, oct, 1976, pp.544-576

162) Fred W. Riggs, 'Professionalism, political science, and the scope of Public administration in J. C. Charlesworth(ed), op cit, pp.32-62

구가 선행되어야 한다는 입장으로 기능적으로는 물론 구조적으로 문제에 접근한다. 그리하여 그는 행정학 연구의 중심을 관료제에 두고 이에 대한 논의를 확장한다. 즉, 관료제에 관한 연구는 결국 행정적 기능과 정치적 기능에 의한 연구로부터 가능하기 때문에 행정학의 범위가 하나의 전체로서의 정부가 되는 것이다. 앞서 지적한 바와 같이 리그스는 행정학을 정치학과 동일시함으로써 정체성 위기 문제를 회피하는 듯한 인상을 준다. 그러나 그는 또한 나름대로의 논리에 의해서 정치학의 범위를 어느 정도 규정해 주고 있다. 에머리히(H, Emmerich)가 행정학에 있어서의 공공성[163]을 강조하는 것을 주지한다면 리그스의 입장이 어느 정도 이해가 된다.

다음으로 신 행정론에 의한 정체성 확보와 관련된 논의들을 살펴보면, 우선 신 행정론(New Public Administration)은 종래의 행태주의(Behavioralism)에 근거한 행정 이론을 거부하고 사회적 적실성(Social Relevance)을 강조함으로써[164] 공공성(Publicness)과 관련된 윤리, 가치 등을 통해서 행정학의 정체성 위기를 극복하려는 학문적 움직임을 가리킨다.

케이든(G. E. Caiden)은 신 행정론과 관련하여 기존의 행정 이론이 안고 있는 문제점을 다음과 같이 지적하고 있다. 첫째, 규범 이론과 가치에 대한 고려를 등한시하였다. 둘째, 실제 경험에 근거를 둔 일반법칙의 추구를 등한시하였다. 셋째, 행정의 정치적 관련성과 공공적 성향을 등한시하였다. 넷째, 조직 내부의 관습적 행태에 대하여 소홀히 하였다. 다섯째, 급변하는 현대사회에 행정이 능동적으로 대처하지 못하였다. 여섯째, 지나치게 정태적 균형분석에 치중하였다.[165] 즉, 신 행정론은 이와 같은 기존의 행정 이론이 안고 있는

---

163) Hebert Emmerich, 'The scope of the practice of public administration', in J. C. Charlesworth(ed), pp.92–107

164) Frank Marini(ed), Toward a New public administration : The Minnowbrook Perspective, (Scranton : Chandler), 1971

165) Gerald E. Caiden, The dynamix of public administration : Guidelines to current transformations in theory and practice, (N. Y. Holt, Rinehart and Winston, Inc), 1971, pp.241–242

문제들을 지양하고 사회적 형평성, 수익자 지향성, 규범주의의 추구[166] 그리고 가치와 윤리 문제 등을 강조함으로써 행정학에 있어서 새로운 패러다임을 추구하고 있는 것이다.

마지막으로 행정학을 철학과 관련시켜 이해함으로써 위기 해결을 모색하고 있는 호지킨슨(C. Hodgkinson)의 견해를 살펴본다. 우선 그는 행정과 철학[167]과의 관계를 다음과 같이 기술하고 있다.

"행정은 인간행동에 관한 가장 오래되고 또 인간행동과 가장 밀접하게 관련된 분야 중의 하나이다. 이 행정이란 것은 날로 복잡해지고 있는 조직이란 형식을 통해서 직·간접으로 우리들 생활의 질에 영향을 주고 있다. 행정이 잘 이루어지면 삶을 풍부하게 해주고, 자유롭게 하고, 문명의 발전을 가져오게 되지만, 잘못 이루어지면 파멸을 가져오고, 비인간화를 가져오고, 타락하게 될 수도 있다."

이러한 견지에서 그는 행정을 행동철학(Philosophy in Action)[168]이라고 정의하는데, 이것은 곧 실천을 강조하는 것으로서 가치, 윤리 문제 등을 행정에 있어서 중요한 요소로 취급한다는 것이다. 이 또한 신 행정론과 밀접한 관계를 가지며 행정의 공공성과 관련하여 볼 때 정체성 위기 해결에 어느 정도 도움을 준다고 생각된다.

---

166) 특히 M. Hamon은 J. Rawls의 A theory of justice를 원용하여 정의문제와 규범적 행정학을 지향하고 있다. M. Hammon, 'Normative public administration theory : Mutuality, justice, and equity : form M. M. Harmon, Action theory for public administration, (N. Y. : Longman), 1981, pp.73~94

167) C. Hodgkinson, Towards a Philosophy of administration, (N. Y. : st. Marrins Press), 1978

168) 같은 책, p.3

제3절 정체성 이론의 존재론적 비판

행정학의 패러다임(학설유형)을 기본적 존재 규정의 기준으로 비판해 봄으로써 적합지 않는 것은 적합토록 하고, 미흡한 것은 보완하며, 적합한 것은 더욱 조장할 수 있는 하나의 큰 패러다임을[169] 모색하는 데 활용코자 한다. 그러기 위해서는 무엇보다도 행정학의 실체가 과연 하나의 존재자로서 독자성을 확보하고 있는지의 여부가 그 관건이 된다. 즉, 행정학의 정체성 위기는 그 실체가 하나의 존재자로서 독자성을 확보할 수 있을 때 극복된다고 할 수 있다.

그렇다면 존재자로서의 독자성을 확보할 수 있다고 할 수 있는 조건은 무엇인가? 그것은 행정학이 기본적 존재 규정에 적합해야 하는 것이다. 그리고 기본적 존재 규정이란 존재 계기를 의미하는데 정재(Dasein)와 상재(Sosein)가 바로 그것이다. 그런데 세계의 현상을 야기하는 원인자로서의 기체가 세계의 실체(Substance)이고, 행정현상을 야기하는 원인자로서의 기체는 행정행동의 실체다. 그리고 행정행동의 실체를 존재론적으로 고찰한다는 것은 모든 존재자가 존재의 기본규정을 이탈할 수 없다는 견지에서 행정학의 실체가 이 존재의 기본규정에 맞느냐, 그렇지 않느냐를 알아보는 것이다. 만약 존재의 기본규정에 적합하지 않으면 존재하지 않게 된다. 행정 실체의 원형이 행정학의 학설유형인 패러다임이기 때문에 행정행동의 실체를 찾는다는 것은 결국 행정학의 패러다임이 존재의 기본규정에 적합하느냐, 그렇지 않느냐를 파악코자 하는 것이다. 즉, 행정학의 패러다임이 존재의 기본규정에 적합한 경우에 한해서 행정학의 정체성이 확보된다는 뜻이다.

---

169) 다종다양한 행정론들은 상호간에 공통적인 질서를 부여하고 하나로 통일되게 하는 패러다임을 의미한다. 즉, 세계의 기본구조를 이루는 기본적 존재 규정에 맞도록 행정을 조직하고 운용할 수 있는 패러다임이라 생각되는 것으로 모(母) 패러다임과 같은 의미를 말한다.

따라서 행정학의 실체도 존재자인 한 존재 계기로서 정재(Dasein)와 상재(Sosein)를 가지며, 그렇지 못할 경우에는 정체성이 유지되지 못한다.

이 문제에 들어가기 전에 먼저 실체의 개념과 그 행정학적 의미를 살펴보기로 한다. "실체(Substance)란 지각되는 모든 성질, 상태, 작용의 근저에서 이들을 제약하는 것이라고 생각되는 것이다. '실유(實有)'라고도 번역되며, 어떠한 것이 '무엇인가?'라는 물음에 답이 되는 것, 그것의 미래의 존재 방식을 의미한다. 또는 실체란 생성 변화하는 제 현상 속에서 자기 동일성을 유지하는 '항상 존재자'다라고 한다. 즉, 실체란 성질, 상태, 작용 등과 같은 제 현상을 야기하는 원인자로서 자기 동일성을 유지하는 기체를 의미한다고 요약될 수 있다.[170]

이와 같은 실체의 개념을 세계와 행정에 적용해 보면, 인간을 포함한 세계의 현상을 야기하며 이를 제약하고 규정하는 것이 세계의 실체요, 행정현상을 야기하며, 이를 제약하고 규정하는 것이 행정의 실체다. 즉, 세계의 실체를 파악하는 것이 철학이고 파악된 세계의 실체를 활용하여 인간의 삶의 문제를 해결하는 공공적(Public) 행동의 실체를 포함하는 것이 행정학이다.

그러므로 세계의 실체는 자연현상, 사회현상, 정신현상을 야기하여 이를 규정하는 것이고 행정의 실체는 복잡한 세계의 현상과 이를 규정하는 기본적인 존재 규정 모두를 활용하여 사회를 발전적으로 운용하는 것이므로 공익(Public Interest)의 실현과 공적 문제(Public Affairs)를 해결해야 하는 규범적이고 당위적인 현상을 야기하는 데 자기 동일성을 유지할 수 있는 것이어야 한다. 이와 같은 행정학의 실체는 패러다임 연구에서 분석되고 있다. '행정학이란 무엇인가?'에 관한 문제가 패러다임의 문제와 연관되어 있다[171]고 하는데, 이는 행정학에 있어서의 패러다임 문제가 행정철학의 방향과 실체의 이해에

---

170) 下中都取 편, 《철학사전》, (東京 : 平凡社), 1985, p.606
171) 금금종, 《관료제와 행정철학》, 전게서, p.13

크게 도움이 된다고 하겠다.

이제 행정학의 패러다임을 기본적 존재 규정을 기준으로 비판해 보기로 한다. 행정학의 패러다임은 제3장에서 밝힌 바와 같이 첫째, 거점(Locus)을 강조하는 패러다임, 둘째, 초점(Focus)을 강조하는 패러다임, 셋째, 거점과 초점을 동시에 중시하여 양 계기를 접속케 한 패러다임으로 나누어진다.

첫째, 거점(Locus)을 중시하는 패러다임으로서는 패러다임 I과 패러다임 III이다. 패러다임 I은 거점(Locus)을 행정기관에 두었고, 패러다임 III은 거점(Locus)을 정부의 관료제에 두었다. 행정기관이건 정부의 관료제건 간에 이들은 모두 공익의 실현과 공공문제를 해결코자 하는 거기에 자리하는 한[72] 존재 계기로서 정재(Locus)와 접합된다. 그러나 거기에 자리하였다고 하지만 내용구조가 있는 것이 아니라 비어 있다. 그러므로 기본적 존재 규정을 이탈하고 있다는 비판을 면할 수 없다. 행정학의 입장에서 보면 정치에서 결정한 내용을 단순히 집행하는 것임으로 행정적 내용은 없는 것과 다름없다. 또 한 가지 중요한 비판은 공익 실현과 공공의 문제를 해결하는 거기에 자리하되 자리하는 방식 또한 미흡하다. 성층적 방식이 고려되지 않았다. 예를 들면 물품, 생명, 인간, 문화 등을 공익 실현과 공공문제에 활용할 수 있는 성층적 조직이 배려되지 않았다. 그러므로 패러다임 I과 패러다임 III으로서는 행정학의 정체성은 '존재자'로 성립될 수 없다.

둘째, 초점(Focus)을 강조하는 패러다임으로서는 패러다임 II의 행정의 원리주의와 패러다임 IV의 조직 및 관리과학이다. 패러다임 II는 초점(Focus)이 집행기술이고, 패러다임 IV는 조직 및 관리가 그 내용을 구성하고 있다. 초점이 집행기술이건 조직[173] 및 관리 이론이건 간에 거(據)할 자리가 없다면 사기업이

---

172) 행정조직이 공공실현과 공공문제를 해결하지 않을 때에는 정재와 접합할 수 없어 행정학의 거점마저도 없어진다.

173) 제7기의 조직 이론은 주로 사회심리학, 경영학, 사회학의 연구 실적에 의존하는 것으로 공공조직의 특성이 배제된 순수 과학적 원리를 강조함으로써 초점이 강조된다.

건, 공기업이건, 정부건 간에 필요하면 어디든지 붙게 된다. 그러므로 이들도 기본적 존재 규정을 이탈하고 있다. 그뿐만 아니라 가장 보편적인 법칙들을 제시하지 못하고 있다. 예를 들면 요소적 대립범주와 범주적 법칙 등의 활용을 등한시한다. 그러므로 패러다임 II와 패러다임 IV로서도 행정학의 정체성은 확보되지 않는다.

셋째, 거점(Locus)과 초점(Focus)의 접속을 중시하는 패러다임들의 '행정학으로서의 행정학'[174]이라고 할 수 있는 패러다임으로서 신 행정학 운동기와 일치한다. 이는 '존재자로서의 존재자'에 해당하는 개념이다. 행정학 실체의 가장 기본적인 존재적 기틀은 거점(Locus)과 초점(Focus)이며, 이 패러다임은 양 존재 계기를 아울러 가지고 있다. 거점으로서는 공(公)효과 공공의 문제에 두고, 초점으로서는 정책과학(조직 이론 포함)에 둔다.

따라서 이 패러다임은 기본적인 존재 규정에 다소 부합됨으로써 행정학의 정체성을 확보할 수 있는 계기를 제공한다. 그러나 이 패러다임 역시 존재자로서의 정체성 확보에 있어서는 미흡한 점이 많다. 적실성, 균형성 운운하지만은 행정의 기술적 측면을 소홀히 한다든지, 이상적이며 급진적인 개혁처방들은 이상과 실현 가능성 사이의 괴리 현상을 야기하고 있다.[175]

그 이유는 첫째, 거점(Locus)이 존재 계기로서의 정재(Dasein)와 그것으로부터 분기되는 존재 방식 그리고 그 존재 방식에서 한층 더 분화되는 존재 양상 등이 형성하는 계열에 따른 존재 질서를 잡지 못한 점이고, 둘째, 초점(Focus)이 존재 계기로서의 상재(Sosein)에서 전개되는 요소적 대립범주와 범주적 기본법칙을 감안하지 못한 점이다. 만일 이와 같은 점들이 보완되지 않으면 제8기의 패러다임도 정체성 확보에 한계를 지니게 되는 것이다.

---

174) '존재자로서의 존재자'에 상응하는 개념으로 다종다양한 행정에 관한 학설 중 행정적 공통성으로서 통일된 행정학을 의미한다.

175) 오석홍, 《현대행정의 두 가지 반발적 기류》, (서울대학교 행정대학원, 〈행정론〉 총22권, 2호), pp.151-152

다음으로 행정행동의 지배원리를 기준으로 분류한 패러다임을 성층 구조와 연관해서 비판해 보기로 하자.

첫째, 무기적 자연의 법칙이 지배하는 패러다임(1887~1937)을 비판해 보면, 무기적 자연은 기계적·기술적 원리의 지배를 받는다. 그러므로 행정행동의 대상은 어디까지나 대물적(對物的)인 대상에 국한하여야 함에도 불구하고 직능, 환경, 문화뿐만 아니라 행정인의 사명이나 인간의 조직적 관계에까지도 기계·기술적 원리를 확대, 적용하고 있다.[176] 이들은 과학적 관리의 원인만을 보편적 원칙으로 보고 있다. 물론 부분적으로는 가능한 일이다. 왜냐하면 무기적 자연의 법칙은 모든 법칙의 토대가 되어 있기 때문이다. 이것은 성층 구조에서 최하층에 자리하여 있다. 그러므로 상층으로 뚫고 올라가 상층을 지배하는 원리의 질료(質料)가 되기 때문에 그 일부는 타당할 수 있을 것이다. 그러나 질료는 어디까지나 질료이지 상층에서 새롭게 생기는 신규의 법칙과 공속(共屬)하게 됨으로써 새로운 특성이 생기는데, 이를 무시한 것은 본래의 기능을 벗어난 것이다.

둘째, 생명의 법칙이 지배하는 패러다임(1937~1950)으로서 생명의 자기 운동성(자발성과 자율성)을 중시한 패러다임이다. 이 패러다임은 과학적 관리론의 기계적·기술적 법칙보다는 다소 융통성이 있는 것은 장점이 될 수 있으나, 무기적 자연의 법칙을 무시하고 유기적 생명의 법칙만을 강조한 것과 이보다 한층 더 고차적인 인간의 인격, 정서적 감정이나 규범적 당위성 및 가치 등이 등한시된 것은 비판을 받지 않을 수 없다.

셋째, 반성적 의식의 원리가 지배하는 패러다임(1950~1970)으로서 인간과 인간과의 관계에 관한 과학의 성과를 중시한다. 이는 앞의 두 패러다임보다 창조적으로 넓혀졌으나 자칫 주시주의적 견해가 우세하게 되어 산만해질 우려

---

176) Gerald E. Caiden, 'The study of public administration' Public administration, (palisades publishers), 1982, pp.26~50

가 있다. 특히 조직 구성원의 자기실현을 중시한 것은 가치영역에 대한 뚜렷한 확신 없이는 과학적 원리나 자율적·생태적 원리 등을 등한시해 버릴 우려가 있을 뿐 아니라 역사적 집단 가치를 배제시키고 있다.

넷째, 역사적 보편정신의 원리가 지배하는 패러다임(1970~)으로 사회적 균형성, 적실성, 가치, 변화 등[177]을 강조한다. 이는 앞의 세 가지 패러다임보다 훨씬 더 자유롭고 행정학의 정체성의 위기를 극복할 수 있는 패러다임으로 여겨진다. 그러나 이 패러다임 역시 하층구조를 소홀히 하고 또한 기본적 존재규정과 관련하여 볼 때 아직도 세계 전체를 활용하는 데는 층 투시의 원리를 하여야 하나, 이를 활용하지 못하는 한계가 남아 있다고 볼 수 있다.

이상 행정행동의 원리를 지배하고 있는 패러다임을 종합적으로 비판해 보면 첫째, 행정학이 발전하고 있다는 것을 보여주는 것은 그것이 실사 세계의 성층 구축을 향해가고 있다는 것이다. 즉, 무기적 법칙에서 유기적 법칙으로, 유기적 법칙에서 인간 심리적 법칙으로, 인간 심리적 법칙에서 역사적·정신적 법칙으로 향해 발전해 가고 있다는 것이며, 둘째, 그렇지만 층간의 관계에 관한 범주적 법칙이 고려되지 않아 학자들의 견해에 따라 각각 한 층 또는 어느 특정의 패러다임에 국한해서 행정학이 이해되고 말았다는 것이다. 요약, 정리하면 실사 세계의 성층간의 관계법칙인 층 투시의 원리(가공형성관계와 가공 구축관계)가 배려되지 못하고 만 것이다.

---

177) Allen Schick, 'The trauma of politics : Public administration in the sixties', F. C. Mosher, American Public administration : Past, Present, Future, (The university of Alabama Press), 1975, pp.162-165

◆ 제5장 ◆
기본적 존재 규정에 의한
행정학의 정체성 모색

앞서 논의된 바와 같이 행정학은 정체성의 위기에 놓여있다.[178] 그리고 이러한 위기를 극복하기 위한 방법으로서 행정학의 내용과 범위 그리고 그 이론적 추세 등을 실펴보았다. 또한 존재론적 입장에서 행정학이 안고 있는 근본적인 문제점으로서의 정체성 위기에 관해서도 살펴보았다. 따라서 이제 행정학은 새로운 패러다임에로의 전환기를 맞이하고 있다.[179]

그리고 이 패러다임은 모든 행정론을 수용할 수 있는 것이어야 하며 기본적 존재 규정에 적합해야 한다. 거듭 강조하거니와 행정행동의 활용 대상은 세계 전체다. 그리고 세계의 실체를 구명하는 것은 철학의 과업이며, 그것을

---

178) 정체성의 위기와 관련하여 볼 때 행정학은 노쇠(Senescence)의 위험에 놓여 있다고 한다. 정체성 위기에 관해서는 다음 논문들을 참고하였다.
　　* Frederick C. Mosher, 'Research in public administration', (PAR. 16), summer, 1956, p.171. Landau Mosher와 같은 방식으로 행정학의 정체성 위기에 깊은 우려를 표명하고 있다.
　　* Martin landau, 'The concept of decision making infield of public administration', in concepts and issues in administrative behavior,(ed) Sidney Mailick and Edward H. Van Ness, (Englewood Cliffs, N. J : Practical Hall), 1962, p.2

179) T. Kuhn은 패러다임과 관련하여 과학사의 전개구조를 전 과학 → 정상과학 → 위기 → 혁명 → 새로운 정상과학 → 새로운 위기의 과정으로 이해하는 데 이러한 측면에서 이제 행정학도 새로운 패러다임의 모색기에 있다고 생각된다. T. Kuhn, The structure of scientific revolution, (Chicago : University of Chicago Press), 1962, pp.35~42

활용하여 사회를 운용(Operation)하는 것이 행정행동이다. 이러한 점이 다른 어떠한 활용 노력과 다른 특성을 띠어 독자적인 영역을 확보할 수 있는 가능성이다. 이러한 점에 유의하면서 새로운 모(母) 패러다임 모색을 위해 기본적 존재 규정을 행정학의 패러다임에 적용해 보기로 한다.

정체성의 위기가 발생한 배경을 보면 행정에는 불변의 원리가 '있다' 혹은 '없다' 또는 철저한 실증 위주의 경험과학이어야 '한다' 혹은 '그렇지 않다' 등등 마치 장님이 코끼리를 더듬는 듯한 논쟁들이었고 그 위기를 극복코자 하는 노력들도 정치학의 일부로, 경영학의 일부로 그리고 환경에 대응함으로, 전문 직업관에 의한 인접과학의 업적을 응용함으로 등등 도피적 처방을 모색하다가 드디어는 그 정체성을 철학에서 찾아야 한다는 방향이 정해진 것이라 생각된다. 철학에서 찾아야 한다면 어느 시대 어떤 철학에서 찾아야 할 것인가? 다른 어떠한 분야의 학문보다 행정학은 현실 문제를 중시한다. 그러므로 철학에서 찾되 현대철학에서 찾아야 하고, 현대철학 중에서는 어떠한 철학을 기반으로 할 것인가? 그것은 현대철학 중 어느 철학이 철학사 전반의 철학적 노력들을 철저히 검토, 비판하여 오류들을 발견하여 시정하고, 미흡한 것은 보완하고, 옳은 것은 빠짐없이 수용한 철학이 무엇인가를 찾아야 한다. 그러나 행정학을 철학과 연관시켜 정체성의 위기를 해결해야 한다는 탈행태주의자들도 니체의 철학, 존재론적 현상학, 실존주의 철학 등을 통해 이해하려하였다. 니체의 생(生)의 철학이나 현상학은 근대철학에서 현대철학으로 넘어오는 과도기 철학이며, 그 중 실존철학이 현대철학에 속한다. 그러나 이는 모두[180] 반절지향된 관념론의 지반[181] 위에 선 철학들이다. 그럼에도 불구하고 행정학자들이 관심 쏟아 이해하려고 노력했던 것은 인식론적 차원에서 접근코자 함에 있었던 것이라 생각된다. 직선 지향된 현대철학으로서는 논리적 실증주의,

---

180) 탈행태주의자들이 활용코자 하는 철학들을 말한다.
181) N. Hartmann 《존재학 원론》, 전게서, p.83, 하기락 저, 《하르트만 연구》, 전게서, p.48

과학철학 그리고 하르트만의 존재학이다.

　과학철학과 논리적 실증주의는 하르트만에 의해 자연 철학적 특수범주에 머무는 정도로 수용되었다. 하르트만은 철학사 전반의 업적들을 철저히 검토, 비판하여 바르고 옳은 것은 빠짐없이 종합 수렴하여 대범주적 체계를 세웠다. 그뿐만 아니라 미래의 학문까지도 수용할 수 있는 개방된 틀을 만들었다. 그의 이와 같은 업적을 들어 타 철학자들은 그의 존재학을 비판적 존재론이라 부르기도 하였다. 그러므로 행정학의 정체성 위기를 극복하는 방안을 철학에서 찾는다면 하르트만이 발견한 '세계의 기본적 존재 규정'에서 찾으려고 하는 것은 자연스러운 것이라 생각된다. 특히 세계 전체를 활용하려면 세계의 기본 구조를 이해해야 하는 것이므로 이에 관해서는 하르트만의 기본적 존재 규정에 따른 실사 세계의 구조뿐이라 할 정도로 가장 잘 해명되었다고 본다.

　하르트만의 세계의 기본적 존재 규정은 정재(Dasein)와 상재(Sosein)의 양 존재 계기에서부터 모든 것이 전개되어 나온다. 이를 그대로 행정학에 적용하면 정체성의 위기는 극복될 것이라 판단해 본 것이다. 적용한다는 것은 다종 다양한 모든 행정론 간에 존재 질서를 부여하는 일이다. 나무는 같은 과(科) 같은 속에 해당하는 나무끼리 접목하여야 새롭게 자랄 수 있다. 그렇지 않으면 고사하고 만다. 그러므로 무엇보다 중요한 일은 하르트만의 기본적 존재 규정과 행정학의 패러다임 간에 있는 동질적 요소를 찾는 일이다. 그의 기본적 존재 규정의 핵심적인 요소는 정재(Dasein)와 상재(Sosein)라는 양 존재 계기와 이법성(理法性)과 실사성이란 양 존재 방식에 따라 나타나는 실사 세계의 성층(4층) 구조다. 그러므로 정재(Dasein)와 상재(Sosein)가 행정학의 패러다임 중 어떤 요소와 접할 수 있는 동질성이 있는가? 또한 실사 세계의 4층 구조는 행정학의 발전 과정 중 어떤 요소와 접할 수 있는 동질성이 있는가? 등이 무엇보다 먼저 검토되어야 한다. 다시 말하면, 기본적 존재 규정을 다종 다양한 행정학의 제 패러다임에 적용하기 위해서는 상호간의 동질적인 요소들을 찾아내야 한다. 그 이유는 기본적 존재 규정과 행정학의 패러다임과의 관계는 수목(穗木)과 태목(台木)과의 관계에 비유되기 때문이다.

행정학의 거점(Locus)은 골렘뷰스키가 행정학의 각 단계는 그것이 위치(Locus)와 초점(Focus)을 가지고 있는지의 여부에 따라 특징지어진다고 한 데서 비롯하여, 헨리가 이 거점과 초점을 기준으로 행정학의 패러다임을 구분한 바 있다.[182] 골렘뷰스키도 거점(Locus)이란 그 분야의 제도상의 위치를 의미한다. 행정학이 자리할 거점은 행정기관[183]인데, 행정기관은 이를 위해 아무런 재료도 제공하여 온바 없으며 이 전통적 거점마저도 선명하지 못하였다[184]고 이 분야의 발전을 다루었던 그의 통찰적인 논문에서 지적한바 있다. 인간의 공통문제는 한 마디로 공공의 문제이므로 이 문제에서 존재 질서를 잡아 나가는 것이 행정행동이다. 왜냐하면 행정행동은 행정인 개개인의 이익이나 문제를 결정하는 것이 아니고 공공문제를 통하여 다른 사람의 일을 결정하며 해결하기 때문이다.[185]

공공의 문제에 존재 질서를 잡아나가는 행정행동(Administrative Activities)이 자리를 차지하는 위치를 거점(Locus)이라 하고, 행정행동의 원리들로 집약된 내용구조를 초점(Focus)이라 한 것이다. 이는 하르트만의 '존재자로서의 존재자'가 어떤 거기를 차지하여 있는 위치를 정재(Dasein)라 하고, 차지한 위치 거기에서 무엇인가의 내용을 규정하는 구성적 법칙(범주적 법칙)을 상재(Sosein)라 하였다(2장). 그러므로 행정학에서의 거점 및 초점은 존재학에서의 정재 및 상재와는 동질적 요소가 있음을 알 수 있다. 행정학의 거점(Locus)

---

182) N. Henry, 《현대행정관리 총론》, 전게서, pp.5-6

183) 행정기관의 공익과 공공문제와 승리(乘離)될 경우는 행정학의 거점이 될 수 없다.

184) N. Henry, 《현대행정관리 총론》, 전게서, p.5

185) 이는 공공부문(Public Sector)과 사부문(Private Sector)에서 행정(Administration)이 어떻게 다른가를 분명히 해줄 수 있는 입장이다. 다음 논문 참조하였다.
  * Rovert E. Lane, 'Marker Justice, Political Justice', 《APSR, Vol. 80, No. 2》, June, 1986, pp.383-385

은 단적으로 있는 장소 또는 위치를 말하는 것으로 정재(Dasein)에 해당되고, 초점(Focus)은 어떤 명제의 내용 또는 성질을 말한다. 논리적으로 보면 내포(Intension)와 외연(Extension)의 관계이다. Dasein은 외연이며, Sosein은 내포이다. 여기에서 Locus는 외연이며, Focus는 내포이다. Dasein과 Sosein이 외연과 내포의 관계인 것처럼 Locus와 Focus도 외연과 내포의 관계이다.

그러므로 Dasein은 Locus이고, Sosein은 Focus라는 논리가 개념상으로 유추될 수 있다. 더구나 존재론의 정재와 상재의 전위현상과 행정학 패러다임의 거점과 초점의 전위현상과의 동질적 요소들도 발견할 수 있다. 그리고 행정학의 패러다임에 내재된 지배원리를 기계적·기술적 행정론, 생태론, 인격적 인간관계론, 규범적 가치론[186] 등은 존재학에서의 물질적 물체, 유기적 생명체, 심리적 의식체, 역사적 정신체와도 동질적 요소가 있음을 알 수 있다.

이외에도 양자 공히 세계 전체를 대상으로 한다든지, 공통된 삶의 문제를 해결코자 한다든지 하는 것, 또는 행정학의 발전 과정에 내재된 발전논리는 실사 세계의 성층 구조를 지향하고 있는 것 등에서도 동질적인 요소들이 있음을 확인할 수 있다. 즉, 행정학의 발전 과정에 내재된 논리와 그 패러다임은 태목으로, 하르트만의 기본적 존재 규정은 수목으로서 접목했을 경우 그 동질적 요소들로 인해 새롭게 그리고 원래의 태목보다 더 좋은 성장과 결실을 기대할 수 있을 것이라 전망해 본다.

제1절 존재 계기로서의 정재(Dasein)와 상재(Sosein)의 적용

하르트만의 존재론에서 전개되는 존재 계기인 정재(Dasein)와 상재(Sosein)

---

186) 역사적·정신적 산물은 주로 규범적 가치에서 연유한다.

를 행정학의 거점(Locus)과 초점(Focus)에 적용코자 한다. 정재와 상재의 개념은 2장에서, 거점과 초점의 개념은 3장에서, 그리고 그들과의 동질적 요소는 바로 앞에서 검토하여 보았다. 행정학의 패러다임론에서의 거점(Locus)과 초점 (Focus)은 행정학이 자리한 그 자리에서 어떤 행정적 내용 규정을 이루는 정도, 즉 어원(語源)이 가지는 의미 이상으로 전개시키지 못하고 말았다. 그러나 하르트만의 기본적 존재 규정의 기틀을 제공하고 있는 정재(Dasein)와 상재 (Sosein)는 정재(Sosein)에서 분기되는 존재 방식과 존재 방식에서 가일층 분화된 존재 양상으로 1계열을 이루고, 상재(Sosein)에서 전개되는 요소적 독립 범주와 범주적 법칙이란 1계열을 형성하고 있다. 그러므로 존재론의 존재 계기로서의 정재와 상재를 행정학의 거점과 초점에 적용시켜 보면 행정학의 실체가 성립할 수 있는 근거로서의 기틀이 명백하게 드러날 것이다.

1. 존재론의 정재(Dasein)와 행정학의 거점(Locus)과의 접합

존재론의 정재는 '무엇이 있다' 할 때 '있다'에 해당되는 개념[187]이다. 세계의 정재는 세계가 '있다'는 그 '있음'을 말한다. 있되 어떤 방식으로 있느냐가 존재 방식이다. 이법적 방식으로 있느냐? 실사적 방식으로 있느냐?이다. 이 존재 방식은 이법적 존재권역에 존재라는 존재자들의 세계와 실사적 존재권역에 존재하는 존재자들의 세계로 분리시킨다. 즉, 두 세계로 나누어진다. 세계의 정재는 이 두 세계에 각각 존재한다. 이법적 세계의 거점과 실사적 세계의 거점을 말하는 것이다. 이를 그대로 행정학의 거점에 적용하면 공익목표는 이법적 세계에 거하고, 공공문제는 항상 시간 속에 있는 현실에서 야기되는 현상으로 실사적 세계에 거한다. 그러므로 행정학의 이법적 거점은 공익이고, 실사적 거

---

187) 서해길, 《존재와 존재자의 존재론적 이해(I)》, 전게서, p. 64

점은 공공문제다. 세계의 이법적 정재는 제 가치이고, 실사적 정재는 성층 구조다. 고로 행정학의 이법적 거점인 공익은 제 가치의 적용을 받아야 하며, 실사적 거점인 공공문제는 성층 구조의 적용을 받아야 한다. 공익이 제 가치와 접하고 있음은 해명할 필요가 없다. 해명되어야 하는 것은 실사 세계의 성층 구조를 어떻게 공공문제에 적용할 것인가 하는 문제다. 우선 공공문제나 공공사항이 야기되고 있는 현상을 분류해 보면,

첫째, 무기적 자연현상에서 야기되는 각종 사물적 문제

둘째, 유기적 자연현상에서 야기되는 각종 생명체의 문제

셋째, 심리적 의식의 현상에서 야기되는 각종 인권을 포함한 인간관계의 문제

넷째, 역사적 정신현상에서 야기되고 있는 각종 집단의식 및 이데올로기의 문제

등으로 집약할 수 있을 것이다.

이상과 같은 분류작업이 끝나면 이에 상응하는 미니 패러다임을 개발하여 대처하여야 할 것이고, 미니 패러다임으로 해결할 수 없는 중첩된 문제들은 모 패러다임이 이들을 대처해야 할 것이다. 미니 패러다임과 모 패러다임의 개발 사례를 2장에서 소개된 제 학자들의 학설 유형을 중심으로 성층 구조와 접합시켜 보고자 한다. 물론 제 학자들의 관점과 그에 따른 분류기준이 각각 상이하므로 정확한 적용은 층별 지배법칙을 기준으로 제 행정론의 기본적인 행동을 분석하는 작업을 거쳐야 할 것이다. 즉, 같은 행태론에서도 기계적인 법칙이 내용을 규정하는 행동은 1층에, 자기운동의 법칙에 의한 단순한 환경과의 적응은 2층에, 성찰의 원리가 주가 된 반성적·의식적 행동은 3층, 규범적 가치를 실현하는 행동은 4층에 각각 배속시켜야 할 것이다.

가. 1층의 무기적(無機的) 자연현상에서 야기되는 각종 사물적 문제는

(1) 기술적 행정론(와 관리기술론 내) 과학 이전 단계의 분석적 정치행정 이

원론

   (2) 관리기술론

   (3) 과학 전 단계

   (4) 분석적 정치·행정 이원론

   (5) 과학적 관리기법론, 고전적 관리 모델

   (6) 기계적 구조

   (7) 낭만적 제퍼슨주의

등에서 무기적 자연을 지배하는 원리에 상응하는 요소들을 추출하여 하나의 동질적인 미니 패러다임을 개발하여 대처한다. 이는 과학적 관리원칙론 또는 기술적 기계론으로 대표될 수 있다.

나. 2층의 유기적(有機的) 자연현상에서 야기되는 각종 생명체의 문제는

   (1) 생태적 변수를 포함한 기능적 행정론

   (2) 행정과 환경을 중시한 정책형성자

   (3) 보편적 법칙을 중시한 비교 행정론

   (4) 구체적 정치행정 이원론

   (5) 고전적 헤밀턴주의

   (6) 제도적 접근론

   (7) 신 관료주의 모델

   (8) 생태론

등에서 유기적 자연을 지배하는 자기운동(생명)의 법칙에 상응하는 요소들을 추출하여 하나의 동질적 미니 패러다임을 개발하여 대처된다. 이는 유기체적 생태론으로 대표될 수 있다. 1층과 2층과의 관계는 가공형성관계, 즉, 1층의 무기적 자연을 지배하는 법칙 전부가 2층으로 올라와 2층에서 새롭게 나타난 생명의 법칙과 결합하여 1층과 구별되는 2층의 특성이 형성된다. 그러므로 2

층에 거하는 존재자들과 1층에 거하는 존재자들은 그 질이 달라진다. 그러므로 1층과 2층이 중첩될 경우는 가공형성관계를 적용하여 대처해야 할 것이다.

다. 3층의 심리적(心理的) 의식의 현상에서 야기되는 각종 인권 및 인간관계론의 문제는

(1) 발전 변수를 포함한 이원론적 행태론

(2) 의사결정의 행태기로서의 인간관계론

(3) 발전행정기로서의 다(多)학문적 행태과학

(4) 관리과학

(5) 신 고전적 매드슨주의

(6) 조직 이론 중 인간관계론

(7) 인간관계 모델

(8) 비판행정학

등에서 반성적 의식(인격)의 원리에 상응하는 요소들을 추출하여 하나의 동질적 미니 패러다임을 개발하여 대처한다. 이는 인격적 인간관계론으로 대표될 수 있다.

라. 4층의 역사적·정신적 현상에서 야기되고 있는 각종 집단의식 및 이데올로기에 관한 문제는

(1) 새 일원론으로서의 발전론

(2) 사회지표 개발 및 평가, 발전 정책적 기관 형성론

(3) 철학과 과학을 배경으로 한 행정과학시대

(4) 공공정책 접근기에서의 정책과학

(5) 사회적 적실성을 강조하면서 부활한 낭만적 제퍼슨주의

(6) 사회적 형평의 가치와 적실성

(7) 과학과 기술의 융합과 가치를 강조한 후기 행태론

(8) 민주적 행정조직

(9) 가치와 적실성을 강조한 공공선택 모델

등에서 역사적 보편정신(가치)의 원리에 상응하는 요소들을 추출하여 하나의 동질적 미니 패러다임을 개발하여 대처한다. 이는 규범적 가치론으로 대표될 수 있다. 2층과 3층과의 관계는 2층의 유기적 자연의 원리군들 중 일부는 층 경계에서 중지되거나 퇴각되고, 그 일부만이 3층에 올라와서 3층에서 새롭게 등장한 의식적 성찰의 원리와 결합하여 2층의 유기체와 구별되는 특성이 형성된다. 마찬가지로 3층의 특성 중 일부는 3층과 4층의 경계에서 중지되거나 퇴각되고, 그 일부는 4층으로 올라와 4층에서 새롭게 출현한 보편적 가치와 결합하여 3층과 구분되는 새로운 4층의 특성이 생긴다. 2층과 3층, 3층과 4층 간의 관계를 가상구축관계라 한바 있다. 그러므로 2층과 3층, 3층과 4층간에 중첩될 경우는 가상구축관계를 적용하여 대처하면 될 것이다. 층간 중첩된 문제는 중첩 내용에 따라 미니 패러다임간의 결합으로 대처해야 한다는 것이다. 그 결합은 가공형성관계와 가상구축관계를 활용하면 된다는 것이다. 그리고 층간 중첩된 문제로서 가공형성관계와 가상구축관계로도 활용할 수 없는 것은 4개 층 모두를 관철할 수 있는 것이어야 함으로 그것은 층 투시의 원리를 활용할 수 있는 모(母) 패러다임이 대처한다.

이상이 실사 세계의 성층 구조에 접합시켜 본 한 사례다. 물론 여기에는 논의의 여지가 많을 것인데 그것은 주로 층별로 대표되는 지배법칙에 엄격히 접합시킬 수 없거나 몇 개의 법칙들과 중첩되는 것들 때문일 것이다. 그러나 그것들을 더욱 세밀히 분석[188]하는 작업을 거치면 이 4층 어느 곳에든지 적합할 수 있을 것이다. 왜냐하면 이 세계 내에 있는 모든 존재자들은 모두 여

---

188) 분석과학의 발달로 불가능한 작업은 아니라 사료된다.

기에 수용되기 때문에 단언할 수 있는 것이다.

2. 존재론의 상재(Sosein)와 행정학의 초점(Focus)과의 접합

다종다양한 행정론들을 실사 세계의 성층 구조에 적합하게 배열하였다고 해서 기본적 존재 규정 모두에 적합시킨 것이 아니다. 이는 어디까지나 거점에서 분기된 존재 방식과 실사적 존재권역의 성층 구조에만 적합시킨 것뿐이다. 존재론의 상재는 '무엇이 무엇, 무엇이다' 할 때 '이다에 해당되는 개념이다.[189] 세계의 상재는, 세계는 무엇 '이다'는 세계의 내용 규정을 말한다. 정재와 마찬가지로 상재도, 이법적 존재권역에도, 실사적 존재권역에도 각각 있다. 이법적 상재는 이법적 정재에, 실사적 상재는 실사적 정재에 각각 부착되어 있다. 이를 행정학의 초점에 그대로 적용하여 본다면 행정학의 이법적 초점은 이법적 거점인 공익에 부착된 공익의 내용 규정으로 규범적 법칙이 이에 해당된다. 그리고 행정학의 실사적 초점은 실사적 거점인 공공문제에 부착된 국가의 정책이다. 즉, 행정학의 이법적 초점은 규범적 법칙이요, 실사적 초점은 국가의 정책이다.

그런데 존재론의 실사적 상재는 존재 방식과는 무관하다. 그러므로 이법적 존재권역이던 실사적 존재권역이던 간에 어디든지 상관없이 관통한다. 즉, 이법적 정재 및 상재와 실사적 정재 및 상재 등 4개 항목의 교우관계에 있어서 유일하게 이 실사적 상재만이 4개 항목 모두와 정접(政接) 연결되고 있다. 이 점은 후술할 거점과 초점의 인식문제를 해명할 때 상술된다.

이를 행정학의 실사적 초점인 국가의 정책에 그대로 적용하면 국가의 정책은 실사적 거점인 공공문제에도, 이법적 거점인 공익에도, 이법적 초점인 규범

---

189) 서해길, 《존재와 존재자의 존재론적 이해(I)》, 전게서, p.64

적 법칙에도 직접 연결된 유일한 항목이다. 그러므로 이 정책은 이법적 세계와 실사적 세계를 결합시킨다.

다시 말하면 국가의 정책은 공공문제나 공적 사항의 해결을 위해 규범적 법칙에 따라 공익목표를 달성케 하는 것이다.

존재론의 상재에서 전개되는 기본적 범주체계는 이법적 세계와 실사적 세계에 관계없이 작용한다. 이 양 세계를 하나로 통일시킨다. 존재 방식의 결합은 상재의 한 기능이라는 뜻이다.

요약하여 정리하면 이법적 존재권역과 실사적 존재권역을 결합시키는 것은 상재이다.[190] 이법적 존재권역은 부착된 이법적 존재로서의 실사자의 본질, 동일률, 모순율, 배중률, 보편과 특수의 법칙 등 논리적 법칙, 수학적 존재, 제 가치 등의 존재자들이 거하고 있는 권역이다. 상재의 중립성은 이 양 존재 방식과는 무관하다. 그러므로 상재는 이 양 권역을 결합시킨다. 따라서 행정학의 초점(Focus)은 이 세계를 구성하는 요소들을 활용할 수 있는 내용에 모아져야 양 권역이 결합되어 가치가 실현될 수 있다. 모든 행정적 활동은 양상법칙, 요소적 대립법칙 그리고 범주적 법칙에 적합하여 전개시켜야 한다.

정책을 결정할 때나 그 정책을 집행하는 법칙을 세워 집행할 때 언제나 이들을 활용해야 한다.

행정학의 실사적 초점은 조직 이론을 포함한 국가의 정책에 있으므로 4층으로 묶여진 행정적 법칙군들을 요소적 사립범주와 범주적 법칙에 따라 수립, 시행하게 되면 이법적 존재권역은 실사적 존재권역과 결합하게 된다. 즉, 공익 목표와 그 내용이 실사 세계에 구현되어 실현된다는 뜻이다. 그러기 위해서는 12짝의 상호 근립되는 원리를 토대로 그 위에 4원칙과 16법칙들을 활

---

190) 초점은 존재 방식(이법과 실사)과는 무관함으로 존재권역을 관철한다. 이법권과 실사권은 시간에 의해 상호 분리되나 존재 규정의 중립적 성질로 양 권역을 결합시킨다. 그 뜻은 규범적 가치를 실현한다는 것과 유사하다.

용하되 층 투시의 법칙에 따라야 한다. 이것이 양 세계를 결합시키는 접속관계이기 때문이다.

이상은 이법적 존재권역에, 현실은 실사적 존재권역에 거한다고 보면 이해될 것이다. 공익은 이상이고, 공공문제는 현실이다.

상재(Sosein)에서 전개되는 1계열은 12짝으로 된 요소적 대립범주와 네 개의 원칙에 따라 각각 넷씩의 법칙으로 구성된 도합 16개의 범주적 법칙이라 하였다. 요소적 대립범주는 행정학의 내용 규정에 그대로 적용될 수 있으므로 다시 별도로 적용시킬 필요가 없다.

범주적 법칙을 행정학의 내용 규정(초점)에 접합시킨다면 다음과 같다.

가. 행정론 일반의 본질적 규정

범주가 범주인 까닭은 구체자의 원리라는 점에 있다. 원리 없이 구체자가 있을 수 없으므로 원리는 구체자에 대하여 타당해야 한다. 고로 행정행동의 원리도 구체적 행동에 대하여 타당해야 한다. 이는 행정론 일반의 공통원리이다. 고로 이 법칙은 모든 행정론에 타당하다. 이 원칙을 타당원칙(Der Grundsatz der Geltung)이라 부르며, 여기에는 다음과 같은[191] 네 가지 법칙이 있다.

(1) 원리법칙(Das Gesetz der Prinzips)

구체적 행정행동의 일정한 측면을 결정짓는 원리나 법칙을 말한다. 모든 행정적 기법들은 이 원리법칙에 따라 성립한다.

(2) 층 법칙[192](Das Gesetz der Schichtung)

소속 존재층에 해당하는 행정론은 그 원리에 의하여 소속 존재층 내부에 나타나는 모든 구체적 행정행동을 결정한다는 것이다. 이 결정은 불가침의 구속력을 지닌다는 것이다. 즉, 과학적 관리론은 기계적이고, 기술적인 행정행동

---

191) N. Hartmann, 《존재학 범주론》, 전게서, pp.469~476
192) 상게서, p.477

만을 결정한다는 뜻으로 당해 층에서만 타당하다.

(3) 층 소속법칙[193](Das Gesetz der Schichtenzugehorigkeit)

소속 존재층에 해당하는 행정론은 그 층 내의 구체적 행정행동에만 타당하지 다른 존재층에서 나타나는 경우는 그 타당법칙이 제한을 받는다는 것이다. 즉, 과학적 관리론은 생태론, 인간관계론, 가치론에서는 제한을 받는다.

(4) 층 결정성 법칙[194](Das Gesetz der Schichtendetermination)

구체적 행정행동의 모든 원리는 당해 층에 해당하는 원리에 의하여 결정되지 다른 층에 해당하는 원리에 의하여 결정되지 않으므로 그 소속 층을 결정하는 법칙을 가진다는 뜻이다. 다시 말하면 무기적 자연을 지배하는 법칙은 1층에 속한 과학적 관리론을, 자기운동의 법칙은 2층의 유기적 생태론을, 성찰의 법칙은 3층의 인격적 인간관계론을, 역사적 객관정신의 법칙은 4층의 규범적 가치론을 각각 결정한다는 것이다.

나. 행정론의 층별 원리군 내부의 공속성

당해 층 내에 있는 행정원리들은 개별로 고립하여 있어서는 안 되며 각각 해당 층에서 결속함으로써 공동으로 구체적 행정행동을 규정하여야 한다는 원칙이다. 단일 층 내부의 제 원리나 법칙들 간의 공속에만 타당하다. 즉, 단일 층 내부에서 상황에 따라 공동으로 대처해야 하는 것을 의미하는 것으로 규범적 가치론의 내부 원리군들도 하층으로부터 올라 온 원리들과 함께 상황에 적합할 때의 우선순위에 따라 층을 형성하는 것이 한 예가 될 수 있을 것이다. 이 원칙을 공속원칙(Der Grundsatz der Kohärenz)이라 부르며, 여기에는 다음과 같은 네 가지 법칙이 있다.

---

193) 상게서, p.478

194) N. Hartmann, 《존재학 범주론》, 전게서, p.478

(1) 결속법칙[195](Das Gesetz der Verbuntenheit)

한 존재층에 속한 행정론들은 각개 단독으로 고립하여 구체적 행정행동을 결정짓지 않고 서로 결속하여 공동으로 결정해야 한다. 그것들은 서로 결속하여 하나의 통일을 이루고 통일의 내부에서 개개의 행정행동의 원리가 혹은 우세하고 혹은 열세일 수 있으나 단독으로는 결정지을 수 없는 법칙이다. 즉, 과학적 관리론에서도 각각의 원리들이 서로 결합하여 상황에 대처해야 하는 것이다.

(2) 층 통일법칙[196](Das Gesetz der Schichteneinheit)

한 층의 행정원리들은 그 자체에 있어서도 하나의 불가분한 통일을 형성한다. 개개의 원리는 다른 원리들이 적소에 성립하는 한에 있어서만 자기도 적소에 성립한다. 고립한 원리란 있을 수 없다.

(3) 층 전체성법칙[197](Das Gesetz der Schichtenganzheit))

행정론의 단층의 통일은 그 요소들의 총화가 아니라 요소들에 선행하는 불가분의 전체이다. 층 전체성법칙은 행정원리의 제 요소간의 상호제약에 있어서 성립한다. 하층으로부터 올라온 원리들과 상층에서 새롭게 생긴 신규자들의 단순한 종합이 아니다. 신규자로 말미암아 올라온 하층의 원리들의 본래의 성질과 다른 질적 변화로 전혀 다른 성질이 당해 층 전체를 카버(Cover)하게 된다는 뜻이다.

(4) 함축법칙[198](Das Gesetz der Implikation)

한 층의 원리들의 전체성은 각 요항(要項) 속에 재현한다. 다시 말하면 각 행정론은 당해 층의 여타 행정행동의 원리들로 함축한다. 각개 원리는 그 고유 본질을 자기 자신 속에 가지는 동시에 자기 외의 타 원리 속에 갖고 있

---

195) 상게서, p.490
196) 상게서, p.498
197) 상게서, p.500
198) 상게서, p.504

다. 단 각층 내의 각 원리들은 공속성을 전체에 있어서 동시에 각 요항 속에 나타난다.

다. 상하층 행정론의 상호관계

하층의 행정론은 상층으로 뻗어나가 상층의 제 행정론의 틈에 낀다. 그러나 반대로 상층의 행정론은 하층으로 뻗어나가는 법은 없다. 이리하여 행정론은 성층적 조직을 이루어 통합돼 나간다. 이 원칙을 성층원칙[199](Der Grundsatz Schichtung)이라 부르며, 이 원칙에는 다음과 같은 네 가지 법칙이 있다.

(1) 재현법칙[200](Das Gesetz der Wiederkehr)

하층의 행정론은 전부 또는 그 일부분이 상층에 재현한다. 그런데 이 재현은 반드시 하층에서 상층으로 향하여 행하여지고 그 역으로 되지 않는다. 즉, 과학적 관리론의 원리는 생태론, 인간관계론, 가치론 등에 그 전부 또는 일부가 재현되나 생태론, 규범론, 가치론 등은 과학적 관리론 속에 재현될 수 없다는 뜻이다.

(2) 변모법칙[201](Das Gesetz der Abwandlung)

하층의 행정론은 상층에 재현할 때는 변모한다. 그 원리는 한 요소로서는 자체를 유지하나 상층원리군의 공전성에 있어서 차지하는 그 위치로 말미암아 변모할 수밖에 없다. 즉, 과학적 관리론은 생태론, 규범론, 가치론에서 재현될 때 그 요소로서는 자체를 유지할 수 있으나 상층에서 새롭게 형성하는 신규 원리군들과 공속하게 됨으로 상층의 행정론은 하층의 행정론과 그 내용이 다를 수밖에 없다는 뜻이다.

---

199) N. Hartmann, 《존재학 범주론》, 전게서, p.533
200) 상게서, p.540
201) 상게서, p.560

(3) 신규자법칙[202](Das Gesetz des Novums)

상층에는 하층으로부터 재현한 원리들 외에 그 당해 층에서 신규로 등장하는 원리들이 있다. 그리고 그 층의 행정론의 원리들이 요소로서 결합된 고유 구조가 또한 새롭게 편성된다. 상층에서 새롭게 편성된 원리군들은 하층에서 올라온 제 원리들의 변모를 규정하는 동시에 그 진출 또는 퇴각을 규정한다. 예를 들면 실증위주의 행정행동의 원리군들이 상층에 올라올 경우 상층에서 새롭게 생긴 가치요소들이 이들을 변모시킬 뿐 아니라 가치를 행동으로 옮기는 데 적합한 것은 취하고, 그렇지 못한 것은 당해 층에 있을 수 없게 퇴각시키는, 즉 선택한다는 뜻이다.

(4) 층 간격법칙[203](Das Gesetz der Schichtendistanz)

각 층에는 재현한 원리군과 신규로 등장한 원리군으로 말미암아 새로운 층 공속성이 성립하여 층간의 단계구분이 비약적으로 성립한다. 예를 들면 과학적 관리론(1층)의 모든 원리들이 생태론(2층)에서 재현하면 생태론에서 새롭게 등장한 자기운동의 법칙(생명의 인자)으로 말미암아 과학적 관리론과는 명백히 구분될 수 있는 생태론이 성립하며, 과학적 관리론이나 생태론을 형성하는 일부의 원리가 인간관계론(3층)에서 재현하면 인간관계론에서 새롭게 등장한 원리들과 합해서 과학적 관리론이나 생태론과 구분될 수 있는 인간관계론이 성립한다. 마찬가지로 과학적 원리, 생태론, 인간관계론들의 일부 원리들이 가치론(4층)에 재현되면 가치론에서 새롭게 등장한 역사적 보편정신의 원리들과 합하여 새로운 특성을 가진 행정론이 되어 여타의 행정론과 구별되는 당해 층 내부의 공속성이 성립하여 층별로 간격이 형성된다는 법칙을 의미한다.

---

202) 상게서, p.564
203) 상게서, p.569

라. 상하층 행정론 간의 타당 한계

상층의 행정론은 하층의 행정론에 의존한다. 그러나 그것은 부분적 의존성에 불과하다. 이 의존성은 상층의 행정론의 자립성을 허용한다. 이 원칙을 의존원칙[204](Der Grundatz der Dependenz)이라 부르며, 이 법칙에는 다음과 같은 네 가지 원칙이 있다.

(1) 강인법칙[205](Das Gesetz der Starke)

상층의 행정론은 언제나 일련의 하층의 행정론을 전제한다. 그러나 상층의 행정론이 하층의 행정론 속에 전제되어 있는 것은 아니다. 그러므로 층별 행정론 간의 의존성은 어디까지나 하층에 대한 상층의 의존성이지 그 역(逆)은 아니다. 어떤 층의 행정론이 기본이 되어 다른 행정론을 제약하고 있음은 '강력성'이라 하고, 제약되어 있음 또는 의존되어 있음은 그 '취약성'이라고 한다면, 이 법칙은 간단히 다음과 같이 의식된다. 즉, 하층의 행정론은 보다 강력하고 상층의 행정론은 보다 취약하다. 이 관계는 불가역적으로 층 접속 전체를 지배한다. 하층인 과학적 관리론은 가장 강하나, 최상층인 가치론은 가장 약하다는 의미다.

(2) 무관성법칙[206](Das Gesetz der Indifferenz)

낮은 층의 행정론은 높은 층의 행정론의 기초가 된다. 그러나 낮은 층은 높은 층에 상관없이 자립적으로 성립한다. 예를 들면 과학적 관리론은 생태론의 기초가 되지만, 생태론과 관계없이 자주적으로 성립한다는 의미다.

(3) 질료(質料)법칙[207](Das Gesetz der Materie)

하층의 행정론이 상층에 재현될 때 그 속에서 그것은 질료의 구실을 할 뿐 아니라 상층의 행정론은 이 질료의 특성으로 말미암아 보다 높은 형태 형

---

204) N. Hartmann, 《존재학 범주론》, 전게서, p.575
205) 상게서, p.584
206) 상게서, p.593
207) 상게서, p.603

성에 제한을 받는다. 상층은 하층을 질료라 하여 임의로 어떤 것이나 형성할 수 있는 것이 아니라 이 질료에 있어서 가능한 것만을 형성할 수 있다. 상층의 행정론은 하층의 행정론을 완전히 개조하지 않고(후자는 전자보다 강한 고로) 다만 가공형성할 뿐이다. 이와 같이 질료의 규정력을 제한하는 기능 이상으로는 되지 않는다. 예를 들면 최하층의 과학적 관리론이 2층을 거치지 않고 바로 3층이나 4층의 규범론이나 가치론의 높은 형태로 형성할 수 없고, 생태론을 거쳐야 한다는 뜻이다.

(4) 자유법칙[208](Das Gesetz der Freiheit)

상층의 행정론은 하층의 행정론에 의하여 토대상(질료상)으로 제약을 받는다. 그러나 상층의 행정론은 미약함에도 불구하고 그 신규자에 있어서 하층의 행정론에 대하여 자유롭다(자율적이다). 이 신규자로 말미암아 새로운 종류의 내용으로 탁월한 형태가 형성된다. 낮은 요소가 가공형성되거나 가상구축되거나 간에 보다 높은 의존가치가 형성된다. 자유란 언제나 취약자가 강력자에 대하여 가지는 것이다. 그것은 취약자가 더 높기 때문이다. 그렇기 때문에 취약자는 자유의 활동무대를 낮은 것 '속에' 가지지 않고, 그것 '위에' 가지기 마련이다. 왜냐하면 낮은 것은 높은 것 속에 다만 요소로서 포함될 뿐이고, 그러한 것으로서 자기가 가공형성 또는 가상구축되는 데 대하여 등한시한 고로 높은 것의 활동무대는 낮은 것의 상부에서 필연적으로 무제한적인 까닭이다. 즉, 최하층의 행정론인 과학적 관리론은 강하고 견고하여 상층의 행정론의 질료로서 사용되나, 행정행동의 범위는 좁고 제한되어 매우 부자유스럽다. 예를 들면 날로 복잡하고, 다양하며, 급변하는 개개의 행정현상에 적중시킬 수 있는 과학적 관리법칙이란 실제 적용하는 데는 매우 그 대상이 제한된다. 그러나 최상층의 가치론은 비록 하층들로부터 토대가 되어졌으나, 실

---

208) 상계서, p.609

제적으로 적용하는 데 행정과정의 그 어느 것, 어느 곳에서든지 자유롭게 적용될 수 있다는 의미다.

앞에서 하르트만의 16개 범주적 법칙을 행정행동에 적용시켜 보았다.

가.의 타당법칙 하의 네 개의 법칙은 행정론 일반의 본질 규정이라 할 수 있다. 따라서 이들의 법칙은 모든 행정론에 모두 타당하다.

나.의 공속원칙 하의 네 개의 법칙은 단일층 내부의 행정론의 제 원리에만 적용된다.

다.의 성층원칙 하의 네 개의 법칙은 상층의 행정론과 하층의 행정론과의 상호관계에 적용된다.

라.의 의존원칙 하의 네 개의 법칙은 상·하층간의 타당한계에 대하여 적용되는 것이다.

이상에서 나타난 바와 같이 12짝의 요소적 대립범주는 어느 행정론에서나 보편적으로 타당한 원리이며, 각각 네 개씩 네 묶음으로 된 16개의 범주적 법칙은 각 행정론의 독자적 존재 가치를 허용하면서 각 행정론 간의 관계에 적용할 수 있는 법칙들을 제공함으로써 다종다양한 행정론 상호 간의 갈등을 해소하고 공공문제의 내용과 현상의 개별적 법칙에 따라 상호 결속하여 대응할 수 있는 원리를 제공한 것이다.

고로 행정학의 실사적 초점인 국가의 정책은 요소적 대립범주와 범주적 법칙을 잘 활용하여야 한다는 것이다.

제2절 행정학 패러다임의 거점과 초점의 전위현상의 해결

행정학의 거점(據點)과 초점(焦点)의 전위현상을 존재론의 정재와 상재의 전위현상에 접합시키면 세계의 전체 현상에 이르게 되어 그 이상의 전위현상은 일어나지 않고, 정체성은 건고하게 확보된다. 존재론의 정재와 상재의 전위현상(1장 3절 3항)은 이미 설명을 하였으나, 행정학의 패러다임의 거점과 초점의 전위현상은 해명되지 않았다.

행정학의 거점과 초점의 전위현상은 어떠한 현상을 말함인가를 먼저 살펴보고자 한다.

패러다임 I에서의 거점은 행정기관이다. 당초에는 이 행정기관의 행동 내용의 핵심적 초점은 정치에서 결정된 것이므로 행정에서 보면 초점이 없다. 이때의 행정기관은 가치중립성에 의해 정치기관이나 사법기관과 구별되는 특성을 갖게 됨에 따라 행정기관의 행동 내용도 가치중립적인 특성을 가진 과학적 원칙에 따르게 되었다. 이것은 더욱 중시되자 공공기관 이외의 사적 조직에도 과학적 원칙이 적용되게 된 결과 행정학으로서의 거점이 없어지고 말았다(패러다임 II). 이것은 패러다임 I의 거점이 패러다임 II의 초점으로 전위한 현상이다. 즉, 행정기관이란 거점이 모든 조직 기관의 초점이 된 것으로 존재론의 전위현상인 나뭇잎의 거점이 나뭇가지이던 것이 나무에 있어서는 나뭇가지가 초점인 것과 다를 바 없다. 행정학의 특성인 거점이 불명해지자 더욱 그 특성을 찾는 노력이 활발하게 일어나 거점을 정부의 관료제에 두게 되자 다시 초점이 불명해진다. 이것이 패러다임 III이다. 이것 역시 패러다임 II의 초점인 과학적 기계, 기술적 원칙들이 토대가 된 조직 및 관리 이론이다. 정부의 관료제란 거점은 조직 및 관리과학 안에 있다. 그러므로 정부의 관료제란 거점은 조직 및 관리과학의 내용적 초점인 것이다. 즉, 거점이 다시 초점으로 전위되자 다시 거점이 불명해진다. 이것은 패러다임 IV이다.

존재자가 존재자로서 성립하려면 존재자로 되는 기틀에 해당하는 존재 계기인 정재와 상재가 아울러 존재하여야 한다. 그렇지 못할 경우는 존재자로서의 기체성(基體性)과 지속성을 유지할 수 없어 존재자라 할 수 없다. 마찬가지로 행정학의 정체성은 행정학이 행정학으로서 성립하기 위해서는 그 거점과 초점이 동시에 있어야 한다. 그렇지 못할 경우는 행정학의 기체성과 지속성을 유지할 수 없어 정체성의 위기는 극복될 수 없게 된다.

거점과 초점의 전위현상이 계속되는 동안은 거점을 확보하면 초점이 불명해지고, 초점을 확보하면 거점이 불명해져서 행정학의 정체성은 위기에서 방황할 수밖에 없다.

행정학자들 중에서는 정체성의 위기를 극복할 수 있는 방법은 없다[209]고 단언하는 분들도 있다. 거점과 초점의 전위현상만을 집착하여 본다면 당연한 선언이다. 그러나 더욱 자세하게 관찰하고 성찰해 본다면 희망을 가질 수 있는 논리를 발견할 수 있다. 즉,

① 행정기관(으로부터 과학적 관리원칙(pa. II)으로,

② 과학적 관리원칙으로부터 정부의 관료제(pa. III)로,

③ 정부의 관료제로부터 조직 이론과 관리과학(pa. IV)으로,

④ 조직 이론과 관리과학으로부터 공익 및 그 규범적 내용과 공공문제 및 그 정책(pa. V)으로 그 범위가 세계 전체로 향해 확대되고 있는 것이다.

나무는 숲으로, 숲은 산으로, 산은 지구로, 지구는 세계로 확대되는 것과 무엇이 다르겠는가? 이 전위현상은 세계를 구성하는 기본적 존재 규정에 이르러서야 완선된다. 즉, 더 이상의 전위현상은 없어진다. 그러므로 전위현상은 세계 내에 있는 부분현상에 국한된다. 세계는 더 이상 확대되어 나갈 그 무엇이 있을 수 없기 때문이다. 다행히도 신 행정학 운동은 공익 및 공적 사항(공공문제)을 거점으로 조직 이론을 포함한 정책과학을 초점으로 하고 있다. 이것이 패러다임 V이다. 세계 전체를 활용하려는 모든 노력의 통일은 공익과 공적 사항에 있음을 앞서 지적해둔바 있다. 그러므로 패러다임 V는 세계 전

---

209) D. Waldo, 본 논문 3장 2절, p.73

체를 활용할 수 있는 데까지 확대되어 온 것이다. 그러므로 이제는 거점과 초점의 전위현상은 일어나지 않고, 행정학의 정체성은 확보될 수 있는 가능성의 증후를 보이기 시작한 것이다.

다만 염려스러운 것은 패러다임 V가 기본적 존재 규정에 적합하게 행동할 수 있느냐는 것이다. 바로 이 점을 위해 이 논문을 쓰는 것이다.

요약 정리하면 행정학의 거점과 초점의 전위현상은 존재론의 존재와 상재의 전위현상에 접합시키면 세계 전체에 이르러 해결된다는 것을 말한다. 즉, 1900년~1921년(패러다임 I)까지의 정치행정 이원론은 '거점'이 행정기관에 있었던 것이 1927년~1937년(패러다임 II)까지의 행정원리론에서는 전기의 거점인 행정기관이 행정원리론의 조직론 속으로 흡수되어 '초점'으로 전위하였다. 그러던 것이 1950년~1970년(패러다임 III)에 와서 그 초점(조직을 포함한 원리론)이 다시 정부의 관료제에 자리를 잡자 '거점'으로 전위하게 되었다. 1950년~1976년(패러다임 IV)에 와서 그 거점(정부의 관료제)은 사회심리학, 경영학, 사회학의 업적에 의거 더욱 범위가 확대되자 다시 '초점'으로 전위하였다.[210] 그러던 것이 1970년~(패러다임 V)의 신 행정론을 시발로 1970년 이후의 행정학자들은 정책과학, 정치경제 정책 결정 과정과 분석 그리고 정책 산출의 측정과 같은 복잡하게 얽혀져 있는 분야에 점차 관계하게 되자 '초점과 거점'이 연결되고 있는 것으로서 인식함에 이르렀다. 즉, 거점은 공익과 공공문제에, 초점은 조직 이론을 포함한 정책과학에 두게 된 점이다.

이상과 같은 행정학 패러다임의 거점과 초점의 전위현상은 무엇을 의미하

---

210) 1, 2기까지의 거점이 3기에 와서 초점으로, 6기에 와서는 거점으로, 7기에 와서는 초점으로 전위되었던 것이 8기에 와서는 거점과 초점이 접속되는 듯하더니 그 거점이 다시 초점으로 전위하는 징조가 보인다. 이것은 나무의 거점은 산의 초점이며, 산의 거점은 지구의 초점이다. 지구의 거점은 초점이 된다. 이와 같이 동일 방향으로 전위하여 세계 전체에 왔을 때 그 현상은 중지된다. 행정학의 거점과 초점은 근 100년간 정치와의 분리에서 인접 과학으로, 인접 과학에서 다(多)학문으로, 다(多)학문에서 공(汎)학문으로, 공(汎)학문에서 철학으로 전위하는바 그 방향은 항상 동일하다. 고로 철학에서는 세계 전체로 확대될 때에는 그 전위현상이 중지된다.

고 있는 것일까? 존재론의 전위현상[211]과 무엇이 다르겠는가?

　과학적 관리론의 거점은 생태론의 초점이 되고, 생태론의 초점은 인간관계론의 거점이 되며, 인간관계론의 거점은 규범적 가치론의 초점이 되는 것과 다름없다. 그렇다면 이 전위 현상은 어디에서 자리를 잡고, 그 본래의 역할을 다할 수 있을 것인가? 그에 대한 대답은 이미 나와 있다. 세계의 전체에로 확장되어야 그 전위현상은 완성된다. 그것이 곧 기본적 존재 규정에 합치될 때 완성된다는 뜻이다. 그러므로 거점은 공익과 공공문제에, 초점은 정책과학(조직 이론 포함)에 둘 때 비로소 기본적 존재 규정과 일치된다. 여기에서라야 해결된다는 뜻이다.

제3절 행정학의 거점과 초점의 인식문제

　위에서 정재와 상재의 교차관계[212]를 행정학에 적용하면 행정학의 거점과 초점과의 관계는 ① 이법적 거점, ② 이법적 초점, ③ 실사적 거점, ④ 실사적 초점 등 4개 항의 교차관계가 된다고 지적하였다. 그때에 인식론적 해명은 하지 않았다. 인간은 인간에게만 특유한 인식구조를 가지고 있다. 이 구조는 넓은 의미에서 존재학의 존재 구조다. 왜냐하면 인식도 주관적 정신적 존재자, 즉 인간 존재가 전제되어 세계가 거기에 반영된다. 그것은 세계에 대한 주관의 인식관계이므로 이 역시 존재관계다. 우리가 대상에서 거점과 초점을 분리하는 것은 양자의 주어진 양식이 다르고, 인식의 근원도 이원적이기 때문이다. 인식의 이원성은 선험적(a priori) 요소와 경험적(a posteriori) 요소를 말한다.

---

211) 본 논문, p.108
212) 이 4개 항의 교차관계가 세계의 현상을 야기한다.

초점이 실사적 거점에 달라붙었을 때 거점은 경험적으로만 인식될 수 있을 뿐이고, 초점은 선험적(先驗的)로만 인식된다.[213] 그러므로 거점이 실사적 권역에 있을 때 무게를 가진다. 그러나 초점은 선험적으로 인식될 수도 있고, 경험적으로 인식될 수도 있다.[214] 거점은 선험적 인식이 불가능하므로 선험적 인식은 초점에 관해서뿐이다. 그러므로 인식 구조의 이원성으로 볼 때에는 초점이 거점보다 우월하다. 거점은 오직 경험적 요소에만 의지하기 때문이다. 그런데 우리가 이법적 거점을 인식할 수 있는 것은 선험적, 경험적 인식이 가능한 초점의 우월성으로 말미암아서이다. 즉, 초점은 그의 중립성으로 인하여 이법적 거점에 달라붙을 수 있으므로 이법적 거점은 초점을 통하여야만 인식될 수 있는 것이다. 거점과 초점과의 대립과 실사적 존재와 이법적 존재와의 대립과의 사이에는 일정한 관계가 있다. 거점과 초점은 소여(所與) 방식이고 실사적 존재와 이법적 존재는 존재 방식이다. 소여 방식의 대립은 거점과 초점의 대립이므로 소여 방식과 존재 방식과의 대립은 다른 관계의 대립이다. 이 관계는 중첩관계로 다음과 같이 표시된다.

(1) 선험적 인식은 이법(理法)에도, 실사에 관해서도 있다.[215]

(2) 경험적 인식은 실사에 관해서만 있다.

(3) 실사에 관해서는 선험적·경험적 인식이 가능하다.[216]

(4) 이법(理法)에 관해서는 선험적 인식만이 가능하다.

이를 도표로 표시하면 다음과 같다.

---

213) 초점은 실사자에 붙으면 실사자의 내용 규정이 되므로 경험적으로는 인식할 수 없으나, 인식의 선험적(先驗的) 요소에 의해 인식할 수 있게 된다.

214) 초점이 거점에 붙지 않을 때는 선험적(先驗的)로나 경험적으로나 인식될 수 있다. 고로 초점에 의해 경험계(界)는 선험에 접속된다.

215) 실사적 초점은 실사자의 내용 규정임으로 그 법칙적 성질로 선험적(先驗的) 인식을 가능케 함.

216) 실사자의 거점은 경험적 인식만 가능하나, 그 초점으로 말미암아 선험적(先驗的) 인식도 가능케 한다.

선험적 인식	
① 이법적 초점 (실사적 초점뿐 아니라 실사적 거점과도 겹치지 않음.)	**② 이법적 거점** (실사적 초점뿐 아니라 실사적 거점과도 겹치지 않음.)
③ 실사적 초점 (이법적 초점뿐 아니라 이법적 거점과도 겹침.)	**④ 실사적 거점** (이법적 초점뿐 아니라 이법적 거점과도 겹치지 않음.)
경험적 인식	

위 도표에 나타난 바와 같이,

첫째, 선험적 인식은 존재적 대립 영역의 ① 이법적 초점, ② 이법적 거점, ③ 실사적 초점의 세 가지 영역에 접속하여 있고, 실사적 거점만이 제외된다.

둘째, 경험적 인식은 존재적 대립 영역 중 ① 실사적 초점, ② 실사적 거점의 두 가지 영역에서만 접속하고 이법적 존재의 두 가지 영역은 그것에서 제외된다.

셋째, 경험적 인식과 선험적 인식은 네 가지 존재 영역 중에서 실사적 초점만이 공유한다.

넷째, 실사적 거점은 경험적 인식에만 통한다.

다섯째, 이법적 존재는(그 초점이나 거점도) 선험적 인식에만 통한다.

이상에서 알 수 있는 것은 선험적 인식은 간접으로 실사적 초점을 통하여 실사적 존재에로 확장된다는 것이다.

이제 다시 이 4개 항목의 서두로 돌아가서 행정학의 거점은 공익과 공공의 문제에 두고, 초점은 조직을 포함한 정책과학에 둔 것이라고 전망한 문제를 인식론적 관점에서 제기하여 위 도표에 적용하여 확인코자 한다. 행정은 어디까지나 현실사회 속에서 직접 행동하는 것임으로 ① 현실 속에 실제로 야기되고 있는 공공문제를 ② 국가 공공의 정책에 따라 ③ 바람직한 규범적 법칙들을 구현함으로써 ④ 공익 목표를 달성하는 것이다.

이렇게 볼 때,

첫째, 실사적 거점의 영역에 공적 사항으로써의 공공문제를 둔다.

둘째, 이 실사적 거점에 달라붙는 것이 실사적 초점이다. 따라서 국가의 정책은 공공문제에 대한 것이므로 이를 실사적 초점의 영역에 존재하게 한다.

셋째, 공익은 규범적 가치의 영역이므로 이법적 거점의 영역에 존재하게 한다.

넷째, 이법적 거점에 달라붙는 것이 이법적 초점이므로 공익에 붙어 있는 것은 공익의 내용이다. 그러므로 공익을 형성하는 공익 내용은 규범적 법칙으로 이법적 초점의 영역에 존재하게 한다. 이를 도표로 나타내면 다음 표와 같이 된다.

이법적 존재권역	
공익 내용 (규범)	공익 목표 (가치)
국가 정책 (조직 포함)	공적 사항 (공공문제)
실사적 존재권역	

위 도표에서 알 수 있는 바와 같이 이법적 존재권역에는 공익 목표로서의 가치와 그 규범적 내용이고, 실사적 존재권역에는 공공사항 및 공공문제와 국가의 정책이다. 이법적 존재권역과 실사적 존재권역과 중첩되어 있는 것은 국가의 정책뿐이다. 그러므로 공익 목표를 달성하려는 강한 의지로서 정책의 목표 지향성은 양면성을 지닐 수밖에 없다. 이법적 존재권역과 중첩되지 않고 실사적 존재권역에만 존재하는 존재자들은 비논리적 존재, 실제 이율배반적 존재, 반가치적 존재[217]라 한바 있다.

---

217) 하기락, 《하르트만 연구》, 전계서, p.74

실사적 존재권역에만 존재하는 공공사항과 공공문제들은 불합리하고 이율배반적이며, 반가치적인 문제들을 야기할 소지를 항상 가지고 있다. 정책은 이러한 문제 상황을 막으려는 문제 지향성을 지님과 동시에 바람직한 소망을 구현시키려는 성향, 즉, 규범 지향성을 가진다.[218]

문제 지향성과 규범 지향성은 정책의 목표 지향성의 양면성으로 이법적 존재권역에 존재하는 공익과 그 내용을 실사적 존재권역에 구현케 한다. 이 같은 정책만이 4개 항 모두를 직접 연결하며 정책의 중요성을 나타내고 있다. 공적 사항과 공공문제는 그 자체 있는 것만으로는 규범적 가치와 접할 수 없다. 정책을 거쳐야만 접속할 수 있다.

이제 분명해진 것은 실사적 거점을 가진 공공문제와 공공사항에 달라붙은 국가 정책은 실사적 초점을 가졌고, 이 실사적 초점으로 말미암아(위의 도표에 나타난바와 같이) 이법적 초점을 가진 공익의 규범적 내용과 직접 접속하게 되고, 이법적 초점을 가진 공익의 규범적 내용은 이법적 거점을 가진 공익과 직접 접속하게 됨으로써 실사적 초점을 가진 국가 정책은 4개 항 모두를 직접으로 연결(Linkage)하여 공익을 달성하게 한다.

이와 같이 선험계(先驗界)와 경험계(經驗界)를 연결하는 국가의 정책은 실사적 거점인 공공사항과 공공문제까지도 선험계와 연결케 하여 그 자체도 바람직(가치)하게 해결할 수 있게 한다. 여기서도 다시 한 번 느낄 수 있는 중요한 것은 국가의 정책이다.

결론으로 행정학의 정체성을 확보하기 위해서는 거점을 공공의 문제에 두고, 초점은 공공의 문제를 해결할 수 있는 국가 정책개발에 두어 규범적 가치인 공익을 실현해야 한다.

여기서 유의할 것은 세계 전체가 대상이 될 때에는 거점과 초점의 전위현

---

218) 허범, 《정책과 이데올로기》, (서울 : 대영문화사), 1989년, p.17

상이 일어나지 않는다는 점이다. 그렇게 될 경우란 공공문제를 분석하여 실사 세계의 성층 구조에 적합하도록 배치한 요소적 대립범주와 범주적 법칙에 따라 정책을 수립하여 시행할 경우뿐이다. 그렇지 않으면 다시 거점과 초점의 전위현상이 일어나기 마련이다.

기본적 존재 규정으로서 존재의 양 계기의 접속 관계에 따라 행정학의 거점과 초점이 접속될 수 있도록 해야 하므로, 이 부분은 패러다임 V의 층 투시의 원리를 첨가하여 잘 발전시키면 가능하리라고 본다.

행정행동은 다른 어떠한 행동보다도 규범적 가치[219]의 실현이 중요하다. 패러다임 V는 양 존재권역에 각각 거점과 초점을 확보하고, 그 교차관계가 질서 있게 짜여있다. 실사적 초점인 정책에 의해 이 규범적 가치가 잘 실현될 수 있는 구조를 가지고 있는 점이다. 다시 말하면 공익을 이법적 거점에, 공공문제와 공적 사항을 실사적 거점에 각각 두고, 정책을 실사적 초점에 둠으로써 이법권역에 존재하는 바람직한 가치들을 선택하여 구현시킬 수 있도록 구조화되어 있다는 점이다. 그러므로 공공의 문제를 성층 구조를 기준으로 분석하면 처방을 내릴 수 있는 정책은 보다 쉽게 구상할 수 있으며, 정책의 집행은 범주적 체계에 따라 집행할 경우 시행착오가 줄어들 것이다.

그리고 행정학의 발전 과정에 내재된 단계적 논리가 실사 세계의 단계인 성

219) 윤라·도덕적 가치에 관한 참고문헌

O. Glenn Stahl, public personnd administration, (N. Y. Harper & Row), 1971, pp.245-259

Terry L. Cooper, The responsible administration, (N. Y. Kennikat Press), 1982, pp.10-13

M. L. Cooke, The infruence of scientific management upon government federal, state, and municipal, P. Bull, (Taylor Soc), Feb, 1924, pp.31-38

J. M. Gause, 'Ausrter century of public administration' 4, Ad, Man, Oct.-Dec, 1940, pp.177 -179

Fred W. Riggs, The ecology of public administration, (condon : Asia Publishes H. Use), 1961

M. J. Simon, 'Ecological stule in comaprative administration : PAR, Vol. 27, No. 3. Sept.1967

Ira. Sharkansky, Public administration, (sanfran. W. H. freeman & company), 1982, pp.101-103

D. Waldo, 'The administrative state revisited', (PAR, 25), March, 1965, p.6

Carl J. Bellone and Uyed G. Nigro, 'Theories of value formation nd administrative theory', in Carl J. Bellone(ed), Organization theory and the new public administration, (Boston : Allyn and Bacon), 1980, pp.54-57

층적 구조를 지향하고 있음은 우연한 일이 아니라고 생각한다. 1층의 물리적 물질 층을 지배하고 있는 법칙에 따르는 행정론으로서 기계적 기술론, 과학적 관리론이 있고, 2단계로 1층의 물리적 제 법칙이 전부 2층으로 올라와 생명의 법칙이란 신규자의 질료(質料)가 되어 유기적 생명층을 이루고, 이 법칙이 지배하는 행정론으로서 유기체적 생태론이 형성되었고, 3단계로 2층에서 올라온 부분적 요소들이 질료가 되고, 3층에서 새롭게 등장하는 반성의 원리들과 함께 형성된 심리적 의식층의 법칙이 지배를 받는 행정론으로 인격적 인간관계론이 있다. 4단계는 1, 2, 3층에서 부분적으로 올라온 요소들이 질료가 되어 4층에서 새롭게 등장한 정신적 법칙이 형성하는 역사적·보편적 정신에 해당하는 행정론으로서 규범적 가치론으로 전개되는 것이 행정학 이론의 발전 논리다.

위에서 1층의 원리나 법칙들이 2층으로 전부 올라오는 것을 가공형성관계라 하고, 2층에서 3층으로, 3층에서 4층으로는 차(次)하층의 원리나 법칙들이 전부 올라가는 것이 아니고, 그 일부는 층간의 경계에서 중지되거나 퇴각되고 그 일부만 상층으로 올라오는 것을 가상구축관계라 한바 있다. 이 가공형성관계와 가상구축관계를 층 투시라고 한다.

패러다임 V가 정체성을 확보하려면 이 층 투시의 원리가 충분히 감안되어야 할 것이다. 행정행동이 사회 공동생활에 필요한 인간형성과 사회를 창조하는 행동에 집중될 수 있도록 각종 미니 패러다임에 질서를 주어 모두 수용될 수 있는 하나의 큰 패러다임을 개발해야 한다.

행정학은 공익가치 및 규범적 법칙과 실제적 공공문제 및 그 정책을 날(經)로 하고, 1층의 기계론, 2층의 생태론, 3층의 인간론, 4층의 정신론을 씨(緯)로 하는 하나의 큰 구조(母 패러다임)가 개발되면 정체성은 확보될 것이다.

한 가지 지적할 점은 학문의 방향설정으로서 가치문제의 중요성을 들 수 있는데, 일반적으로 가치(Value)는 이법적 존재권역에 거하는 존재자들로 그 구조적 법칙들이 성층, 토대, 반대, 보충, 고저, 강약 등의 제 관계로 복잡하고, 다양하고, 방대하여 인간의 의식에 반영되는 것은 극히 미징(微徵)한 일분분이다. 그렇기 때문에 가치는 항상 주관적으로 파악되는 경향이 짙다. 이러한 점을 항상 유의하면서 가치에 접하여야 할 것이다.

지금까지 기본적 존재 규정과 관련하여 행정학의 정체성 위기와 그 극복방안에 대해서 논의해 보았다. 결국 행정학은 거점과 초점을 각각 공익가치 및 규범법칙과 공공문제 및 정책에 둠으로써 그 정체성(Identity)을 확보할 수 있다는 것이다. 따라서 행정학은 인간주의적 접근[220]이 과학발전을 저해할 것인가에 대해서도 좀 더 깊이 생각해 보면서 공공조직의 능률을 제고시키고 시민의 다양한 요구에 적절히 대응하는 능력을 키우면서 인간성을 존중하는 행정이 되어야 할 것이다.

---

220) 행정의 모든 활동은 '휴머니즘의 확보'와 밀접한 관계를 가지고 있다. 금영성, 《행정철학에 관한 연구》, 전게서, p.154

◆ 제6장 ◆
결론

행정학의 발전 과정을 요약하면 정치는 국가 의사를 결정하는 국가 의지의 표명이요, 행정은 표명된 의지를 단순히 집행하는 행동이라 하는 데부터 시작하여, 오늘에 이르기까지 가치와 사실의 분리와 통합의 거듭된 논의와 그 영역의 확대로 인해 정체성의 위기(Crisis of Identity)를 맞게 되었던 것이다.

초기에는 정치학의 이론에 의존하다가 다음에는 정치학의 이론이나 내용을 단순히 집행하는 것이 아니라 집행에도 과학적 원리가 있다 하여 집행에 있어서의 기술적 원리에 치중하게 되자 경영학으로 흡수되는 결과를 가져오게 되기도 하였다.

그리하여 결국 공공행정(Public Administration)의 특성[221]이 없어지게 되자, 이는 다시 정치학으로의 복귀를 요구하는 입장의 강화를 가져오고, 아울러 인접 과학(사회학, 심리학, 행태과학 등)의 성과에 의존코자 하는 경향이 짙어지면서 행정학이 독자적인 학문적 영역을 갖지 못하여 학제 간 학문

---

221) Samuel J. Bernstein and Patrich O'Hara, Public administration : Organization, People and public policy, (N. Y. : Harper & Row), 1979, pp.6-15

(Interdisciplinary)[222] 혹은 수단학(手段學)[223]이라고 하는 모호한 개념까지 창출하게 되었다.

그러다가 최근 신 행정학(New Public Administration)에 이르러 공공문제 해결의 시급성에 관심이 집중되자 당위성, 규범성, 행정인의 윤리 도덕성 및 신념 등 제 가치들이 중요하게 인식됨으로써 더욱 범 학문적인 경향을 띠어가고 있음을 알 수 있다.

이러한 경향은 공익 실현과 공공의 문제해결에는 어떤 부분적인 특정영역에 제한될 수 없고 인간의 탐구활동의 결과 전부를 활용할 수 있는 조직적 행동의 필요성이 더욱 강하게 나타나고 있는 점이다. 이러한 경향을 일종의 운동(Movement)의 방법으로 해결코자 함[224]은 그 한계에 부딪칠 것이 명백함으로, 그보다는 세계가 근거하는 기본적 존재 규정에 맞도록 행정학의 제 학설 유형을 체계화함으로써 정체성을 견고하게 하는 것이 바람직하다고 본 것이다.

세계 내의 모든 존재자들은 기본적 존재 규정에서 근거하고 있으므로 세계 전체를 활용코자 하는 행정행동은 그 조직이나 내용이 이들에 상응해야 비로소 공익 실현과 공공의 문제해결에는 어떤 부분적인 특정영역에 제한되지 않고 여기서 벗어날 수 있게 된다. 이는 담고자 하는 내용물에 맞는 그릇을 마련하는 것과 같다.

이상과 같은 관점에서 행정학의 정체성을 확보하기 위해서는 다음과 같은 다섯 가지 당위적인 명제가 실현되어야 한다.

---

222) 사회과학에서 최근의 추세로 바람직한 것이나 아직 학문과 학문 간의 관계질서가 뚜렷하지 못하여 모호하다는 뜻이다. 즉, 기본적 존재 규정에 의한 존재 질서가 부여되어 있지 않기 때문이다.

223) 금광웅, 《비판 행정학》, 전게서, p.82

224) 여기서는 신 행정학의 출현을 일종의 운동(Movement)이라고 보는 것을 의미한다. "행정학과 철학을 접목시키려는 신 행정학의 시도가 단순한 하나의 운동으로 끝날 것인지는 단언할 수 없다"는 판단도 운동의 한계를 나타내는 것이다. 금영성 외 1인, '행정철학에 관한 연구' (충남대, 법률행정연구소 논문집 제14권, 1986년 12월, p.153

명제 1. 행정학은 철학의 업적을 활용하여야 한다.

삶의 문제를 해결하기 위한 인간의 노력은 탐구노력과 활용노력으로 구분되며, 탐구노력은 철학에 의해 결합되고, 활용노력은 국민 개개인의 공통된 문제해결 속에서 통일된다. 국민 개개인의 공통된 문제란 국민 개개인의 장벽을 넘어 통일되는 공공의 문제를 해결하는 데 있다. 행정학은 이러한 문제를 해결할 수 있는 처방을 제시하여야 한다. 그러므로 활용노력의 법칙은 행정학에 의해 종합되어져야 한다고 할 수 있다.

철학은 현대에 이르러 존재론으로 통일되는 경향을 나타내고 있으며, 그 중에서도 하르트만의 '기본적 존재 규정'은 세계의 구조를 밝혀 나간다. 행정학은 '밝혀지는 세계의 구조를 밝혀 나간다. 행정학은 밝혀지는 세계의 기본 구조를 활용할 수 있는 실체를 만들어 나가야 한다. 그러기 위한 행정학의 실체는 기본적 존재 규정에 적합하여야만 대응할 수 있다.

행정학의 실체는 어느 특정부분 현상에 제한된 실체가 아니고 세계의 현상과 그 실체를 형성하는 기본적 존재 규정에 따라 행동하는 실체다. 즉, 세계현상의 부분현상인 사회현상만 관계되는 것이 아니고 자연현상이나 정신현상을 막론하고 모든 존재술들을 공공의 문제 해결에 동원할 수 있는 실체여야 한다. 따라서 일반 제 특수과학이나 학문의 대상영역과는 그 성격이 근본적으로 판이하게 다른 것이다. 일반 제 과학이나 학문은 각각 그 대상영역이 한정되어 있으나 행정행동일 경우는 그렇지 않고, 필요할 경우 세계 내 모든 영역의 것들을 동원하여 활용할 수 있어야 하기 때문이다. 인간의 삶의 공통된 문제를 해결코자 하는데 여기에 필요한 것을 활용할 수 없어서야 되겠는가? 이와 같은 행정행동의 실체를 규명하는 것이 행정학이다. 행정행동의 활용대상은 특정영역에 제한되지 않고 세계 내 전현상이나 실체들이라는 뜻이다. 다시 말하면 인간의 삶의 문제를 해결코자 하는 노력 중 국가권력이 전적으로 뒷받침된 공익과 공공의 문제 해결에는 그 대상이 세계 전체가 되어야 한다는 것이다. 행정학의 종합 학문적 성격[225]도 이러한 관점이 아닌가 생각한다.

철학은 세계의 실체를 탐구하고, 행정학은 탐구된 세계의 실체를 활용할 수 있는 실체를 탐구한다. 그러므로 행정은 철학을 행동으로 옮기는 실천철학이다. 이 실천철학으로서의 행정학은 철학의 업적을 활용하는 것이다. 여기에서 명제 1. '행정학은 철학의 업적을 활용하여야 한다'는 제1의 명제가 도출된다.

명제 2. 행정학의 거점은 공익과 공공문제에 두어야 한다.

세계의 기본구조는 존재 계기인 '정재(Dasein)'에서 분기되는 존재 방식과 존재 방식에서 더 한층 분화되는 존재 양상(가능성, 현실성, 필연성 및 각각의 부정 양상)의 1계열에 근거하고, '상재(Sosein)'에서 전개되는 24개의 요소적 대립범주와 16개의 범주적 법칙으로 된 1계열에 의해 구축되어 있다.

행정학의 실체는 그 거점(Locus)에 근거하고 그 초점(Focus)에 의해 구축되어야 한다. 행정학의 거점은 존재학의 정재와 동질적 요소를 가지고 있고, 초점은 상재와 동질적 요소를 가지고 있다. 그런데 행정학의 거점과 초점은 그 어휘가 가지는 의미 이상으로 해명하지 못하고 있으나, 존재학에서는 상세히 해명하고 있다. 그러므로 행정학의 거점과 초점은 존재학에서 해명한 정재와

---

225) 행정학의 종합 학문으로서의 성격, 금영성, '행정철학에 관한 연구', 전게서, p.147

상재의 각 계열에 따라 전개시켜야 그 활용대상이 세계 전체에로 개방된다.

존재 방식은 실사적 방식과 이법적 방식으로 시간에 의해 구분된다. 실사적 방식은 시간 속에 있고, 이법적 방식은 시간을 넘어있다. 행정학의 실체도 항상 존재자로서 기체성과 지속성을 가져야 한다. 그러기 위해서는 정재에 상응하는 거점과 상재에 상응하는 초점을 확보해야 한다. 상재에 상응하는 초점은 다음 명제 해설시 검토키로 하고, 이 명제에서는 거점에 관해서만 해명코자 한다.

행정학의 거점은 공익과 공공문제에 자리하되 이법적 방식으로 자리하는 공익과 실사적 방식으로 자리하는 공공문제가 거점의 존재 방식이다. 만일 이 방식을 이탈하면 행정학이 아니게 된다. 공익은 시간을 넘어 있고, 공공문제는 항상 시간 속에 일어나고 있다. 그러므로 전자는 정태(靜態)이고, 후자는 동태(動態)이다.

행정학의 거점은 이 양 존재권역에 각각 존재하고 있으므로 존재 방식간의 관계를, 즉 공익 실현과 공공문제 해결과의 관계를 항상 검토하여야 한다.

이법적 존재권역에 존재하는 존재자들은 실체가 없는 반 존재자들로서 실사적 존재권역에 존재하는 존재자들 위에 부동하면서 법칙적으로 혹은 복잡하고 자유로운 규범적 가치들로 영향을 주고 있는 그러한 관계가 있다. 그러므로 공익은 항상 공공문제의 위에서 부동하면서 공공문제 해결에 법칙적으로 혹은 규범적 가치들로 영향을 줄 수 있는 그러한 위치에 있는 것이다.

이상에서 '행정학의 거점은 공익과 공공문제에 두어야 한다'는 제2의 명제가 도출된다.

명제 3. 공공의 문제는 성층적으로 검토, 분석하여 층 투시의 원리에 따라 해결하여야 한다.

공공의 문제는 실사적 방식으로 자리하였으므로 실사적 존재권역의 성층 구조에 따라 대응하여야 한다.

기계 기술적 문제는 과학적 관리론(1층)으로, 생명체의 문제는 유기적 생태론(2층)으로, 인간의 문제는 인격적 인간관계론[226](3층)으로, 정신적 문제[227]는 규범적 가치론으로 대응하되 층간의 관계법칙인 층 투시의 법칙(가공형성, 가상 구축)에 따라 종합적이고 전체적인 안목을 가지고 대응하여야 한다. 이렇게 함으로써 층간(層間)의 관계를 층 투시의 원리로 상호 연결하여 통일된 하나의 구조를 만들어 행정학 사상에서 논의되었던 모든 미니 패러다임을 모두 수용함으로써 행정론 간의 갈등을 해소시키고자 하는 것이다.

행정학사에서 논의되었던 인간관계론과 생태론은 모두 환경과의 적응관계가 주된 원리였으므로 이들을 생태론에 합쳐버렸고, 3층에 해당하는 인간관계론은 성찰의 원리가 주가 된 비판 행정학 등이 이에 해당되는 것으로, 이를 인격론이라 하였다. 그 이유는 '성찰이란 인간 이성과 의식의 특성으로서 인간에게만 있는 것이기 때문이다.

층별 지배법칙에 따른 대표적인 행정론과 그 상호관계에 대한 요지는 다음과 같다.

1층을 지배하는 법칙은 무기적 자연을 지배하는 법칙으로 이에 해당하는 행정론은 논리적 실증을 통한 기술(機械)적 집행론, 과학적 관리론 등 기계론적 유물론에 해당하는 모든 행정론에서 추출할 수 있는 기계적 요소로 구성되는 기계론이다.

2층을 지배하는 법칙은 1층의 무기적 자연의 법칙과 2층에서 새롭게 생겨나는 신규자로서의 생명의 법칙과 합하여 유기체적 자기운동의 법칙이 형성된

---

226) 인격론은 인간관계론의 윤리를 강조한 표현이다.
227) 정신론은 규범적 가치론의 실사성을 강조한 표현이다.

다. 생명의 법칙이란 물질대사와 자기재생이란 특이한 작용을 한다.

물질대사는 외적 환경(所與)과의 관계 작용이요, 자기재생은 내적 환경(所與)과의 관계 작용을 의미한다. 물질대사 작용은 부단히 인과적 파당으로 유인하고 자기재생 작용은 목적론적 파악으로 유인한다.[228] 이와 같은 생명작용의 개시와 함께 역학적·화학적 법칙과는 판이한 법칙이 새롭게 등장하였다 하여 이를 신규자로 본 것이다. 유기체는 그것이 그 속에서 성립하고 있는 미묘한 과정들의 체계를 포함하고 있으나 어디까지나 공간적이고 물질적인 조직체이다. 이 점에서는 무기체와 다를 바 없으며 목적론적 파악으로 유인한다고 하나, 이 역시 본능적이고 필연적 법칙의 지배를 받는다. 이 법칙이 지배하는 행정론으로서 대표적인 것은 '유기체론', '생태론' 등에서 추출할 수 있는 자기운동의 생명적 요소로 구성되는 생태론이다.

3층을 지배하고 있는 법칙은 1층과 2층에서 올라온 자연의 법칙(무기적, 유기적 법칙)과 3층에서 새롭게 생겨난 성찰(反省)[229]의 법칙의 일부와 합하여 심리적 의식의 법칙이 형성된다. 이 법칙이 지배하는 행정론으로서는 '인간관계론', '후기행태론', '비판 행정론' 등에서 추출할 수 있는 인간적 요소로 구성되는 인격론이다. 4층을 지배하고 있는 법칙은 1, 2, 3층에서 부분적으로 올라온 법칙과 4층에서 새롭게 생긴 보편적 법칙과 합하여 역사적 객관정신의 법칙[230]을 형성한다. 이 법칙에 해당하는 행정론으로서는 규범론, 가치론 등에서 추출할 수 있는 역사적 보편정신의 요소로 구성되는 정신론이다.

요약하면 행정학은 1층의 기계론, 2층의 생태론, 3층의 인격론, 4층의 정신론 등으로 구조화시켜야 실사 세계의 구조에 합당하게 되어 상호 갈등 없이 조화롭게 활용할 수 있는 것이다. 여기에서 잊어서는 안 될 것이 다종다양한

---

228) N. Hartmann, 《존재학 원론》, 전게서, p.24
229) 이성과 감성(情)
230) 헤겔의 객관적 세계정신과 유사한 것으로 개개인을 관찰할 수 있는 보편가치, 보편덕목 등을 말한다.

행정론들이 정확하게 각 층별로 구분하여 해당시킬 수 있겠는가와 중첩되는 것도 있을 것이라는 의심이 일어날 수도 있을 것이다. 예를 들면 '행태론' 중에서 순수한 자연과학적 법칙에 의한 것이라든지 철저한 논리적 실증주의에 근거한 것 등은 1층에 해당할 것이다. 그리고 규범적인 행태도 생각할 수 없는 것은 아니다. 그렇다면 이 행태론은 1층으로부터 4층까지 모두 해당되는 것이 아니냐 하는 것이다.

그러나 중첩된다 해도 존재 질서를 감안하지 않고 오직 부분적인 현상을 통해 편향된 원리군에 따라 층 투시의 법칙이 도외시된 중첩현상을 야기한 정도이지 4개 층 모두를 꿰뚫고 있는 행태론은 아직 없다.

이 논문의 목적은 이 4개 층 모두를 관철할 수 있는 정체성을 확보코자 하는 것이다. 즉, 기계론(1층), 생태론(2층), 인격론(3층), 정신론(4층) 등을 상호 상충되지 않도록 보완할 수 있는 층 투시의 법칙을 도입하여 이 모두를 행정 목적 달성을 위해 활용코자 하는 데 있다.

존재 계기 중 정재(Dasein)에서 분기되는 존재 방식에 따라 다종다양한 행정론을 적용시켜 봄으로써 행정론 상호간에 상충되는 점이 없어지고 상호 층을 이루면서 관계를 유지할 수 있게 된다. 이와 같은 성층적 구조에 따르면 기계론을 떠나 생태론이 존립할 수 없고, 생태론을 떠나 인격론이 존립할 수 없으며, 인격론을 떠나 정신론이 존립할 수 없는 논리가 된다. 그럼에도 불구하고 생태론은 과학적 관리론보다, 인격론은 생태론보다, 정신론은 인격론보다 1층 풍부하고, 미묘하고, 다양한 형태형성의 자유를 향유한다. 이 자유가 창조의 원인자로서 상층일수록 창조력이 강하여진다.

정재에서 분기되는 존재 방식에 따라 행정학의 거점을 적용시켜 본 것을 요약 정리하면 다음과 같다.

행정학의 거점(Locus)은 정재와 동질적 요소를 가지는 규정이다. 정재(Dasein)는 존재 방식에 따라 그 규정이 달라진다. 그것은 가능성과 현실성이란 존재

양상의 변모에 따라 달라질 수 있기 때문이다. 자리하는 거점은 적어도 존재 방식에 맞게 자리하여야 한다. 존재 방식은 실사적인 방식과 이법적인 방식으로 2대별(二大別) 할 수 있고, 실사적 방식은 다시 4층으로 되어 있으며, 이법적 방식은 실사적 방식 위에 부동하면서 실사적 방식에 영향을 주고 있다. 행정을 하는 주체는 개인이건 집단이건 간에 이 양 존재 방식을 활용할 수 있어야 한다.

좀 더 알기 쉽게 들어본다면 실사의 성층적 존재 방식, 즉 물리적 물질층, 유기적 생명층, 심리적 의식층, 역사적 정신층과 이들 각층 등에 영향을 주는 이법적 방식으로 존재하는 사물의 본질, 논리적 법칙, 수학적 원리, 제 가치의 법칙 등을 활용할 수 있는 층 투시의 원리를 활용할 수 있어야 한다는 것이다.

이상에서 '공공의 문제는 성층적으로 검토, 분석하여 층 투시의 원리에 따라 해결하여야 한다'는 제3의 명제가 도출된다.

명제 4. 행정학의 초점은 공익의 규범적 내용과 실제적인 정책에 있어야 한다.

골렘뷰스키가 지적한 바와 같이 행정학에서는 초점을 그 분야의 전문적인 '대상'[231]을 의미하는 것으로 일련의 관리법칙을 연구하는 데 있었으나 여기에 있어서도 행정학은 그 패러다임(Paradigm)과 함께 변화하고 있었다는 정도 이상의 구체적이고 상세한 설명이 없다. 기계론에서는 물질을 지배하는 법칙이 초점이 되고, 생태론에서는 자기운동이, 인간관계론에서는 이성 및 성찰이, 정신론에서는 욕구 또는 합의가 각각 그 내용의 초점을 이룰 것이다. 그뿐만

---

231) N. 八ノ-, (中村端種監 역), 《현대 행정관리 총론》, (동경 : 문진당), 1986년, p.6

아니라 때로는 거점과 초점이 전위되는 경우가 있다. 예를 들면 나무의 그 자리에서 거기 있음은 그 자체 숲의 그렇게 있음이다. 나무에 붙어있는 가지의 거기 있음은 나무의 '그리 있음'이다. 이것들은 부분적 존재자임을 입증하는 것이지 전체로서의 구조는, 정재는 언제나 정재이고, 상재는 언제나 상재이다. 따라서 행정학의 실체는 이 세계의 구조에 상응하여야 하므로 이 전위현상은 배제된다. 이 점이 타 부분 과학과는 상이한 행정학 특유의 성질이라 하였다. 하르트만은 정재(Dasein)와 상재(Sosein)와의 관계를 존재 방식의 차이에 따라 ① 이법적 정재, ② 이법적 상재, ③ 실사적 정재, ④ 실사적 상재 등 4개 항의 교차관계라고 하였고, 상재는 모두 정재에 접속된다.

이법적 상재는 이법적 정재에, 실사적 상재는 실사적 정재에 달라붙어있다. 그러므로 공익의 규범적 내용(이법적 초점)은 공익(이법적 거점)에, 국가의 정책(실사적 초점)은 공공문제(실사적 거점)에 달라붙어 대응하여야 한다. 실사적 초점인 국가의 정책만이 실사적 거점인 공공문제를 공익의 목적 내용과 접속하여 공익을 실현할 수 있는 것이다. 그러므로 '행정학의 초점은 공익의 규범적 내용과 실제적인 정책에 있어야 한다'는 제4의 명제가 도출되는 것이다.

명제 5. 국가의 정책은 이법적 존재권역에 존재하는 존재자들을 실사적 존재권역에 명백하게 나타날 수 있도록 수립, 집행하여야 한다.

이법적 존재권역에는 ① 실사자의 본질, ② 논리적 법칙, ③ 수학적 법칙 ④ 성층, 토대, 반대, 보충, 고저, 강약 등으로 구조화되어 있는 제 가치들이 존재한다. 행정학의 실사적 거점인 공공문제는 이법적 거점인 공익과 직접 접속할 수 없고, 행정학의 실사적 초점인 국가의 정책을 통해서만 가능하다. 실사적 초점은 존재 방식과는 중립적이므로 4개 항 모두에게 직접으로 접속할 수 있기 때문이다. 그러므로 국가의 정책은 이법적 존재권역에 존재하는 존재자들을 실사적 존재권역의 성층 구조 속에 명백하게 나타날 수 있는 가능성을 가진다.

다시 말하면 제 법칙으로 집약된 내용의 초점인 국가의 정책이 실사적 존재권역의 성층 구조에 따라 배열되어 있는 구조(1층 기계론, 2층 생태론, 3층 인격론, 4층 정신론)에게 이법적 존재자들을 접속시켜 그들을 시간 속으로 명백하게 나타나게 한다. 제 법칙으로 집약된 내용의 초점이란 24개의 요소적 대립범주와 16개의 범주적 법칙을 말함인데, 국가의 정책은 이들을 활용하여 수립, 집행되어야 한다.

이상에서 '국가의 정책은 이법적 존재권역에 존재하는 존재자들을 실사적 존재권역에 명백하게 나타날 수 있도록 수립, 집행하여야 한다'는 제5의 명제가 도출된다.

이상에서 파악할 수 있었던 것은 행정학에 관한 이론은 하나씩 고립시켜 논의한다면 상호 상충되어 사실과 가치의 분리와 통합이란 끊임없는 논쟁의 늪으로 빠지고 만다. 존재 계기, 존재 방식, 존재 양상, 요소적 대립범주, 범주적 법칙 등 존재자의 기본적 존재 규정으로 세계의 전체적 연관에서 보면 조화로운 통일을 이룬다. 이 통일은 행정행동이 전체적인 상(像)으로 세계의 실체와 구조를 공공문제 해결을 위해 활용하는 행정학의 상(像)이 조명되는 것이다. 고로 행정학은 거점을 공익과 공공문제에 두되 실사적 방식으로 자리한 공공문제 위에서 항존(恒存)하면서 실사권에 영향을 주는 이법적 존재들을 항상 활용할 수 있도록 24개의 요소적 대립범주와 16개의 범주적 법칙들에 적합할 수 있는 행동지침을 마련함으로써 거점과 초점을 접속시켜 나갈 때만이 행정행동은 비로소 그 동질성을 확보하게 되고, 이를 연구대상으로 하는 행정학은 이 동질성으로 말미암아 그 정체성을 확보할 수 있는 것이다.

실사 세계에는 물(物), 생물, 의식, 정신과 같은 이질적인 것이 공존, 중첩 상호 영향, 제약, 부담, 방해하고 부분적으로는 투쟁한다는 것이 그 특이한 점이다.[232] 그러므로 이들을 행정목적 달성을 위해 활용하려면 이질적인 관계가 상호 통일될 수 있는 존재 질서 아래 균형을 찾아 조화롭게 발전될 수 있는 가공형성의 법칙이나 가상구축의 법칙 등 층 투시의 원리를 활용할 수 있는 길이 열려있다. 따라서 행정학의 정체성은 이 층 투시의 원리를 활용할 수 있는 영역에서 그 독자성을 확보할 수 있다고 결론지을 수 있다. 이것이 하나의 모(母) 패러다임이다.

---

232) N. Hartmann, 《존재학 원론》, 전게서, p.108

제2부

행정의 인식론적 오류 수정

◆ 제1장 ◆
서론

    자연과학의 발전에 따라 자연과학의 법칙들이 사회과학에 반영되어 인간에 관한 과학들이 많이 발전되고 있으나, 윤리·도덕적 가치의 확보에는 별 도움을 주지 못하고 있다. 윤리란 더불어 사는 인간의 행동규범이다. 더불어 사는 인간사회를 발전적으로 운용하는 국가의 직접적인 행동이 행정이다. 이 같은 국가의 행동은 개인의 문제를 해결하여 사익을 구하는 행동이 아니고 개개인의 문제에 공통된 공공문제를 해결하여 공익을 실현하는 행동이다. 그러므로 국가의 행동은 그 자체가 공공을 위한 공적 행동이다. 공적 행동은 남을 위한 행동으로, 이는 윤리적 가치를 떠나 생각할 수 없다.

    자연과학의 필연적인 법칙들의 자연현상은 직접 규정할 수 있으나, 사회현상은 직접 규정할 수 없다. 사회현상은 인간이 선택한 가치에 의해 간접적으로 규정되기 때문이다. 사람이 가치를 선택하면 시간 세계는 가치 있게 되고 그렇지 않으면 가치 없게 된다. 윤리적 가치는 더욱 더하다. 의식을 가진 사람들이 모여 각각의 의식에 공통된 간주관(間主觀)적 요소(객관정신)들로서 사회문화를 만들어 살아가는 인간의 삶의 현상은 이 같은 필연적인 자연과학의 법칙에 의해 결정되지 않고 인간이 선택한 가치에 의해 결정된다. 그럼에도 불구하고 공직자들은 행정을 자연과학의 필연적인 법칙에 따라 직접 관리하여야 하는 것으로 잘못 인식하여 오면서, 행정 고객들의 선택의 여지를 제한(制限)한 결과 각종 관료제의 병리현상을 야기했다. 행정에 있어서 이러한 병리현상과 비효율성의 문제를 시정코자 하는 노력 또한 이 필연적인 법칙에만 집착하게 됨으로 이러한 병리현상은 더욱 확산되고 깊어질 뿐이다.

자연현상을 지배하고 있는 이 필연적인 법칙은 자연현상뿐 아니라 인간이 선택하여 만들고자 하는 사회현상에도 그대로 적용된다는 사고습관(思考習慣) 때문에 이러한 인식상의 오류를 깨닫지 못하여 좀처럼 이 습관을 버리지 못하고 있다. 예를 들면 물리화학적 법칙은 무기물을 지배한다. 이 법칙의 필연성은 사람의 힘으로는 어찌할 수 없다. 즉, 무기물을 지배할 수 없게 할 수 없다. 수소 두 분자와 산소 한 분자가 합쳐지면 물이 된다. 합쳐지면 물이 안 되게 할 수 없다는 의미다. 모든 자연현상은 이러한 법칙들의 필연현상(必然現象)이다. 그러나 사회현상은 사람들이 가치를 선택하여 만들어 가는 당연현상(當然現象)이다. 사람들이 원하고 바라는 것들은 자연과학의 필연적인 법칙에 따라 충족되는 것이 아니기 때문에 필연의 법칙은 가치에 그대로 적용되지 않는다. 여기에는 자연현상과는 달리 인간이 선택할 수 있는 다종다양한 가치들이 전제된다. 필연의 법칙이 가치에 적용될 경우는 그 성질이 변하여 나타난다. 가치는 가치고유의 구조를 형성하고 있기 때문이다.

행정에 있어서도 이러한 특성이 무시되면 행정의 효율성은 기대하기 어렵다. 행정인의 의식에 침투된 이상과 같은 인지적(認知的) 오류(誤謬)의 대표적인 것을 들면 행정에 있어서의 '물화(物化)의 문제'와 '가치의 자연론(自然論)적 오류'를 들 수 있다. 이는 행정에 있어서의 인식론적 문제다. 이 논문은 이상과 같은 행정의 인식론적 오류를 철학의 인식론을 준거(準據)로 하여 행정인의 인지적(認知的) 오류를 수정(修正)하고자 시도(試圖)한 것이다. 이는 행정인식론의 성립 가능성을 제시한 것이기도 하다. 행정인식론은 행정인의 인지적(認知的)

오류문제를 주요 과제로 다룬다.

행정인식론이란 행정에 관한 지식론(知識論)이다. 지식은 참된 지식이어야 한다. 대상에 적중하지 않는 지식은 거짓으로 지식이 아니다. 그러므로 행정에 관한 참과 거짓, 즉 행정에 관한 의사결정이나 집행행동이 행정대상에 타당하면 참이요, 타당하지 않으면 거짓이다. 행정인식론은 행정에 있어 참과 거짓을 가릴 수 있는 기준에 관한 광범위한 문제를 다룬다. 예를 들면 물리화학적인 법칙에 의해 직접 규정되는 무기물을 대상으로 하는 행정은 가치중립적인 자연과학의 법칙을 철저하게 적용하는 것이 행정에 있어서의 참 지식이고, 사람의 선택을 통하여 간접으로 규정되는 각종의 가치 개입(介入)적인 대인(對人) 및 대(對) 문화행정은 선택의 여지를 개방하여 자율성과 책임성을 강조하는 신뢰행정에 바탕을 두는 것이 행정에 있어서의 참 지식이다. 그러나 대물행정의 참 지식을 대인행정에 그대로 적용할 경우 각종 관료제의 병리현상이 생겨 행정의 효율성은 떨어지기 마련이다. 그럼에도 불구하고 대물행정의 원칙을 대인행정에 그대로 적용하여야 효율적이라는 인식은 참 지식이 될 수 없는 거짓 지식이다. 대물행정의 원칙은 대인행정에는 타당하지 않기 때문이다. 즉, 가치중립적인 자연과학의 법칙은 필연적인 행정현상과 그 대상에는 타당하나, 선택이 전제가 되는 당위적인 행정현상과 그 대상에는 타당하지 않기 때문이다. 이때 그 기준이 되는 것은 가치와 시간 세계의 성층 구조(成層 構造)다. 가치는 세계의 이법적(理法的) 존재권역(存在圈域)에, 성층 구조는 세계의 실사적(實事的) 존재권역에 각각 자리하고 있다.

철학은 존재의 전체요, 총체인 세계의 구조를 밝히는 학문이요, 행정은 밝혀진 세계의 구조를 행정목적 달성에 활용하는 국가의 행동이라 하여도 과언이 아닐 것이다. 행정이 세계의 구조를 활용하여야 할 당위성은 공공문제의 해결과 공익 실현을 위해 필요하다면 인접 학문의 업적 활용에만 그칠 것이 아니라 모든 학문의 업적을 포함한 세계 내에 있는 그 무엇이든지 활용할 수 있어야 하기 때문이다. 그뿐만 아니라 공공문제의 파악 없이는 그 해결방안은 찾아질 수 없고, 공공문제는 세계의 성층 구조에서 구조적으로 발생하고 있음으로, 이 성층 구조는 세계 구조에 속한다. 그러므로 세계의 구조를 파악하지 못하고는 공공문제의 근본적이고 본질적인 파악은 될 수 없기 때문이다. 또한 공익이란 가치 역시 세계 내 존재자의 존재권역을 파악하지 못하고는 그 정체를 알 수 없으므로 공익 실현도 어렵게 된다.

철학의 존재론을 행정에 활용하여 행정의 정체성을 확보코자 하는 것이 행정존재론이고, 철학의 인식론을 행정에 활용하여 행정에 있어서의 인지적 오류를 수정하고 참된 행정지식을 갖고자 하는 것이 행정인식론이며, 철학의 가치론을 행정에 활용하여 행정의 가치를 확보하는 것이 행정 가치론이다. 이 논문은 이 중 행정인식론에 관한 기본적인 골격을 제시함으로써 행정인식론의 가능성을 확인하는 의도(意圖)도 있다. 세계는 이미 인식된 것, 아직은 인식되지 않았으나 앞으로 인식될 수 있는 것, 앞으로도 영원히 인식할 수 없는 것으로 구분할 수 있다. 이 중 행정인식론은 인식된 것과 인식될 수 있는 것을 대상으로 한다. 먼저 행정인식론의 준거가 되는 철학의 인식론의 핵심적인 요지를 들고 이를 기준으로 행정에 있어서의 인지적 오류를 찾아 그 오류를 수정하는 기본방향을 제시하는 순(順)으로 전개하고자 한다.

◆ 제2장 ◆
행정 인식론의 준거(準據)

행정인식론이란 철학의 인식론적 업적을 행정적으로 활용하는 것임으로 철학의 인식론이 그 준거(準據)가 된다. 근대철학은 인식의 문제가 존재 문제보다 우월하여 존재론이 인식의 바탕 위에서 전개(展開)되었으나, 현대에 이르러서는 그 역(逆)으로 존재 문제가 인식문제보다 우월하여 존재를 전제하지 않고는 인식은 성립될 수 없다고 하는 존재적(存在的) 인식론이 성립하게 된다. 따라서 이 존재적 인식론이 행정인식론의 준거가 될 것이므로, 이 논문도 이를 준거로 하였다. 이는 철학의 인식론을 반성해보면 그 타당성이 뚜렷해진다.

제1절 근대의 인식론과 그 비판

철학의 인식론은 모사론(模寫論), 합리론(合理論), 경험론(經驗論), 구성론(構成論)으로 구분하여 다루는 것이 일반적이다.

모사론(模寫論)은 우리의 관념이 객관적 사실과 일치할 때 인식이 성립된다고 하는 견해다. 우리의 의식이 거울이라면 인식은 대상이 거울에 비춰지는 영상이라는 것이다. 감성에 의하여 생성의 세계가 모사(模寫)되고, 이성에 의하여 예지(叡智)의 세계가 직관(直觀)된다. 따라서 대상의 세계는 이미 주어져 있다.

합리론(合理論)은 대륙의 이성론(理性論)이라 부르기도 하는데 플라톤(Platon)의 이데아(Idea)와 같은 초시간적인 보편은 현상의 세계를 초월한 이데아의 세계에 있다고 주장되어 오다가 데카르트(Descartes)에 이르러 본유관념(本有觀念)으로 되어 우리의 정신 속에 들어 있다(內在說)고 주장하게 된다. 그는 우리의 관념을 외부에서 오는 외래(外來)관념, 머릿속에서 생각으로만 만드는 허구(虛構)관념, 진리·존재·의식(意識) 등 생득적(生得的)인 본유관념으로 구분한다. 본유관념은 자연의 빛깔이요, 이성적 보편이어서 가장 확실한 것이다. 이것이 인식의 원천으로 경험에 의하지 않고 순수사유(純粹思惟)에 의하여 연역(演繹)함으로써 참 지식의 체계를 세우는 입장이다.

경험론(經驗論)은 주로 영국의 경험론 철학자들이 주장하는 이론이다. 이는 "감성(感性) 속에 없으면 지성(知性) 속에 없다"고 한다. 우리의 정신은 아무런 관념도 없는 백지상태에서 태어나서 외적인 감각과 내적인 반성에 의하여 모든 관념(觀念)을 얻는다. 외 감(外感)과 내 감(內感)만이 인식의 창문이라 하여 감각을 통한 지각만이 지식의 체계를 세운다는 입장이다.

구성론(構成論)은 칸트(Kant)에 의해 주장된 것으로 합리론과 경험론을 절충(折衷)한 절충론(折衷論)이라 부르기도 한다. 그는 감각에 의하여 얻어진 것들이 통일되지 않고는 지식이 될 수 없다고 한다. 감각의 다양성만으로는 인식이 될 수 없다는 것이다. 다양성을 통일시키는 형식이 있어야 한다. 내용과 형식이 구비되어야 인식이 성립된다. 감각은 대상의 촉발(促發)로 인하여 생기는 것으로 대상에 제약되어 있다. 내용의 다양성을 종합 통일하는 형식은 나의 주관 속에 있다. 감각이 주어질 때 그것을 직관에서 받아들이는 형식이 시간과 공간이란 감성의 형식이다. 시간과 공간은 나의 주관이 감각적인 다양을 수용하는 직관형식이다. 직관의 다양만으로는 인식의 내용이 주어질 뿐 그것이 다시 사유하는 능력, 즉 오성의 자발적인 작용에 의하여 종합 통일함으로써 인식이 성립한다. 그렇다고 통일하는 오성의 사유하는 능력만 가지고는 내용을 만들지 못한다. 내용은 직관이 다양에 주어져야 한다. 따라서 내용 없는 사상은 공허하고 개념 없는 직관은 맹목이다. 직관의 다양을 통일할 때 우리는 대상을 인식하는 것이다. 인식의 대상은 밖으로부터 주어지는 것이 아니라 우리의 주관에 의하여 만들어진다. '푸른 나무'라는 대상은 감각적으로 주어진 직관의 다양을 우리의 주관이 나무라는 실체, 푸르다는 속성, 즉 실체와 속성을 형식으로 통일한 것이다. 이 형식이 우리의 주관(主觀) 속에 주어진 오성(悟性)의 형식이다. 이를 칸트는 순수오성개념 또는 범주(範疇)라고 한다. 그러므로 인식은 감각의 시공(時空)적 수용(受容)을 다시 범주에 의하여 종합 통일함으로써 성립한다.

모사설(模寫說)의 약점은 우리의 의식이 대상을 모두 있는 그대로 순수하게 반영할 수 없으며, 대상인 세계는 이미 주어져 있으므로 인간이 새롭게 창조하는 모든 문화는 설명할 수 없다.

합리론은 이성적 보편으로서의 본유관념(本有觀念)을 날 때부터 가지고 나온다고 본다. 이 본유관념을 인식의 원천으로 보아 경험에 의거하지 않고 순수사유(純粹思惟)에 의하여 연역(演繹)함으로써 모든 인식이 성립한다는 것이나, 사유능력이 없는 어린이나 미개인의 본유관념은 설명하기 어렵다.

구성론의 약점은 감각이 받아들이는 형식으로서의 시간과 공간(감성의 형식)과 받아들인 직관의 다양을 종합 통일하는 오성의 형식(범주)을 모두 주관의 관념으로 본 것은 결정적인 오류다. 그러나 칸트 자신이 "경험의 범주는 동시에 대상의 범주가 아니면 안 된다. 그리고 그것은 오직 주관과 객관을 포괄하는 동일성에 있어서만 객관적 타당성을 가진다"고 한 것은 결코 관념론적이라 할 수 없다. 주관적인 관념에만 주어진 형식이라면 시간이나 공간 또는 범주는 주관이 없으면 없게 된다. 시공과 범주는 주관과 관계없이 존재한다.

제2절 현대의 존재적 인식론

현대의 인식론은 근대 관념론의 바탕 위에서 반절지향(反切志向)된 인식론의 방향을 전환시켜 직선지향(直線志向)하게 한 존재적 인식론이다. 객관도 주관 못지않게 존재적이다. 세계는 의식하는 존재 없이도 성립하는 것으로 의식에 대하여 자립적이다. 그러나 인식하는 의식(意識)은 세계에 의존하고 있다. 인식은 존재적으로 보면 이차적(二次的)인 관계다. 인간은 인간에게만 특유한 인식 구조(認識 構造)를 갖고 있다. 이 구조는 넓은 의미로는 존재 구조다. 왜냐하면 인식도 주관적·정신적인 존재, 즉 인간 존재가 있어야 인식 구조가 있고 인식 구조가 있어야 객관적인 세계가 그 구조에 의해 파악될 수 있기 때문이다. 그러므로 세계에 대한 주관의 인식관계는 주관과 세계간의 존재관계다.

세계의 구조는 시간을 기준으로 초시간적인 이법적 존재권역과 시간적인 실사적(實事的) 존재권역으로 구별된다. 그 중 이법적 존재권역은 수학적 존재, 논리적 존재, 본질적 존재 그리고 모든 가치의 존재로 구성된다. 수학적 존재와 논리적 존재는 개별성이 없는 보편적인 존재로 시간 있기 전부터 있었던 존재로서 플라톤의 물전(物前) 이데아에 비유되고, 본질적 존재는 시간에 의하여 개체가 형성됨으로써 각인(刻印)된 존재로서 아리스토텔레스의 물중(物中) 이데아에 비유된다. 이는 모두 가치중립적 존재로 시간적인 현상의 세계를 직접 규정한다. 그러나 가치의 존재는 사람의 선택에 의하여 시간적인 현상의 세계를 간접으로 규정한다. 사람이 선택하면 현상은 가치가 있게 되고, 선택하지 않으면 가치가 없게 된다. 실사적 존재권역은 1층이 무기층, 2층이 생명층, 3층이 의식층, 4층이 정신층으로 구성된다.

인식의 구조도 세계의 구조와 마찬가지로 존재 구조임으로 시간을 기준으로 초시간적인 선험적(a Priori) 요소와 시간적인 경험적(a Posteriori) 요소로 구성된다. 그 중 선험적인 요소는 이법적 존재권역을 파악하여 종합 구성할 수 있는 초시간적인 직관(直觀)의 소여형식(所與形式)이고, 경험적인 요소는 실사적 존재권역을 감지(感知)할 수 있는 시간적인 감각기관이다.

이법적 존재권역을 의식에 주어진 직관의 형식으로 파악한 인식을 선험적 인식이라 하고, 인간의 감성에 의해 실사적 존재권역을 감지한 인식을 경험적 인식이라 한다. 그러므로 수학적 존재, 논리적 존재, 본질적 존재와 가치의 인식은 선험적 인식이고, 무기물, 동식물, 인간 및 문화의 인식은 경험적 인식이다. 달리 말하면 초시간적인 존재권역에 존재하는 존재자가 인간의 의식에 반영되는 것을 선험적(先驗的) 인식이라 하고, 시간적 존재권역에 존재하는 존재자가 인간의 의식에 반영되는 것을 경험적 인식이라고 한다. 선험적 인식이 가능한 것은 인간의 의식에 선천적(先天的)인 형식이 주어져 있기 때문이다. 경험적인 인식이 가능한 것은 감각과 지각 등의 감관기관과 표상(表象), 파지(把持), 기억(記憶), 재생(再生) 등 사고기능이 있기 때문이다. 이 의식에 주어진 선천적인 형식과 육체적인 감각기관이 인식의 구조다. 이 인식의 구조는 양면성으로 사고기능(思考機能)을 가진다. 현대의 존재적 인식론을 행정에 적용하면 행정인식론이 성립하게 된다.

행정의 인식론적 오류의 대표적인 것은 시간권(時間圈)의 성층성(成層性)에 적합하지 않는 경험적 인식의 오류와 선험적 인식과 경험적 인식을 동일시하는 오류다. 성층 구조를 경시하는 경험적 인식의 오류에는 '물화(物化)의 문제'를, 선험적 인식과 경험적 인식을 동일시하는 오류에는 '가치의 자연론적(自然論的) 오류'가 생긴다. 행정인식론의 준거가 되는 존재적 인식론을 준거로, 행정에 있어 경험적 인식의 오류와 선험적 인식의 오류 그리고 그 오류들을 수정하는 기본방향을 장(章)을 달리하여 제시코자 한다.

◆ 제3장 ◆
행정에 있어 경험적 인식의 오류

행정의 경험적 인식의 오류는 행정의 기존 이론에서 찾을 수 있다. 경험적 인식의 오류는 모두가 시간적 실사권의 성층(成層)별 등질성(等質性)과 층간(層間)의 이질성(異質性)을 인지(認知)하지 못하는 데서 오는 오류들이다. 성층 사상(成層 思想)의 입장에서 행정의 기존 이론을 검토해보면 그 오류들은 명확하게 드러난다.

제1절 기존 행정 이론의 인식론적 오류

행정 이론은 고전 이론, 신 고전 이론, 생태론, 인간관계론, 비교론, 발전론, 행태론, 신행정론 등 다양하나 모두가 부분적인 영역의 특성이 반영될 뿐 전체적이고 종합적인 이론의 틀을 갖추지 못한 그대로 행정의 모든 대상에 무차별 적용함으로써 인식론적 오류를 범하게 된다.

1. 행정 기계론(機械論)의 인식론적 오류

행정의 고전 이론(古典 理論, 1887~1937)은 행정학에 있어서 과학적 관리학파, 행정관리학파 그리고 웨버(M.Weber)의 관료제 이론이 주종을 이루고 있다. 공통적인 특징은 기계론적 사고에 의해 전개되는 이론이다. 기계적인 법칙이란 물리·화학적인 법칙을 말함이다. 물리·화학적인 법칙은 주로 무기물을 직접 규정한다. 생명·의식·정신은 이러한 기계적인 법칙만으로는 규정되지 않는다. 그러함에도 불구하고 이 법칙은 생명뿐 아니라 인간과 인간이 창조하는 문화사회에까지도 무차별적으로 적용된다고 생각한다. 이것이 고전적 행정 이론의 인식론적 오류다. 생명은 물리·화학적인 법칙과 생명이란 독특한 자기운동의 법칙(신규자) 또는 신기성(新奇性))이 결합된 현상이다. 따라서 생명이 있는 모든 존재(동·식물, 인간, 문화)는 물리·화학적인 법칙에만 의존하지 않고 그 이상의 새로운 존재와 연관된다.

2. 행정 생태론의 인식론적 오류

기술적·기계적 제 행정의 원리들은 각각 그 반대(反對)되는 원칙들이 있을 뿐만 아니라 논리적 일관성마저 결여하여 있다고 반론을 제기한 때(1938~1947)로부터 정책결정의 내적 단계와 외적 단계 등으로 제기된 반론을 다시 반박하는 시기(1947~1950)를 거쳐 정치·경제·사회·문화의 자율성이 중시된 시각에서 이해하려고 할 때까지의 기간(1950~1970)의 행정 이론을 신 고전 이론이라 한다. 이는 유기적 조직체와 그 환경과의 관계에서 주로 자기운동의 원리가 감안된 이론이다. 행정학자들은 인간관계론이라고도 즐겨 부르나, 이 이론은 인격이나 정신 등에 대한 성찰의 원리에 근거한 선택의 여지가 극히 제한되어 있으므로 인간의 특성을 반영한 이론이라 보기 어렵다. 이 시기의 행정행동을 지배하는 원리는 어디까지나 자기운동의 법칙이란 새로운 생명의 법칙이 무기적 자연의 법칙과 통합되어 함께 작용하는 정도여서 인격과 인격 간의 깊은 관계라 하기보다는 단순한 환경과의 관계에 머무는 생태론에 입각한 견해라 할 수 있다. 특히 조직 이론의 유기성(有機性)과 연결시켜 생각해 보면 이 시기의 행정학은 자기운동의 법칙이라고 하는 생명의 법칙에 의한 필연적인 지배를 받고 있음을 알 수 있다.

이 생태론은 주로 자기운동의 법칙과 단순한 환경과의 필연적인 관계에 있는 동·식물을 대상으로 하는 행정에 적용하여야 마땅할 것이나, 생명이 없어 자기운동을 할 수 없는 무기물을 대상으로 하는 행정에서나 선택에 의해 창조하는 인간과 문화에는 적합하지 않다. 이는 환경을 지나치게 절대시(絶對視)하여 환경은 인간이 어찌할 수 없는 것으로 인식하는 인지적 오류를 범한 것이다.

3. 행정 행태론의 인식론적 오류

행정의 인접 과학으로서 심리학, 사회심리학, 사회학, 경제학, 경영학 등 인간행동에 관한 과학의 성과를 중시하는 시기(1956~1970)의 행정 이론이 이에 해당된다. 이 시기에는 관리과학과 조직 이론을 모두 다 중시하는데 관리과학에서는 과학적 관리론을, 조직 이론에서는 생태론과 행태론을 중시함으로써 지금까지의 행정 이론을 양적 논리로만 논의하던 것을 질적으로 검토하여 각각 그 장점을 채택하고 적용하는 견해가 강해지는 경향을 나타내고 있다. 그러한 반성적 사유로 이 패러다임은 반성적 의식의 원리(자아성찰[233]의 원리)가 지배하는 것으로 보았다. 조직구조, 특히 계선 조직과 참모 조직 간의 갈등에

---

233) 비판적 자아성찰(critical self-reflection). 김광웅, 《비판 행정학》, 《한국행정학보》, 제20권 제1호), p.90

주목하면서 이러한 갈등의 해결방안으로서 조직 구성원의 의사결정에의 참여, 그리고 의사소통의 개선 등을 통하여 조직 내부의 비공식 집단의 존재를 중시해야 한다는 것이다.[234] 또한 외부와의 관계를 통한 상황적 요인을 중시하여 제반의 원리들을 융통성[235]있게 이해해 나가는 것이다. 이 시기의 행정행동을 지배하는 법칙은 생명의 법칙으로서의 단순한 자기운동에 의한 물적·인적 환경과의 적응에 그치는 것이 아니고 한층 더 나아가 인간의 의식과 인식의 영역에까지 깊고 넓게 확충된 특징을 가진다. 이러한 면에서 이 시기의 인간관계론은 단순한 생태론적 인간관계론과 구분된다. 즉, 생태론적 인간관계론은 인성이나 인격적인 요소까지는 감안되지 않고 단순한 자기운동의 원리만이 감안된 생명의 법칙이 그 환경과의 관계만이 다루어지는 데 그쳤으나, 이 시기는 인간적 갈등의 해소라든지 욕구, 동기, 융통성 등의 요소들까지 고려하게 되므로 명실상부한 인간관계론이라 할 수 있다. 따라서 이 시기의 행정이론을 지배하고 있는 법칙을 반성적 의식의 원리 또는 자아성찰의 원리가 지배하고 있다고 본 것이다.

이 행태론은 사람을 대상으로 하는 행정에는 타당하게 적용될 수 있는 요소는 많으나 스스로의 행동이 없는 무기물에는 적용되지 않으며, 성찰의 능력이 없는 동·식물에도 적용되기 어렵다. 그뿐만 아니라 개개인의 의식에 공통되는 요소들을 근거로 창조되는 복잡한 문화사회는 행태적인 요소를 넘어간다. 그럼에도 불구하고 이는 모든 층에 일의적(一義的)으로 적용된다고 생각한 것은 인식론적인 오류라 아니할 수 없다.

---

234) James G. March(ed.), Handbook of Organizations, (Chicago : Rand McNally and Company), 1965

235) Contingency Theory에 관해서는 다음을 참고하였다. Henry L. Tosi and W. Clay Hammer, Org -anizational Behavior and Management : A Contingency Approach, (New York : St. Clair Press), 1974

4. 신 행정론의 인식론적 오류

행정이념으로서 행정이 누구를 위한 것인가에 대한 사회적 형평성(Social Equity)의 문제를 더욱 중시하여 민주·정의·복지사회 건설을 위한 창조적인 행정행동에 관심을 갖는 시기라고 할 수 있다.[236] 따라서 종래의 능률성, 경제성의 행정이념 못지않게 사회적 형평성, 행정의 적실성(適實性), 규범성(規範性) 등의 가치를 강조한다. 행정행동은 가치를 부여하는 행동으로 윤리적이고 도덕적인 행동이 내용 구조를 이룬다. 왜냐하면 공익목표(Public Interest)[237] 달성은 가치실현을 의미하고, 공공의 문제는 결국 도덕적이고 윤리적인 문제이기 때문이다. 행정연구와 가치를 접목[238]하려고 시도하는 제 학자들의 노력 또한 행정과정에 잡다하게 산재되어 있는 가치요소들을 피할 수 없는 데에 있을 것이다. 이러한 맥락에서 이 시기를 역사적 보편정신이 지배하는 패러다임이라고 본 것이다. 이 시기는 신행정론 운동과 일치하는데 신행정론(New Public Administration)은 종래의 행정 이론에 불만을 느꼈던 미국의 소장학자들에 의하여 주장되었다.

여기에서 특히 강조된 입장을 정리해 보면 우선 행정에 있어서는 가치중립(價値中立)이란 불가능하고 바람직하지 않다는 것인데, 이는 사회적 형평의 가치를 강조한 것이다. 다음으로 새로운 행정인(行政人)은 자신의 혁신 지향적 신조(信條)를 관철할 수 있게끔 조직을 움직여 나가야 한다는 것인데, 이는 적극적인 행정인(Proactive Administrator)의 중요성에 대한 강조이다. 그리고

---

236) 이는 후기행태주의(Post Behavioralism)에서 강조된 개념이다. D. Easton, 'The New Revolution in Political Science', (APSR), December, 1969, pp.1051-1061

237) 공익(Public Interest)에 관해서는 다음을 참고하였다. Gldndon Schubert, 'The Theory of the Public Interest in Justical Decision Making', (Midwest Journal of Political Science, Vol.2, No. 1), February, 1958, pp.1-25. G. Schubert, The Public Interest, (Illinois : The Free Pree Company), 1961

238) 김영성 외 1인, 《행정철학에 관한 연구》, 전게서, pp.151-155

행정조직은 수익자(受益者)인 고객(Client)을 감독대상으로서만 보지 않고 수익자의 이익을 적극적·직접적으로 도모해야 한다는 것이다. 이를 위하여 조직은 관리상의 필요보다 수익자의 필요를 충족시킬 수 있는 구조를 가져야 하며, 수익자가 조직의 산출 내지 효과성을 평가할 수 있도록 하여야 한다는 것이다. 가치중립적, 현상 유지적, 보수적인 행태론이나 실증주의(Positivism)를 비판하고 사회의 병폐에 대한 구제책(救濟策)을 제시하려는 규범주의를 지향하고 있다. 또한 웨버의 관료제론을 중심으로 하는 전통적 조직 이론에 반발하면서 분권화와 참여의 확대를 지향하는 조직 개편을 주장하면서 새로운 조직 이론을 모색하였다. 반(反) 계층제적, 비(非) 관료제적 조직모형으로서 다원적 프로젝트팀, 상황적응성, 조직 간의 이동성, 수익자의 참여 등을 특징으로 하는 연합모형(Consociated Model)이 제창되었다.

신 행정론은 인간이 선택하여야 할 윤리적 가치와 창조하여야 할 문화사회의 규범적 가치에는 그 정합(整合)성이 있으나, 이를 무기물, 동·식물, 개별인간에게는 그대로 적용되지 않는다. 그럼에도 불구하고 모든 층에 다 적용될 수 있다고 생각한 것은 인식론적 오류가 아닐 수 없다.

5. 성층성(成層性)을 인간에 적용한 사례와 그 오류

에드가 샤인(Edgar H. Schein)은 조직에 있어서 인간 본질에 대한 가정은 역사적으로 각 시대의 관점을 반영시키고 있다고 보면서 인간관(人間觀)을 다음의 네 가지로 분류하고, 설득력 있고, 현실적이며, 통할 수 있는 인간관을 복잡한 인간(Complex Man)이라고 지적한다.

첫째, 고전 이론에서의 인간관은 인간을 합리적이고 경제적 존재로 본 합리적·경제적 인간관(Rational Economic Man)이었다. 이는 사람을 기계적인 법칙에 규정되는 무기적 자연과 동일시하는 인식론적 오류를 범한 것이다. 무기적 자연을 지배하고 있는 법칙을 인간에 적용한 것이다.

둘째, 생태론(生態論)적 인간관으로서 사회적 인간관(Social Man)을 들었다. 그런데 이 사회적 인간관은 사회를 단순한 환경으로 보고, 이 환경과의 관계를 중시한 생태론적 인간관이다. 이는 성찰할 수 있는 인간 존재를 성찰할 수 없는 본능적인 동·식물과 동일시하는 오류를 범한 것이다. 요는 유기체와 환경과의 관계에 대한 자기운동의 법칙을 인간에 적용한 오류이다.

셋째, 자율적으로 자기의 행동을 규제할 수 있다고 보는 행태론(行態論)의 인간관으로서 자기실현(自己實現)적 인간관(Self-Actualizing Man)을 들었다. 자율적으로 자기의 행동을 규제하면서 자기를 실현하려면 그러한 행동이 보장될 수 있는 사회적 환경이 조성되어야 한다. 사회적 환경은 필연적인 법칙에 의해 기계적으로 만들어지는 것도 아니며 자기 운동에 의해 자동적으로 만들어지는 것이 아니라 사람들이 협동하여 선택하는 행동에 의해 만들어진다. 일단 만들어진 사회는 그 속에 사는 사람을 만든다. 이러한 인간과 사회의 상보관계(相補關係)를 알지 못한 오류를 지적하지 않을 수 없다.

넷째, 현실적으로 인간의 동기나 본질은 어느 한 입장으로 이해될 수 있는 것이 아니며 상황이나 역할에 따라서 달라진다고 보는 인간관으로서 복잡한 인간관(Complex Man)이 설득력 있고, 현실적이며, 통할 수 있는 인간관이라 하였다. 인간의 동기나 본질은 어느 한 입장으로 이해될 수 있는 것이 아니라고 본 것은 종합적인 입장을, 상황이나 역할에 따라서 달라진다고 보는 것은 사회적 여건을 감안한 입장으로 다른 어떠한 인간관보다 발전적이다. 그러나 복잡한 인간관은 역사적 상황이나 역할에 따라 보편적인 정신의 원리가 지배하는 정신적 법칙을 개별 인간에 일의적(一義的)으로 적용된다고 생각한 것은 잘못이라 아니할 수 없다.

제2절 공직자의 의식에 침투된 물화(物化)의 문제

원리의 원리요, 법칙의 법칙을 일반적으로 범주(範疇)라 한다. 이 범주는 그 법칙적 등질성(等質性)에 따라 시간권에 성층을 형성한다. 따라서 범주를 형성하는 법칙 군(群)이 지배하는 층은 각각 다르다. 그러나 기존의 행정 이론들은 이 시간권의 성층적(成層的) 성질을 인정하지 않고 이질적(異質的)인 법칙을 일의적(一義的)으로 전 존재층(存在層)에 무차별 적용한다든지 층별 대상 존재에 맞지 않게 상호 교차(交叉)하여 적용한 오류들이었다. 이는 모두가 범주적 법칙에 맞지 않기 때문에 야기된 것들이다.

행정에 있어서의 물화의 문제는 이 층별 대상을 구별하지 못하는 경험적 인식의 오류다. 예를 들면 1층의 무기물을 지배하는 물리화학적인 법칙을 생명층과 의식층 및 정신층에 무차별적으로 적용한 것이다. 생명층에 해당하는 동·식물은 무기물에는 찾아볼 수 없는 특이한 생명의 현상(물질대사의 자동성)이 그 특성임으로 이 특성이 조장될 수 있도록 환경을 조성하여야 할 것이고, 심리적 의식층에 해당하는 인간은 동·식물에 찾아볼 수 없는 성찰의 현상(반성적 이성)이 그 특성임으로 이 특성이 조장될 수 있도록 선택의 영역이 세계에까지 개방되어야 할 것이며, 객관적 정신층에 해당하는 문화는 개개인의 의식을 넘어가는 공통적인 의식, 즉 객관적·정신적 형상이 그 특성임으로 이 특성이 조장될 수 있도록 여러 사람들이 협동하여 문화사회를 창조할 수 있도록 하여야 할 것이다. 이러한 특성을 인식하지 못한 행동은 질서를 무너뜨릴 뿐 아니라 인간을 사물시(事物視)하는, 즉 물화의 결과를 초래한다.

1. 물화의 개념

미카엘 하몬(Michael M. Harmon)은 그의 저서《Action Theory for

Public Administration》에서 물화(Reification)의 문제를 18개의 명제 속에 포함시켜 다음과 같이 표현하였다.

"〈명제 15〉 무책임한 행정 행위는 사람들이 자신의 행위에 대한 개인적 책임을 부인하거나 명료하게 이해하지 못하는 인지의 과정에서 비롯된다. 이러한 과정에서 물화 문제가 나타난다. 즉, 물화는 체제, 제도, 역할 그리고 다른 인간이 만든 사회적 산물들을 사람들이 그것들을 실제로 창조하고, 유지하며 또한 그것을 변형시키는 상호 주관적 과정과는 독립된 존재로 간주하는 경향성을 뜻한다."[239]

그리고 버거(P. L. Berger)와 루크만(T. Luckmann)은 물화의 문제는 사회제도가 산출되고, 유지되고 그리고 정당화되는 전반적인 과정에 포괄적으로 나타나는 현상인데 다음과 같은 요지로 기술하고 있다.

"물화는 인간현상을 마치 사물인 것처럼, 즉 비인간, 어쩌면 초월적인 인간이라는 용어로서 이해하는 것이다. 물화를 정의하는 또 다른 방식은 물화란 인간 활동의 산출물(사회)을 마치 인간의 산출물 이상의 어떤 것(자연의 사실, 우주법칙의 결과, 신의 의지의 표명)인 것처럼 이해하는 것이다. 물화는 인간 자신이 인간세계(사회)의 창조자임을 잊게 할 수 있고, 나아가서 생산자로서의 인간과 인간의 산출물간의 관계(변증법적 관계)가 의식에서 사라져버렸다는 것을 의미한다. 물화(物化)된 사회는 비인간화된 사회이다. 그것은 낯선 사실성, 즉 인간 자신의 생산적 활동의 소산인 '자신의 작품'으로서 보다 통제할 수 없는 '낯선 작품'으로서 인간에 의해 경험되는 것이다. … 객관적인 사회가 자리 잡자마자 물화의 가능성이 가까워진다. 세계의 객관성은 인간을 자신의 외부의 어떤 것으로서 대면한다는 것을 의미한다. 주요한 문제는 아무리 객관화되었다 할지라도 사회가 인간에 의해 창조되고, 인간에 의해 재창조될 수

---

239) Michael M. Harmon 저, 유광호·김주원 역, 《행정철학》, (서울 : 법론사), 1995년, p.200

있다는 인식이 있는지 없는지의 여부다. 달리 말하면 물화는 객관화된 문화사회가 인간 활동으로서 이해되는 것을 상실하고 비인간적이고 비인간화된, 자율성이 없는 사실로서 고착되는 그러한 객관화의 과정에서 발견되는 극단적인 단계로서 기술될 수 있다. 전형적으로 인간과 그 사회의 실제적인 관계가 의식 속에서 역전(逆轉)된 것이다. 문화사회의 생산자인 인간은 세계의 산출물로서 이해되며, 인간 활동은 비인간화 과정의 부수 현상으로 이해된다. 인간의 의미는 더 이상 문화사회를 산출하는 존재로서 이해할 수 없으며, '사물(事物)의 본성이 산출한 사물적 존재로서 이해된다. … 비록 세계를 물화의 관점에서 이해할지라도 인간은 문화를 지속적으로 창조한다. … 물화를 통하여 인간의 사회제도는 자연계로 흡수되는 것으로 나타난다. 인간의 욕구나 행복과는 관계없이 자연의 필연적인 법칙에 따라 생존이 강압된다. 인간의 사회적 역할도 동일한 방식으로 제도적으로 물화된다. 개별 인간의 자의식도 사물처럼 객관화되어 불가피한 운명으로 이해되어 개인의 책임은 부정된다. 이러한 물화의 패러다임은 '나는 그 문제에 대해서 어떤 선택권도 갖고 있지 않다. 나는 나의 지위(남편, 아버지, 장군, 주교, 위원장, 깡패, 교수형 집행인) 때문에 이러한 방식으로 행동하지 않으면 안 된다'는 식으로 되어 책임이 없게 된다……"[240]

미카엘 하몬(Michael M. Harmon)과 버거(P. L. Berger) 그리고 루크만(T. Luckmann)의 물화에 관한 이상의 개념은 다음과 같은 의미를 가진다. 즉, 인간은 그 개별적인 의식(개인정신)으로부터 공통적인 객관정신(언어, 법률, 예술 등 문화)을 형성하여 사회제도, 역할, 규칙, 상황 등으로 사회를 만들어 나가고, 만들어진 사회는 그 속에 사는 인간을 다시 만들 정도로 크게 영향을 미친다. 그런데 자연과학 시대인 오늘의 이 사회는 사회를 기술하고 이해하기

---

240) Michael M. Harmon 저, 상계서, pp.201-202

위한 언어뿐 아니라 일상적인 사고방식까지도 자연과학에서 차용(借用)하게 되었다. 그렇게 됨으로써 사람이 사회를 만들고 그 사회를 변화, 발전시킬 수 있다는 사실을 망각하고 사회도 자연처럼 사람과는 무관하게 과학적인 법칙에 의해 필연적으로 전개되는 것처럼 착각하여 인간이 어떻게 할 수 없는 자연의 법칙처럼 생각하는 인지(認知)의 오류를 범하고 있다는 것이다. 요지는, 사회는 사람들이 선택한 당위적인 가치에 의해 형성된 것이고, 자연은 필연적인 자연의 법칙에 의해 형성된 것임을 구별하지 못하고 사회를 자연처럼, 인간을 사물처럼 취급한다는 것이다. 이러한 인지적 오류는 '사물화(事物化)', '그릇된 유형(類型)의 오류', '화이트헤드(A. L. Whitehead)의 실체화(實體化)' 등 여러 가지로 불리어지는데 닐 포스트만(Neil Postman)에 의해 '물화(物化)'라고 간결하게 정의(定義)되었다. 이상으로 물화의 개념은 설명되었다고 본다. 이와 같은 물화의 문제는 행정의 발전 과정에서 심화되어 왔다.

2. 행정에 있어서의 물화의 문제

행정은 정치에서 결정하여 표명한 국가 의사를 단순히 집행하는 것이므로 집행하는 행동은 공평무사하여야 하므로 정치적으로 간섭받지 않는 행정기관에서 집행하되 과학적인 원리에 따라 집행하여야 한다는 것이다. 이는 정치에서 분리된 행정이 필연적인 자연의 법칙 속에서 그 정체성을 찾고자 하는 노력이었음으로 첫 출발부터 그 방향을 물화 쪽으로 잡았던 것이다. 1887년부터 1937년까지의 행정이 이에 속한다고 할 수 있다.

다음 행정은 당해 시대 당해 사회의 문화에 구속됨으로 행정의 내용은 정치와 연관되지 않을 수 없다는 것이다. 그렇게 되다보니 비교 행정이나 발전 행정은 사실상 비교 정치론이나 정치 발전론과 뚜렷한 차이를 볼 수 없게 되어 버린다. 특히 사회적 욕구, 가치, 관습 등이 강조된 것은 정치와 크게 다를 바 없다. 그러나 이도 역시 표면상으로는 가치를 강조하였으나, 사실은 자연과학적인 보편적인 기준에 의하여 비교하게 됨으로써 물화의 문제를 정치적 가치에까지 확충시킨 결과를 가져왔다. 다른 한편으로는 조직과 관리로서의 행정을 주장하는 학자들이 무리를 이루게 된다. 관리로서의 행정은 조직 이론과 관리과학을 양 축으로 하여 행정학의 내용 구조를 형성한다. 허버트 사이먼(Herbert A, Simon)을 계승한 학자들에 의하여 주도되었다. 조직 이론은 주로 사회심리학, 경영학, 사회학의 연구업적[241]에, 관리과학은 프로그램 효과를 제고하고 통계학, 사례분석, 컴퓨터과학 등의 연구업적에 의존하여 효과성, 능률성을 확보코자 한다. 또한 이 방법론들은 여러 학문의 기법들을 원용하는 응용 연구적 성격을 지닌다. 이러한 연구업적이나 기법들은 모두 인간이 어찌할 수 없는 필연적이고 과학적인 법칙에 따라야 한다는 것이다. 그러므로 조직과 관리로서의 행정은 사실상 가치중립적인 관리과학의 영역에 머물고 만다.[242] 여기에서 물화의 문제는 그 극에 달하나 행정학자들은 이를 인지하지 못한다. 가치를 실현해야 할 행정이 가치가 배제된 가치중립적인 관리과학에 의존하게 된 결과로 야기된 문제다. 이는 자연과학의 원리나 법칙들을 사회과학에서 그대로 여과 없이 받아들임으로써 일어난 어찌할 수 없었던 현상이었다. 이것이 1938년에서 1970년까지의 행정이다.

1970년을 고비로 선진국에서는 이와 같은 인지적 오류를 발견하고 대응하기 시작하였으나, 대부분의 국가들은 아직도 조직과 관리로서의 행정을 행정으로 착각하고 있다. 즉, 선진 몇몇 국가를 제외하고는 대부분의 국가에 있어

---

241) Glendon A. Schubert, Jr., 'The Public Interest in Administrative Decision Making', (APSR, Vol. 51), June, 1957, pp.346-368
242) Griffiths의 《교육행정에 있어서의 인간관계》(1956년), 《행정 이론》(1959년) 등은 교육행정학의 학문적인 기초 이론 정립. 그가 1958년에 미국교육학회에 기고한 《행동과학과 교육행정학》은 교육행정학 이론운동의 총결산으로 간주됨. 그 외에 1957년에 출간된 《Campbell》과 Gregg의 《교육행정 행위》, 그리고 동년(1957년)에 출간된 Halpin의 《교육행정 이론》 등을 들 수 있는데, 이들은 모두 가치가 배제된 관리과학의 영역에 머문다.

서의 오늘의 행정은 조직과 관리로서의 행정에 머물고 있다고 하여도 과언은 아닐 것이다. 행정이 관리로서 인식되어 오면서 가치가 배제되고, 공공성을 강조해야 할 행정이 그 적실성(適實性)을 잃어 버렸다는 주장이 미국의 젊은 행정학도들로부터 대두되었다.[243]

공공정책에 관한 학문 간의 프로그램의 개발과 신 행정학 운동, 이 두 가지는 분명히 구별되면서도 상호 보완적인 형태로 발전하여 행정의 거점과 초점을 모두 공공의 영역에 두게 됨으로써 명실상부한 '행정으로서의 행정'의 위상을 갖추게 된다. 공공의 영역이란 윤리적 가치의 영역이다. 윤리적 가치의 영역은 자연과학의 필연적인 법칙적 영역이 아니고 인간의 선택을 통하지 아니하고는 이룰 수 없는 당위적인 영역이다.

왈도(D. Waldo)는 의학이 여러 학문의 지식을 다양하게 활용하듯이 행정도 여러 학문의 지식을 다양하게 활용할 수 있어야 한다[244]고 하였다. 프레드릭스(Fred W. Rigs)도 전문직업주의적 견지[245]에서 정부를 전체적으로(a Whole System)이해할 것을 강조하였다. 전체적이고 종합적인 견지에서 행동하여야 한다는 것임으로 이 역시 필요할 경우 모든 것을 활용할 수 있어야 한다는 의미가 포함되어 있다.

케이든(G. E. Caiden)을 위시한 신 행정학자들도 사회적 적실성(Social Relevance)을 강조[246]함으로써 공공성과 관련된 윤리적 가치를 추구하여야 한다는 것이다. 국가의 행동은 그 자체가 공적 사항(Public Affaires)을 다루는 행동임으로 윤리적 가치를 실현하는 행동이다. 유리적인 가치란 종합적이고 철학적인 넓은 안목이 없이는 실현할 수 없다. 호지킨슨(C. Hodgkinson)도

---

243) Lynton K. Caldwell, 'The Study of Adminstration in the Organization of the Society', (Chinese Journal of Administration), July, 1965

244) D. Waldo, 'Theory and Practice of Public Administration', 1968, pp.1-26

245) Fred W. Riggs, 'Professionalism, Political Science and the Scope of Public Administration', (Philadelphia : The American Academy of Political and Social Science), 1968, pp.32-62

246) Frank Marini, 'Toward a New Public Administration', (N. Y. Chandler Publishing Co), 1971

행정을 행동철학(Administration is Philosophy-in-Action)[247]이라고까지 정의하였다.

철학은 모든 학문의 업적을 종합하여 성찰하고 인간의 삶의 방향을 제시한다. 그러므로 행정은 이 종합 학문으로서의 철학의 업적을 행정목적 달성을 위해 활용하는 국가의 행동이다. 이는 공공문제의 해결과 공익 실현에 필요할 경우 어떤 부분적인 특정 영역에 제한될 수 없고, 있는 모든 것(존재자의 총체인 세계)을 활용할 수 있어야 한다는 의미다. 여기서 행정은 철학과 밀접한 관계를 맺게 된다. 철학과 관계를 맺으면서 행정에 있어 물화의 문제는 더욱 심각하게 인식되기 시작하면서 이를 시정코자 노력하게 된다.

---

247) C. Hodgkinson, 'The Philosophy of Leadership', (B. B. Publisher., Oxford England), 1983, p.2

◆ 제4장 ◆
행정에 있어 선험적(先驗的) 인식의 오류

행정에 있어 선험적 인식의 오류는 존재의 양면성과 인식의 양면성을 알지 못하는 데서 온다. 선험성에 관한 인식을 경험적 인식과 구별하지 못하기 때문이다. 이는 주로 행정 가치의 인식에서 많이 나타난다.

제1절 가치의 자연론적 오류

가치의 자연론(自然論)적 오류란 선험적 인식과 경험적 인식을 구별하지 못하는 데서 결과하는 오류다. 예를 들면 가치의 파악은 선험적 인식이고 가치 있는 것(금은보화와 같은 값진 물건)의 파악은 경험적 인식이다. 가치의 인식은 항존적(恒存的)이나 가치 있는 것의 인식은 순간적이다. 가치를 가치 있는 것으로 오인하거나 가치 있는 것을 가치로 오인한다든지 또는 가치와 가치 있는 것을 동일시(同一視)하면 항존적인 것과 순간적인 것을 구별하지 못하는 오류가 발생한다.

'자연론적 오류(Naturalistic Fallacy)'란 조지 에드워드 무어(George Edward

Moore, 1873~1958)가 정립한 개념이다. 이 개념은 현대윤리학의 전환점을 이루었다 하여도 과언이 아니다. 무어의 윤리적 과제는 가치의 의미와 가치 있는 사물, 가치 있게 하는 수단 등 세 가지다. 가치는 사람의 감정이나 욕구와 관계없이 독자적으로 실재(實在)하는 것이다. 가치는 비물질적인 존재로 형이상학적인 세계에 속하는 시공을 초월한 실재로 본 것이다. 이때 사람의 욕구나 가치와 관계가 없다는 것은 존재적으로 관계가 없는 독자적인 존재임을 의미하는 것이지 존재간의 관계가 없다는 것은 아니다. 오히려 사람의 감정과 욕구와는 밀접한 관계가 있음을 부인하는 의미가 아니다. 가치 있는 사물(the good things)은 시간과 공간 안에 있는 자연현상이다. 그런데 가치 그 자체를 경험의 세계 안에서 생겼다 없어졌다 하는 자연적인 현상이라고 믿는 사람들은 가치와 가치 있는 사물을 혼돈(混沌)하는 사람들이다. 가치 있는 것(事物)은 가치를 가지고 있으나 그 사물 자체가 가치는 아니다. 가치와 가치 있는 것과는 구별되어야 하고, 또 한 가지 혼돈해서는 안 될 것은 가치 있는 사물들이 가지고 있는 자연적 특성과 가치와의 구별이다. 사람들은 가치와 가치 있는 것, 사물의 자연적 특성과 가치를 동일시하기 쉽다. 이는 여지없는 논리적 오류를 범한 것이다. 마치 모든 등변삼각형에는 '등변'이란 특색과 '등각'이란 특색이 있는데, 이를 동일시하여 등변을 등각이라고 하는 것과 같은 오류라는 것이다. 그는 이러한 오류를 가르쳐 '자연론적 오류'라고 하였다. 그러나 가치에 관한 한 문외한에 가까울 정도로 오늘의 우리들은 이상의 개념을 쉽게 받아들이지 못할 것이다. 예를 들면 '가치는 비물질적인 존재로 형이상학적인 세계에 속하는 시공을 초월한 실재(實在)이지만, 가치 있는 것(사물)은 시간과 공간 안에 있는 자연적인 현상이다'라든지, '가치 있는 사물의 특성과 가치의 구별'이라든지, 더구나 '가치와 가치 있는 것과의 관계' 또는 '가치와 가치 있는 것의 특성과의 관계'가 어떤 것인지 존재론적인 기초 없이는 이해하기 어려운 것이므로 이에 관한 상세한 추가적인 설명은 부

득이하다.

'시공을 초월한 세계에 있는 가치란 초시간적인 존재로 시간 있기 이전의 세계부터 있었다는 의미이고, '시간과 공간 안에 있는 가치 있는 것'이란 시간적인 존재로 시간 이후의 세계에 있는 것이란 의미다. 그러므로 초시간적인 세계와 시간적인 세계 그리고 이 두 세계간의 관계가 해명되어야 자연론적 오류의 개념이 이해될 것이다.

가치란 초시간적인 존재권역의 실재임을 밝힌바 있다. '시간과 공간 안에 있는 가치 있는 것'에 관한 해명이 필요하다. 시간과 공간 안에 있는 것이란 시간적인 존재로 경험적 인식의 대상이다. 시간 있기 전의 초시간적인 보편성으로서의 이법성(理法性)은 시간과 중첩되면서 현상(現象)세계를 규정한다. 규정하되 단순한 존재 단계로부터 규정하기 시작하여 차츰 복잡한 단계로 규정해 나아간다. 수학 및 물리·화학적 법칙으로 물질적인 현상을 규정하기 시작하여 생명의 법칙으로 생명체를, 오성(五性)적 가치로 의식적 인간을, 개관적·정신적 가치로서의 문화를 구체적이고 개별적으로 규정해 나아간다. 이때에 규정된 현실적·현상적 존재자들은 모두 구체적인 개별자다. 구체적인 개개의 무기물, 개개의 동·식물, 개개의 인간, 개별문화 등등이 형성된다. 여기에서 가치 이외의 이법(理法)적 존재는 현실세계를 직접 규정하나, 가치는 현실세계를 직접 규정하지 않고 사람의 선택에 의해 간접으로 규정한다. 또 다른 한편에서는 현실적인 구체적 개별자들을 형성하는 과정에서 그 현실적 개별자의 개별적 본질에 해당하는 초시간적이고 이법적인 개별구조(영원한 개별성)가 시간에 의해 각인(刻印)된다. 시간 있기 전에는 보편성으로서의 이법성(理法性)만이 있었으나, 시간 있은 이후에는 개별적인 이법자(理法者)가 시간에 의해 각인되어 그 개별 구조를 형성하게 된다. 이렇게 각인된 개별자의 본질적 구조는 영원하다. 이는 아리스토텔레스(Aristoteles)의 질료와 형상에서 형상에 해당하는 것이라 생각하면 이해하기 쉬울 것이다. 그러므로 시간이 있은 후 현재까지의 세계는 시간적인 존재와 초시간적인 존재가 중첩되어 있는 세계다. 완성된 무기물 및 동·식물과 미완성의 인간 및 인간에 의한 문화적 존재자들은 중첩된 존재들이고, 이들 각각의 본질적 구조를 이루는 개별성으로서의 이법자들은 중첩됨이 없는 초시간적인 존재다.

요약하여 정리한다면 시간적 세계는 수학 및 물리·화학적 법칙에 의한 무기물과 생명의 법칙에 의한 동·식물, 성찰할 수 있는 이성에 의한 인간 그리고 주관적인 인간의 의식에 공통되는 객관 정신으로서의 문화는 모두 시간 있기 전의 세계에 있었던 보편적 이법성이 조건의 성숙에 따라 단계적으로 시간권에 진입하여 시간에 포착됨으로 형성된 것들이다. 조건에는 크게 두 가지를 들 수 있다. 하나는 이법성의 필연성에 의한 조건이고, 다른 하나는 인간의 선택 여부에 달려있는 조건이다. 아무튼 단계적으로 시간권역에 진입하는 시간 있기 전의 보편적 이법성은 여태까지의 시간권역에는 없었던 것이므로 시간권역에서 보면 새롭게 나타난 신규자(新規者)[248]요, 신기성(新奇性)[249]이다.

무기물과 동·식물은 모두가 실사(實事)적 공간과 실사적 시간을 근본범주(根本範疇)로 하는 물질적 존재다. 이 두 근본범주 중 어느 하나만의 규정에서라도 벗어나면 이는 물질이 아니다. 성찰할 수 있는 이성과 객관 정신은 실사적 공간과는 무관하고 실사적 시간 만에 의해 제한되므로 물질이라 할 수 없다. 사람의 육체가 실사적 공간에 의해 제한된다 하더라도 인간 존재의 특성이며, 신규자인 성찰의 이성은 실사적 공간에 의해 제한되지 않으므로 인간 존재는 물질만의 존재가 아니다. 더구나 객관정신으로서의 문화는 육체가 없다. 육체를 형성하는 실사적 공간과 같은 것들은 의식층과 객관적 정신층의 경계에서 탈락되고 만다. 실사적 공간의 제약은 받지 않으나, 새롭게 나타난

---

248) N. Hartman의 용어
249) Alfred North Whitehead의 용어

이법적 공간의 제약은 받는다. 이법적 공간이란 수학적 공간의 복수성과 같이 현실에는 없으나, 인간의 이성을 한정하는 근본범주에 해당한다. 한 단계에서 한 단계로 올라 갈수록 아래 단계의 원리들이 전부 위단계로 올라가는 것이 아니고, 물성(物性)은 단계가 올라 갈수록 그 경계에서 점차 퇴각되고 새로운 신규자는 모두 비물질(非物質)적이다. 이는 세계의 단계적 구조는 물질적인 단계로부터 비물질적인 단계로 향해 있음을 입증하는 것이다. 그러므로 시간 이후의 세계는 물질적 형태로부터 비물질적 형체(形體)로 발전해 가는 과정이라 할 수 있다.

'자연적 오류'란 이상에서 구체적으로 설명한바와 같이 초시간권역의 가치를 시간권역의 물질적 존재와 동일시하는 오류 그리고 사람의 선택에 의존하는 당위적인 가치의 고유법칙을 인정하지 않고 필연적인 자연과학의 범칙만을 인정하여, 가치도 가치 이외의 이법적 존재처럼 현실적 존재를 직접 규정한다고 보는 오류를 포함한다. 이것으로 '자연론적 오류'의 개념은 설명되었다고 본다.

제2절 행정 가치의 자연론적 오류

가치의 자연론적 오류는 행정 가치에 그대로 적용되어 행정이 행정의 고객을 괴롭히는 결과를 가져왔다. 행정에 있어서의 자연론적 오류란 행정의 과학적 원리의 특성과 행정 가치의 특성을 동일시하는 선험적 인식의 오류와 선험적으로만 인식되는 공익과 경험적으로만 인식되는 공공문제를 동일시하는 오류를 포함한다. 이 때문에 불신 행정이 결과하는 데도 불구하고 행정인(行政人)은 이 오류를 인지(認知)하지 못하고 있다.

가치는 가치중립적인 자연과학의 법칙과 같은 초시간적인 실재이나, 시간적 세계 내에서 실사화(實事化)되고, 아니 되고 상관이 없이 실재한다. 가치는 가치의식(價値意識) 이외에 주어진 것은 없다. 가치의식은 가치감(價値感)이라는 형식으로 주어지는데, 이 때문에 가치는 가치의식에 의존한다는 주장이 나온다. 가치의식에 의존한다는 주장은, 가치는 주관적이며 변한다는 의미가 된다. 그러나 가치 그 자체는 변하지 않는 초시간적인 존재다. 가치의식은 가치의 일부분을 파악할 뿐이다. 이는 마치 존재자 일반에 대한 인식의 관계와 같은 것이다. 왜냐하면 인식도 존재하는 세계 전체를 한꺼번에 파악하지 않고 점진적으로 파악하는 것과 같이 가치도 사람과 시대에 따라 그 내용이 다른 것은 점진적으로 감지되기 때문이다. 가치는 분량성(分量性), 합리성(合理性), 본질성(本質性)의 종합으로 이법적 존재의 최상위(最上位)에 있으면서도 사람의 선택에 의하지 아니하고는 시간 세계를 규정하지 않는다. 사람이 선택하여 채택하면 그만큼 시간 세계를 가치 있게 한다. 그러므로 행정의 가치는 행정인이 선택하여 시간 속에 진입시키는 것이다. 그럼에도 불구하고 행정의 가치도 시공 속에 있는 사물의 필연적인 본질처럼 생각하는 것이 자연론적 오류다. 사람들이 선택하는 것과 상관없이 시간 속에 있는 사물을 관리하는 것처럼 과학적인 법칙에 따라 조직하고 관리하면 자연히 그 가치를 발휘한다고 보는 오류다.

행정의 가치뿐만 아니라 모든 가치는 초시간적인 권역에 있는 실재로서 사람의 선택을 통하지 아니하고는 현실적 존재를 가치 있게 할 수 없다. 그러므로 행정의 가치도 행정 고객이나 행정인 간(間) 주관적 선택을 통하지 아니하고는 행정의 가치를 실현시킬 수 없다. 그럼에도 불구하고 행정에 있어서도 자연의 법칙과 가치의 법칙을 동일시하여 국가 권력적 행동으로 직접 필연적인 과학적 법칙을 적용한다. 이것이 행정에 있어서의 '자연론적 오류'다. 여기에서 각종 관료제의 병리현상과 편의위주의 행정 및 통제위주의 행정이 결과로 된다. 왜냐하면 행정인이 그렇게 하는 것이 행정의 특성이라 오인하고 있기 때문에 시정하는 것도 이러한 원리에 따라 시정하게 됨으로써 시정의 효과도 없이 시정코자 하면 할수록 병리현상은 기하급수적으로 팽창해 나간다.

초시간권역은 이법적 시간과 이법적 공간의 범주적 제약을 받는 이법적 존재권역이다. 이 존재권역에는 가치를 기준으로 가치와 무관한 가치중립적 존재와 가치의 존재로 대별할 수 있다. 가치중립적 존재는 실시적 시간과 실사적 공간의 범주적 제약을 받는 실사의 현상세계를 직접 규정하고, 가치의 존재는 실사의 현상세계를 사람을 통해 간접으로 규정한다. 따라서 사람의 선택에 의해 가치 있게도 되고 없게도 된다는 것을 거듭 강조한다. 가치중립적 존재와 가치의 존재는 서로 다른 구조를 이루고 있기 때문이다. 이 양자는 중요한 점에서는 변동이 없으나 마치 있어야 할 것(當有)과 있는 것(實有)과의 관계와 같이 서로 대립하면서도 보완하고 연속하는 관계다. 이 두 종류의 원리는 동일한 실재(實在)에 관계를 가지고 있다. 가치중립적인 과학적 법칙은 가치에도 적용되나, 그 법칙성의 본질은 변경된 형태로 나타난다. 이 변경된 형태로 나타나는 법칙이 가치의 고유법칙이다.[250]

가치중립적인 자연과학의 법칙이 필연적으로 규정하는 자연의 구조와 사람의 선택에 의해 창조되는 인간 및 인간에 의한 문화적·사회적 현상은 다르다. 예를 들면 자연의 구조는 높거나 깊을수록 복잡해지나 가치의 구조는 높거나 깊을수록 단순하고 순수하다. 행정에 있어서도 비밀행정은 낮으나 복잡하고, 투명한 행정은 높으나 단순하고 맑다. 자금 또는 공물 및 영조물(營造物)과 같은 행정재(行政財)의 가치, 경제성, 생산성, 능률성, 효율성, 효과성과 같은 행정적 사태(事態)가치, 책임성, 근면성, 성실성, 친절성, 청렴성, 봉사성, 위민성, 애민성과 같은 행정인의 윤리적 가치, 형평성, 공정성, 합법성, 공개성, 융통

---

250) 하르트만 저, 전원배 역, 《윤리학》, (원광대 출판부), 1979년, pp.646-647

성, 목적성, 규범성, 당위성, 민주성 등과 같은 행정의 정신적 가치들은 모두가 초시간적인 가치 중에서 행정인이 선택하여 사물에, 사태에, 행동에, 정신에 부여한 가치들이다. 그러므로 가치의 고유법칙을 자연과학의 법칙과 구별하여 행정의 대상에 따라 적용하여야 하나, 이를 동일시하는 오류가 행정에 있어서의 자연론적 오류란 의미다. 이를 시정하려면 세계의 구조와 인식의 구조에 정합한 행정을 하여야 한다.

◆ 제5장 ◆
오류 수정의 기본방향

　행정에 있어서의 물화의 문제는 실사권역(實事圈域)의 성층 구조를 행정에서 감안하지 못한 경험적 인식의 오류에 의한 결과임으로 공공문제의 해결은 이 시간적 실사권의 성층별 특성에 정합(整合)한 행정을 하여야 하고, 행정가치의 자연론(自然論)적 오류는 행정가치, 즉 공익의 선험적 인식과 공공문제의 경험적 인식과의 이질성과 그 관계를 인식하지 못한 오류에서 결과한 것임으로 공익 가치의 실현은 이 두 인식상의 관계에 합당할 수 있어야 할 것이다. 그렇게 하는 것이 행정에 있어 세계의 구조와 인식의 구조를 일치시키는 것이다. 여기에는 선험적으로만 인식되는 공익과 경험적으로만 인식되는 공공문제를 동일시하는 오류뿐만 아니라 가치중립적인 행정의 과학적 원리 특성과 행정가치의 특성을 동일시하는 선험적 인식의 오류도 포함된다.

　국가의 신인도(信認度)를 제고하기 위한 급선무가 이 물화의 문제와 행정에 있어서의 가치의 자연론적 오류를 수정하는 일이다. 행정에 있어서의 물화의 문제와 행정 가치의 자연론적 오류는 모두가 인식론적 오류에 기인한 행동에서 발생한다. 그러므로 이의 시정은 행정인의 인지적 오류를 수정하는 데 달려있다.

제1절 경험적 인식에 정합(整合)한 행정

세계의 시간적 실사권역은 존재간의 등질성(等質性)에 따라 층을 형성하고 있는데, 동일 층 내의 모든 원리나 법칙은 같은 성질을 가진다. 이 등질성은 다른 층과의 이질성(異質性)이다. 이 성층 사상(成層 思想)은 오늘의 항성(恒星)진화론에서도 입증된다. 항성진화론에 의하면 태양 자체의 나이를 50억 년 내지 100억 년으로 추정하고, 행성의 나이를 40억 년 내지 50억 년으로 추정하며, 지구의 나이를 45억 년으로 추정한다. 최초의 박테리아아가 생긴 것이 대 폭발(大 爆發, Big Bang)[251])에 의해 무기물이 생긴 것으로부터 14억 년 후이고, 그로부터 31억 년 후에 인간이 등장한다. 그러므로 당초에는 무기물, 그 다음은 물질대사(物質代謝)와 자기운동(自己運動)을 하는 생명체(식물, 동물), 그 다음은 성찰(省察)할 수 있는 인간(의식 체) 그리고 인간에 의한 객관정신(客觀精神)의 형성(문화창조) 등, 시간 세계(時間圈 또는 實事圈域, 實事圈)가 4층으로 되어 있는 사실은 여러 면에서 입증된다. 이러한 시간 세계의 4층 구조는 경험적으로 인식된다.

공공문제도 시간권(時間圈)의 층(層)을 지반(地盤)으로 야기된다. 첫째, 무기적 자연현상을 배지(培地)로 하여 야기되는 각종 사물적 문제, 둘째, 유기적 자연현상을 배지로 하여 야기되는 각종 생명체(동·식물)에 관한 문제, 셋째, 심리적 의식의 현상을 배지로 하여 야기되는 사람에 관한 각종 문제, 넷째, 역사적 정신현상을 배지로 하여 야기되고 있는 각종 문화적인 문제 등으로 집약할 수 있을 것이다. 공공문제도 세계의 구조에서 발생하고 있음을 의미한

---

251) 스티븐 호킹 저, 현정준 역, 《시간의 역사》, (서울 : 삼성출판사), 1990년, p.33

다. 이와 같이 세계 전체에서 구조적으로 발생하고 있는 문제 중 공적 사항에 해당하는 문제해결을 위해서는 이에 각각 상응하는 사례별 모형(政策模型, Mini-Paradigm)을 개발하여 대처하여야 할 것이고, 미니 패러다임으로 해결할수 없는 중첩된 문제들은 층간의 관계법칙인 층 투시(透視)의 원리를 활용하여야 할 것이다. 이 층 투시의 원리에 의해 세계는 하나의 구조를 이루게 된다. 그러므로 세계의 구조 그 자체를 하나의 큰 패러다임으로 하는 것이다. 하나의 큰 패러다임은 세계의 구조에 대응할 수 있게 된다. 무기층에는 기계적인 필연법칙을, 생명층에는 자기운동의 필연법칙을, 의식층에는 자기성찰의 당위적인 가치를, 정신층에는 정신적 보편가치를 각각 조장할 수 있는 행정만이 세계의 성층 구조에 정합(整合)한 행정인 것이다. 시간권의 층별 구조에서 발생하는 공공의 문제는 층별로 대응하여야 행정에 있어서의 '물화의 문제'는 해결된다는 의미이다. 대응하는 기본방향은 다음과 같다.

1. 무기층과 대물(對物)행정

대물행정이란 세계의 성층 구조 중 제1층에 해당하는 무기층에서 야기되는 각종의 공적 사항을 다루는 행정이다. 즉, 생명이 없는 무기물(물건이나 구조물)을 직접 대상으로 하는 행정을 의미한다. 주로 상공·건설·교통·체신행정에 이의 넓은 영역이 있다. 대물행정은 물리화학적 법칙을 철저히 적용하여야 한다. 가치가 배제된 기계적·기술 과학적 관리행정이어야 할 것이다. 따라서 기술적 행정론, 관리기술론, 분석적 정치·행정 이원론, 과학적 관리기법론, 고전적 관료모델, 기계적 구조, 낭만적 제퍼슨주의 등에서 무기적 자연을 지배하는 원리(물리·화학적, 기계적 법칙)에 상응하는 요소들을 추출하여 하나의 동질적인 미니 패러다임을 개발하여 대처할 수 있을 것이다. 이는 과학적 관리원칙론 또는 기술적 기계론으로 대표될 수 있음으로 이를 행정의 이론 구조 중 1

층에 배속시켜 의심이 전제된 철저한 확인 행정을 대물행정의 원칙으로 하여야 할 것이다. 그렇지 못하면 각종 부실한 공물(公物)이나 영조물(營造物)이 조성될 것이다.

2. 생명층과 대(對) 생물행정

대 생물행정이란 세계의 성층 구조 중 제2층에 해당하는 유기층에서 야기되는 각종 공적 사항을 다루는 행정이다. 즉, 동·식물을 대상으로 하는 행정을 의미한다. 주로 농·수산행정에 이 행정의 넓은 영역이 있다. 대 생물행정은 무기물과는 다른 물질대사(物質代謝) 작용에 의한 자기운동의 특성과 선천적인 본능에 의한 환경적응기능을 감안한 행정이어야 한다. 이에는 생태론(生態論)을 적용할 수 있을 것이다. 2층의 유기적 자연현상은 1층에서 올라온 물리화학적인 모든 법칙이 새롭게 나타난 물질대사의 법칙(자기운동의 법칙)과 합하여 1층과는 다른 2층만의 특성을 가진 층이 형성된다. 따라서 2층의 유기적 자연현상(생명체)에서 야기되는 각종 공공문제는 생태적 변수를 포함한 기능적 행정론, 행정과 환경을 중시한 정책형성론, 보편적 법칙을 중시한 비교행정론, 구체적 정치·행정 이원론, 고전적 해밀턴주의, 제도적 접근론, 신 관료주의 모델 등등의 생태론에서 유기적 자연을 지배하는 자기운동의 법칙에 상응하는 요소들을 추출하여 하나의 동질적 미니 패러다임을 개발하여 대처한다. 이는 유기체적 생태론으로 대표될 수 있으므로 이를 2층에 배속시켜 가치가 배제된 확인 행정의 원칙이 적용되어야 할 것이다. 가치를 배제시킨 것은 물질대사 작용에 의한 자기운동은 선택의 여지가 있는 것이 아니고 어디까지나 필연적이고 본능적인 운동이기 때문이다. 1층의 무기적 자연을 지배하는 법칙 전부가 2층으로 올라와 새롭게 나타난 생명의 법칙과 결합하여 1층과 구별되는 2층의 특성을 형성한 것은 마치 1층을 가공하여 2층을 형성한 것이라 하여 1층과 2층과의 관계를 가공형성관계(加工形成關係)라 한다.[252] 그러므로 2층에 거하는 존재자들과 1층에 거하는 존재자들은 그 질이 달라진다. 그러므로 1층과 2층이 중첩될 경우는 가공형성관계를 유의하여 대처해야 할 것이다. 즉, 기술적 기계론과 생태론 간에는 가공형성관계의 법칙을 적용하여 대처하여야 한다는 의미이다.

3. 심적 의식층과 대인행정

대인행정은 인간을 직접 상대하는 행정(민원행정, 인사행정 등)을 의미한다. 주로 교육행정에 이 행정의 넓은 영역이 있다. 대인행정은 자의식(성찰의 능력 포함)에 의한 인격적 행동(의사결정 포함)의 신뢰성을 바탕으로 한 행정이어야 한다. 이에는 행정행태론. 인간관계론을 적용할 수 있을 것이다. 3층의 심리적 의식층은 2층에서 형성된 생명의 법칙과 새롭게 생긴 성찰의 원리와 합해져서 2층과 다른 3층만의 특성을 가진 층이 형성된다. 이 성찰하는 행동은 외향성과 내향성을 아울러 가지나, 인간 실존의 심연에 비춰지는 무한한 세계를 향한 행동은 창조의 보고로 주로 내향성에 의한다. 행정은 이 특성을 조장할 수 있는 행동이어야 한다. 따라서 3층의 심리적 의식현상(인간)에서 야기되는 각종 공공문제는, 발전 변수를 포함한 2원론적 행태론(行態論), 의사결정의 행태로서의 인간관계론, 발전행정으로서의 다(多) 학문적 행태과학, 관리과학, 신고전적 매디슨주의, 조직 이론 중 인간관계론, 인간관계 모델, 비판 행정학 등에서 반성적 의식(인격)의 원리에 상응하는 요소들을 추출하여 하나의 동질적 미니 패러다임을 개발하여 대처한다. 이는 행태적 인간관계론으로 대표될 수 있으므로 3층에 배속시켜 반가치(反價値)를 관리, 성찰의 영역(창조적 영역)을

---

252) 하기락 저, 《하르트만 연구》, (서울 : 형설출판사), 1985년, 8월, p.85

넓혀줌으로써 가치를 실현케 한다. 이는 신뢰행정의 기틀을 확립하는 방안이 기도 하다.

4. 객관 정신층과 대(對) 문화행정

대 문화행정은 보편문화를 대상으로 하여 이를 발전시키는 행정을 의미한 다. 대 문화행정의 원칙이란 개별 인간의 한계를 넘어가는 보편 가치에 적중 할 수 있는 행정이 이루어져야 한다. 주로 문화부 행정에 이 행정의 넓은 영 역이 있다. 인간의 개별성을 포괄할 수 있는 보편적인 원리에 따른 행정이어 야 한다. 이에는 체제 발전론, 규범적 가치론 등을 적용할 수 있을 것이다.

4층의 역사적 정신층은 3층의 개개인의 의식에서 공통적인 요소들이 추출, 집약되어 형성된 층이다. 따라서 개개인의 주관적인 정신과 다른 간주관(間主 觀)적 정신적 현상이다. 그럼으로 역사적으로 야기되고 있는 각종 집단의식, 이데올로기 등 문화에 관한 문제는 새 일원론으로서의 발전론, 사회지표 개발 및 평가, 발전 정책적 기관형성론, 철학과 과학을 배경으로 한 행정과학, 공공 정책 접근기에서의 정책과학, 사회적 적실성을 강조하면서 부활한 낭만적 제퍼 슨주의, 사회적 형평의 가치와 적실성, 과학과 기술의 융합과 가치를 강조한 후기 행태론, 민주적 행정조직, 가치와 적실성을 강조한 공공선택모델 등에서 역사적 보편 정신(가치)의 원리에 상응하는 요소들을 추출하여 하나의 동질 적 미니 패러다임을 개발하여 대처한다. 이는 규범적 가치론으로 대표될 수 있다.

지금까지 행정의 이론 유형들을 시간 세계의 성층 구조에 맞도록 배열하여 보았다. 이 배열 자체는 경험적 인식에 근거한 것이다. 물론 여기에는 논의의 여지가 많을 것인데, 그것은 주로 층별로 대표되는 지배법칙에 엄격히 접합시킬 수 없거나, 복잡한 행정 현상을 층별로 구별하기 어렵거나 또는 층과 층간의 중첩(重疊)들이 때문일 것이다. 이점에서 유의하여야 할 것은, 이는 어디까지나 행정의 이론 유형들을 성층 구조에 배열한 것뿐이지 유형들의 구조적 내용과 유형간의 관계를 밝히지 않았기 때문이다. 모든 것은 세계의 구조 속에 있지 세계 밖으로 튀어 나갈 수 없다. 세계의 구조 속에 수용되지 않는 존재는 있을 수 없으므로 기존의 어떠한 행정 이론이거나 앞으로 개발될 어떠한 행정 이론도 이 구조 속에 배열할 수 없는 것은 있을 수 없다고 단언할 수 있다.

무기층과 생명층과의 관계는 무기층을 형성하였던 모든 법칙, 주로 물리·화학적 법칙이 모두 생명층에 올라와 생명층에서 새롭게 나타난 자기운동의 법칙과 합쳐져서 무기층과 이질적인 생명층을 형성한다. 이렇게 형성되는 관계를 아래층의 모든 법칙과 새로운 신규자(新規者)와 가공(加工)되어 형성(形成)된 것이라 하여 이를 가공형성관계(加工形成關係)라 하였다.

생명층과 의식층과의 관계는 생명층을 형성하였던 원리군들 중 일부는 층경계에서 중지되거나 퇴각되고, 그 일부만이 의식층에 올라와서 의식층에서 새롭게 등장한 성찰의 원리와 결합하여 생명층과 구별되는 이질적 특성을 구축한다. 마찬가지로 의식층의 특성 중 일부는 의식층과 정신층의 경계에서 중지되거나 퇴각되고, 그 일부는 정신층으로 올라와 정신층에서 새롭게 출현한 보편적 가치와 결합하여, 의식층과 구분되는 새로운 객관적 정신층의 이질적 특성을 구축한다. 이렇게 아래층을 형성하는 법칙들 중 그 일부만 상층에 올라와서 선반을 형성하고 그 위 상층에서 새롭게 등장한 신규자를 얹는다는 의미로 이를 가상구축관계[253]라 하였다. 그리고 가공형성관계와 가상구축관계는 각 층을 꿰뚫을 수 있다고 하여 이를 층 투시의 원리라 하였다. 그러므로

---

253) 상게서, p.85

2층과 3층, 3층과 4층간에 중첩될 경우는 가상구축관계를 적용하여 대처하면 될 것이다. 층간 중첩된 문제는 중첩 내용에 따라 미니 패러다임 간의 결합으로 대처해야 한다는 것이다. 그 결합은 가공형성관계와 가상구축관계를 활용하면 될 것이다. 그리고 층간 중첩된 문제로서 가공형성관계와 가상구축관계로도 대처할 수 없는 것은 4개 층 모두를 관철할 수 있는 것이어야 하므로 그것은 층 투시의 원리를 활용할 수 있는 하나의 큰 구조를 패러다임으로 하여 대처한다.

제2절 선험적(先驗的) 인식에 정합(整合)한 행정

초시간적인 존재권역에 실재(實在)하는 존재자(存在者)를 파악하는 것을 선험적 인식이라 하였다. 즉, 선험적 존재를 인식하는 것이 선험적 인식이다. 선험적 존재란 가치중립적 존재와 가치의 존재로 대별된다. 가치중립적 존재로는 수학적 존재, 논리적 존재, 본질적 존재가 있고, 가치의 존재에는 재의 가치, 사태 가치, 윤리적 가치, 정신적 가치가 있음을 밝힌바 있다. 여기에서 가치 이외의 이법(理法)적 존재는 현실세계를 직접 규정하나 가치는 현실세계를 직접 규정하지 않고 사람의 선택에 의해 간접으로 규정한다고 하였다. 그럼에도 불구하고 가치중립적 존재와 가치의 존재를 동일시한다든지 초시간권역의 가치를 시간권역의 가치 있는 사물과 동일시하는 잘못된 인식을 행정에 있어서의 자연론적 오류라 하였다. 이 오류를 수정하려면 초시간적인 선험적 존재의 특성을 행정에 반영하여야 한다. 즉, 가치중립적 행정의 대상과 가치 개입적 행정의 대상을 구분하고 그 특성에 맞는 행정을 하여야 한다.

1. 가치중립적 행정

무기물과 동식물을 직접 대상으로 하는 행정은 필연적인 자연의 법칙을 그대로 적용하여야 한다. 필연적인 자연의 법칙이란 가치중립적인 법칙이다. 그러므로 무기물과 동·식물을 직접 대상으로 하는 대물 대(對) 생물행정은 가치가 개입되지 않는다. 대 무기물행정이란 세계의 성층 구조 중 제1층에 해당하는 무기층(無機層)에서 야기되는 각종의 공적 사항을 다루는 행정이다. 즉, 생명이 없는 무기물(물건이나 구조물)을 대상으로 하는 행정을 의미한다. 대 무기물행정은 무기층을 지배하고 있는 자연과학의 법칙을 철저히 적용하여야 한다. 주로 수학 및 물리·화학적 법칙과 논리적 법칙에 의해 직접 규정된다. 대 생물(동·식물)행정이란 세계의 성층 구조 중 제2층에 해당하는 유기층(有機層)에서 야기되는 각종의 공적 사항을 다루는 행정이다. 즉, 동·식물을 대상으로 하는 행정을 의미한다. 대 생물행정은 새롭게 시간에 포착된 생명의 법칙과 기존의 무기물을 규정하는 법칙들과 합해져서 동·식물을 직접 규정하므로 대 무기물행정의 기본원칙만의 적용으로는 그 효율성을 확보할 수 없다. 무기물과는 다른 물질대사(物質代謝) 작용에 의한 필연적인 자기운동의 특성과 선천적인 본능에 의한 환경적응 기능을 조장할 수 있는 환경을 조성할 수 있는 행정이어야 한다.

사물과 동·식물은 자연과학의 법칙을 조금도 어긋날 수 없다. 인간의 의사와는 관계없이 필연적인 법칙에 따라 현상한다. 한마디로 가치중립적이다. 따라서 사물과 동·식물의 관리는 가치중립적인 과학적 원리에 의해 관리되어야 한다. 따라서 의심이 전제된 철저한 확인 행정을 기본원칙으로 하여야 한다. 가치가 배제된 기계적·기술 과학적 관리행정이어야 할 것이다. 행정의 고전 이론은 이에 적용될 수 있을 것이다. 대(對) 무기·대(對) 생물행정의 현상은 이 가치중립적인 자연과학의 법칙에 의해 직접 규정됨으로 이에 적합한 필연적인 원리를 적용한다. 이것을 대인행정에 그대로 적용하면 물화의 문제와 가치의 자연론적 오류와 각종 관료제의 병리현상이 야기된다.

2. 가치개입적 행정

심(心)적·의식적 존재층과 정신적 존재층에서 야기되는 각종의 공공문제를 해결하여 공익을 실현하는 행정을 대인 및 대(對) 문화행정이라 하였다. 심적 존재층은 세계의 성층 구조 중 제3층에 해당하는 의식층에서 야기되는 각종의 공적 사항을 다루는 행정이다. 즉, 인간을 대상으로 하는 행정을 의미한다. 대인행정은 대 생물행정의 기본원칙만의 적용으로는 그 효율성을 확보할 수 없다. 성찰의 능력을 포함한 자의식에 의한 인격적 행동은 자율성, 창의성, 결단성, 신뢰성을 바탕으로 한 행정이어야 한다. 사람은 스스로 자기의 존재를 완성해 나간다. 자기가 자기를 만드는 일을 행정은 침해할 수 없으며, 오히려 모든 여건을 조성하여 지원하여야 할 책무가 있다.

대 문화행정은 세계의 성층 구조 중 4층에 해당되는 간주관(間主觀)적 정신층에서 야기되는 각종의 공적 사항을 다루는 행정이다. 즉, 보편문화를 대상으로 하여 이를 발전시키는 행정을 의미한다. 따라서 개별 인간의 한계를 넘어가는 보편 가치에 적중할 수 있는 행정이어야 한다. 개개인의 의식에서 공통적인 요소들이 추출, 집약되어 형성된 층이다. 대 심리적인 행정의 원칙만으로는 그 효율성을 확보할 수 없다. 개개인의 주관적인 정신과 다른 간주관적·객관적 정신의 현상을 조장하기 위해서는 개인의 정신만으로는 그 효율성을 확보할 수 없다. 여러 사람을 위한, 여러 사람의 문화를, 여러 사람에 의해 창조하는 가장 복합적인 행정이다.

3. 신뢰행정의 구현

행정은 공익을 실현하는 국가의 행동이다. 개인의 행동에 기준을 제공하는 것이 윤리이고 국가의 행동에 기준을 제공하는 것이 행정윤리다. 그러므로 행정은 윤리적 가치를 떠나 생각할 수 없다. 가치중립적 존재와 가치의 존재는 서로 다른 구조를 이룬다. 이 양자는 중요한 점에서는 변동이 없으나 마치 있어야 할 것(當有)과 있는 것(實有)과의 관계와 같이 서로 대립하면서도 보완하고 연속하는 관계다. 이 두 종류의 원리는 동일한 실재(實在)에 관계를 가지고 있다. 가치중립적인 과학적 법칙은 가치에도 적용되나 그 법칙성의 본질은 변경된 형태로 나타난다. 이 변경된 형태로 나타나는 법칙이 가치의 고유법칙이다.[254] 가치의 법칙은 인간의 관심사항 또는 정의(情意)적인 정조(情操)에 따라 가치중립적인 자연과학의 법칙이 변모되어 나타난다. 개별 인간을 대상으로 할 때는 자의식(성찰의 능력 포함)에 의한 인격적 행동(의사결정 포함)의 자율성과 신뢰성에 바탕을 둔 행정이어야 하고, 보편 문화를 대상으로 할 때는 개별 인간의 한계를 넘어가는 보편 가치[255]에 적중할 수 있는 행정이어야 한다. 자율성, 창의성, 신뢰성, 윤리성, 주체성, 종합성 등이 의식 및 정신층의 특성이다. 특히 교육행정은 이 같은 의식 및 정신층의 특성을 기초로 하여야 한다. 교육행정을 일반 행정과 비교하면 장기(長期)성, 비 긴급(緊急)성, 조직의 독자성과 협동성, 불 가칙(價則)성, 전문성 등을 들 수 있다. 이는 모두 가치가 개입되기 때문이다. 따라서 교육행정은 가치를 바탕으로 한 신뢰행정이어야 한다.

신뢰란 윤리적 가치다. 윤리적 가치는 그 반가치(反價値)의 관리를 통해 실현된다. 행정은 국가의 행동인데 국가의 행동을 국민이 믿을 수 없으면 그 국

---

254) 하르트만 저, 전원배 역, 《윤리학》, (원광대 출판부), 1979년, pp.646-647
255) 인간의 개별성을 포괄할 수 있는 보편적인 원리

가는 어려워진다. 국가가 국민에게 불신(不信)당하는 원인은 많을 것이다. 그 중에서 가장 주된 원인은 국가가 국민을 불신하는 행동에 그 직접적인 원인이 있다. 그리고 불신하는 이 행동은 행정인의 인지적인 오류인 물화의 문제와 가치와 가치 있는 것과를 동일시하는 자연론적 오류인 인식상의 착오에 의한다. 그러므로 가치가 바탕이 되는 대인행정은 믿음이 전제된다. 믿음이 있어야 배신행위도 있지 믿음이 없으면 배신행위도 없는 것이다. 가치중립적인 행정은 믿음이 없으므로 배신행위가 있을 수 없다. 배신행위가 없으므로 상응한 불이익을 줄 수도 없다. 증빙자료만 첨부하면 믿고, 안 믿고 하는 믿음 자체가 없으므로 신뢰행정의 여지도 없어진다. 즉, 반가치를 관리할 여지가 없어진다. 예를 들면 공무원을 채용할 경우 신청서와 이력서만을 믿고 발령한다든지, 각종 민원서류도 신청서만을 믿고 조치한다든지, 또는 원본이 없는 팩스만을 믿는다든지 하는 것을 의미한다. 이는 사람에 대한 신뢰가 바탕이 되기 때문이다. 물론 대물행정에서는 원자재(原資材)가 아니면 안 될 것이다. 그러나 중요한 증빙은 행정을 하는 쪽에서 배신 여부를 가리는 과도적 조치가 필요다. 이는 어디까지나 신뢰할 수 있는 행정문화의 조성 정도에 따라 점진적으로 줄여갈 수 있을 것이다. 가치중립적인 관리로서의 행정문화를 가치 위주의, 가치실현의 행정문화가 될 수 있도록 국가는 총력을 기울여야 할 것이다. 그렇지 아니하고는 작고 강한 정부를 만들기는 어려울 것이라 생각된다. 그러므로 대인행정은 신뢰를 바탕으로 그 반가치를 철저히 관리하여야 한다.

이상의 원칙에 따라 대인행정의 신뢰성 확보를 위한 기본명제를 다음과 같이 제안한다.

(1) 대상별 행정의 원칙(가치 기준)을 철저히 준수한다. (2) 각종 신청서류는 증빙서류의 첨부 없이 신청서만을 믿고 처리하는 것을 목표로 한다. (3) 신청 사항의 거증(擧證)은 행정을 하는 측에서 그 책임을 지되 신청인이 인지할 수 없는 범위 내에서만 확인한다. (4) 만일 신청사항에 허위사실이 입증되면 국가

배신행위로 간주, 이에 상응한 조치를 취한다. (5) 입증된 허위사실은 기록으로 영구 보존하여 관리한다. (6) 위 각 항을 공고하여 행정 고객에게 공시함과 아울러 시행할 수 있도록 법규를 정비한다. (7) 입증하기 쉬운 간단한 민원사항이나 신분 조치가 가능한 공직자의 신청사항들부터 시작하되 점차 그 범위를 넓혀 나간다.

　사람을 대상으로 하는 대인행정과 보편 문화를 대상으로 하는 문화행정은 가치의 법칙이 철저하게 적용되어야 한다. 인간의 정의적(情意的)인 정조(情操)에 따라 원하고 바라는 것들이 반드시 과학적인 법칙에 따라 이루어지는 것이 아니라는 것을 거듭 강조한다. 더구나 인간의 모든 행동은 가치가 아니면 반가치(反價値)임으로 과학적 법칙과는 다르다. 행정 행위는 국가의 행동이다. 그러므로 법인격을 가진 국가의 행동은 더욱더 가치가 아니면 반가치가 된다. 자연과학의 법칙, 그 자체는 가치중립적인 것이나 사람의 선택에 따라 가치와 반가치로 갈라지지 가치중립적인 그대로는 있지 않기 때문이다. 그러므로 대인행정은 가치, 즉 사람들이 관심을 갖고, 원하는 것들이 실현될 수 있는 가치를 중시하여야 한다. 특히 행동의 가치는 윤리적 가치이다. 국가의 행동은 공적 행동으로 개인보다 더욱 윤리적 가치가 중시되어야 한다. 윤리적인 가치를 떠난 행정은 행정이라 할 수 없으며 국민을 행정에 예속시켜 고통만 준다. 특히 교육행정은 높은 도덕적 가치를 실현할 수 있어야 한다. 믿음의 가치는 '믿어야 믿는다는 논리에 따른다.' 믿음을 받고자 하면 먼저 믿어야 한다. 행정을 하는 국가가 행정을 받는 국민을 먼저 믿어야 한다. 그렇게 하여야만 국민들도 국가를 믿게 된다. 이 같은 '믿음의 논리'는 신뢰현상을 지배한다. 이 믿음의 논리를 활용하여야만 신뢰할 수 있는 행정을 펼 수 있다. 그런데 국가는 국민을 믿고 행정을 하는 데 국민이 국가를 믿지 않는 행동을 하면 이는 국가에 대한 배신행위가 된다. 믿음이 없으면 배신행위가 있을 수 없다.

가치중립적인 과학적 행정은 믿음이 없음으로 국가에 대한 배신행위도 성립하지 않는다. 따라서 허위증빙도 불이익을 당할 뿐 국가 배신행위로 다룰 수는 없다. 행정은 국가권력이 뒤받치고 있다. 국가를 배신한 행동은 국가권력에 의해 상당한 조치를 취할 수 있다. 다만 사전공고를 철저히 하여 국가에 대한 배신행위를 할 경우는 어떠한 불이익이 따른다는 조치방안을 모든 행정 고객이 알 수 있도록 한 후에 실시하여야 한다. 즉, 가치, 특히 믿음의 가치를 준거로 행정행동을 하여야 한다는 것이다. 대인행정에 있어서 국민을 의심하는 가치중립적 관리행정은 아무리 친절하게 하여도 불신이 쌓여갈 뿐이며 행정통제의 완화 및 행정 간소화의 노력 또한 그 실효를 얻기 어려울 것이다.

제3부

행정과 가치의 구조

◆ 제1장 ◆
서론

무기물을 지배하는 자연과학의 법칙들은 생명의 현상도 아직은 완전하게 설명하지 못한다. 인간의 의식현상의 설명은 더욱 더하다. 그러므로 의식을 가진 사람들이 모여 사는 사회의 현상을 이 법칙만으로 설명할 수 없는 것은 당연하다. 자연과학의 발전에 따라 자연과학의 법칙들이 사회과학에 반영되어 인간에 관한 과학들이 많이 발전되고 있다. 그러나 그것들이 발전되면 될수록 인간의 삶의 근본문제의 해결은 더욱더 멀어진다. 사회의 기강이나 인륜이 무너져 살기가 각박해지고 있는 이유가 바로 여기에 있다고 생각한다. 사람들이 인격을 쌓아나가야 하고 사회를 발전시켜 나가야 하는 데는 개개인의 의식을 넘은 객관적인 정신적 가치가 무엇보다 필요하다. 이것이 바람직한 문화를 형성하기 때문이다. 이 객관적인 정신적 가치는 자연과학의 법칙만으로는 더더욱 안 된다. 그럼에도 불구하고 대부분의 행정인들은 가치중립적인 과학적 관리를 행정으로 착각하고 있고, 그것으로 말미암아 각종 관료제의 병리현상[256]을 야기하고 말았다. 더불어 살아가는 데 필요한 공동 선(共同 善)으

---

256) 관료제의 병리현상, (김동현 외 3인, 《행정학 사전》, (서울고시원), 1985년. pp.186-187
　　(1) 목표와 수단의 전도, (2) 법규 만능, (3) 구태의연, (4) 무사안일, (5) 선례답습, (6) 책임회피, (7) 창의력

로서의 공익 실현은 행정행동에 달려 있다.

그런데 행정행동을 하는 행정은 가치중립적인 과학적 관리로부터 시작하여 인접학문의 업적 활용으로 그 범위가 넓혀지더니 드디어는 모든 학문의 업적에까지 관심을 갖게 되자 종합 과학 및 종합 학문으로서의 철학의 업적을 활용할 수 있어야 한다는 데까지 이르게 되었다. 철학의 업적을 활용함에 있어서는 공공문제를 해결하여 공익을 실현하는 데 필요한 철학이면 어떠한 철학이든지 제한되어서는 안 될 것이다. 공공문제의 해결을 위해서는 공공문제 그 자체의 진단이 필수 불가결하다. 그런데 공공문제가 발생하는 배지(胚地)는 세계 전체에 미친다. 아무리 세계 전체에 미친다 하더라도 세계의 구조 안에서 일어난다. 세계 밖으로 튕겨나갈 수는 없다. 그러므로 세계의 구조를 잘 알아야 공공문제가 발생하는 영역이 세계 구조의 어디에 해당하는가를 알 수 있을 뿐 아니라 해결방법도 이에 맞는 방법을 택할 수 있을 것이다. 따라서 현대철학 중에서는 세계의 구조를 종합적이고 전체적으로 밝힌 철학은 독일의 현대 철학자 '니콜라이 하르트만'[257]이다. 그는 철학사에서 결실된 전 철학의 업적을 종합적으로 검토하는 작업을 거쳐 실사(實事) 세계의 성층(成層) 구조

결여, (8) 상급관청 제일주의, (9) 관존민비, (10) 계급주의, (11) 오만성, (12) 불친절, (13) 비밀주의, (14) 대국민 무책임, (15) 서면주의, (16) 문서다작, (17) 다인장주의, (18) 확일성, (19) 전문성 과신, (20) 비조정성, (21) 아집형성, (22) 경직성, (23) 배타성, (24) 조직 간의 파벌의식, (25) 할거주의, (26) 관료 과시, (27) 시야 – 국량협소, (28) 종합·포괄능력 저하, (29) 반복적 – 기계적 처리, (30) 몰주관성, (31) 비인격성, (32) 감정 상실, (33) 인간의 기계화, (34) 조직의 부분품화, (35) 자기 유지의 불안, (36) 보수성, (37) 발전 제약, (38) 혁신 저항, (39) 국민 자유 침해, (40) 권력집단화, (41) 삼권분립 침해성, (42) 민중계도에 부적응, (43) 소수특권계층 형성, (44) 전통주의, (45) 행정편의주의, (46) 권위주의, (47) 행정 고객의 요구에 부적합, (48) 가치감의 둔화, (49) 가치 무관, (50) 비타협성

257) 하기락, 《하르트만 연구》, (서울 : 형설출판사), 1985년, pp.7~30

니콜라이 하르트만(N. Hartmann)은 마아르부르크(Marburg)의 신 칸트학파 출신으로서 마아르부르크 핀탕겐 등 각 대학의 교수를 역임하면서 1950년에 이르기까지 약 40년 동안에 52권이나 되는 실로 놀라울 만큼의 다량의 저작활동을 계속하였다. 그 중 1921년 그의 10번째 저작인 《형이상학 요강(Gr–undzuge einer Metaphiysik der Erkenntnis)》에서부터 마아르부르크 학파와의 결별이 명백히 선포되고 관념론과 실재론을 공히 비판하였다. 그의 비판적 존재론이 추구되기 시작한 후 27번째의 《존재론 정초(Zur Grundlegung der Ontologie, 1935)》, 33번째의 《가능성과 현실성(Moglichkeit Und Wirklichkeit, 1938)》, 38번째의 《실사 세계의 구조(Der Aufbau, der realen Welt)》, 그리고 51번째의 《자연철학(Philosophie der Nature, 1950)》 등은 그의 존재학을 이루는 4부작의 주저로서 존재학의 전 체계를 확립하여 체계화한 것이다.

와 이가적(理價的) 영역에 자리한 가치의 구조를 체계적으로 정리한 불후(不朽)의 업적을 남겼다. 그러므로 철학의 업적을 활용하는 행정이라면 당연히 세계의 구조를 다룬 그의 업적을 활용하고자 하는 것은 매우 자연스러운 일이라 생각된다. 앞으로 행정의 과제는 이 세계의 구조에 맞는 이론들이 개발되어 활용되어야 할 것이다. 그렇지 않으면 행정학의 정체성에 관한 논란은 계속될 것이라 생각한다.

사람들이 희망하고 바라는 것은 합리적인 것만이 아니다. 살아나가는 데는 정서적이요, 감정적이며, 불합리한 현상도 합리적인 것에 못지않게 필요할 때가 있다. 원하는 것, 바라는 것, 요구(要求)되는 것, 욕구(慾求)하는 것이 이루어질 수 있는 성질을 일반적으로 가치라고 한다. 가치는 과학적 법칙을 속으로 가지지만은 그 법칙에만 따르는 것이 아니고 그 법칙이 변용(變容)되어 나타나는, 즉 가치가 가지는 고유한 법칙에 따른다. 이 글은 '니콜라이 하르트만'의 가치의 구조를 행정 가치에 적용한 것이다. 즉, 가치의 고유법칙이 형성한 가치의 구조를 밝혀 행정 가치에 적용한 것이다. 그러나 이 관계 논문이나 서적들을 구할 수 없어 편견이 되지 않을지 그리고 그의 가치의 구조를 정확하게 파악하였는지가 두렵다. 논문의 구조는,

첫째, 1970년 신행정학 이후 현재까지의 행정 이론의 주축을 이룬 가치문제를 들추었고,

둘째, 세계의 구조는 실사 세계의 성층 구조와 이법적 존재권역으로 되어 있음을 밝히고 가치는 그 중 이법적 존재권역에 있으나, 이법적 존재권역에 있는 여타의 존재자들과 다른 가치 고유의 특성을 밝혔다.

셋째, 가치의 구조를 형성하고 있는 가치간의 관계를 제시하였고,

넷째, 밝혀진 가치의 구조를 행정의 구체적인 가치에 적용하였다.

마지막으로 사회 완성의 당위성에 관한 행정인의 신념체계를 승화(昇華)시키고자 노력하였다. 아무리 세계의 구조와 더불어 가치의 구조가 밝혀졌다 하

더라도 삶의 궁극적이고 최종적인 목적, 즉 모든 다양한 목적들이 그 아래 있는 그러한 통일된 목적이 설정되지 아니하고는 가치 있는 행정행동은 어려운 것이다. 그것이 바로 '사회 완성'이다. 그러므로 행정인은 이 '사회 완성'에 대한 강한 신념이 무너지지 않는 군건한 체계를 세워야 한다. 이 의미를 행정인이 인식할 수 없으면 행정행동은 위축(萎縮)될 것이고, 인식(認識)하면 믿음이 생겨 모든 노력을 다 할 것이므로 '사회 완성'은 그만큼 빨리 이루어질 것이다.

◆ 제2장 ◆
현대 행정의 가치 지향성

제1절 가치를 위요(圍繞)한 행정학의 발전단계

제1단계 가치중립적 행정 이론(1887~1937)

일반적으로 정치·행정 이원론(二元論)이라 하는데 가치중립적임을 의미한다. 정치는 국가의사를 결정, 표명하는 국가의 의지에 해당하는 것이고, 행정은 그 의지에 따라 단순히 집행하는 것이므로 집행하는 행동은 공평무사하여야 하므로 정치적으로 간섭받지 않는 행정기관에서 독립적으로 집행해야 한다. 그리고 집행하는 행정행동의 결정과 행동(Action)에는 고유하고 보편적이며, 과학적이고 독자적인 원리가 있으므로 이 원리가 행정조직의 내외를 막론하고 모든 영역, 즉 문화, 직능, 환경, 제도적 조직, 심지어는 인간적 사명에까지 예외 없이 적용된다고 보았다. 이른바 행정원리론으로 P·O·S·D·Co·R·B가 그것이다. 대표적인 학자로는 F. J. Goodnow, Lorrenz, Vonstein, L. D. WQhite Fayol, Taylor, L. Gulick, L. Urwick, W. F. Willoughby, W. Sayre 등을 들 수 있다. 이 단계의 행정 이론 그 자체는 가치중립적이고, 추구하는 대표적인 행정이념으로서의 가치는 경제성과 능률성이었다.

제2단계 가치개입적 행정 이론(1938~1970)[258]

일반적으로 정치·행정 일원론(一元論)이라 한다. 행정원리론에 대한 반론과 그 반론에 대한 반발 등의 논쟁으로 10여 년의 세월을 보내게 된다. 드디어 행정의 원리에는 각각 그 반대되는 원리들을 내포하고 있을 뿐 아니라 여러 가지 규범적(規範的)인 가치, 개개인의 성향, 사회적 여건 등에 의해서 제한을 받으므로 개인과 국가에 따라 각각 다르게 나타나 이를 해결하려면 비교, 연구할 수밖에 없다고 하였다. 결과적으로 비교행정이나 발전행정 등이 중시됨에 따라 사실상 비교정치론이나 정치발전론 등과 대동소이하게 된다. 대표적인 학자로는 애플비(P. H. Appleby), 달(R. A. Dahl), 리그스(F. W. Riggs), 페리 헤디(Fery Heady) 등을 들 수 있다. 이 단계의 행정 이론은 가치가 개입된 이론이고, 대표적인 행정의 가치는 합리성이었다.

제3단계 제2의 가치중립적 행정 이론(1958~1970)[259]

일반적으로 행정관리론이라 할 수 있고 제2의 정치·행정 이원론이라 할 수

---

258) 이때부터 교육행정학이 학문으로 등장하기 시작한다. 1946년 P. Mort의 저서 《교육행정의 원리(The Principles of School Administration)》가 계기가 되나 행정학의 이론을 교육행정학에 도입한 최초의 학자는 Sears(1950)였다. 이는 시기적으로 늦어 1927~1937년의 행정원리론(제1단계)을 교육행정에 도입한 것이다.

259) 교육행정학도 발전기에 접어든다. Griffiths의 《교육행정에 있어서의 인간관계(Human Relation in School Administration, 1956)》, 《행정 이론(Administrative Theory, 1959)》 등은 교육행정학의 학문적인 이론의 기초를 정립하는 데 결정적인 역할을 하게 된다. 그리고 그가 1988년에 미국교육학회에 기고한 《행동과학과 교육행정학(Behavioral Science and educational Administration)》은 교육행정학 이론운동의 총결산으로 간주되고 있다. 그 외에 1957년에 출간된 《Campbell》과 Gregg의 《교육행정 행위(Administration Behaviour in Education)》 그리고 동년(1957년)에 출간된 Halpin의 《교육행정 이론(Administrative Theory in Education)》 등을 들 수 있는데, 이들은 모두 가치가 배제된 관리과학의 영역에 머물고 있다고 할 수 있다.

있다. 행정을 조직과 관리로 보고 이에 관한 인접 과학의 업적을 활용하는 데 초점(焦点)을 둔다. 즉, 조직 이론과 관리 이론을 두 기둥으로 그 내용을 구축한다. 조직 이론은 조직행태에 대한 이해를 높이기 위하여 사회심리학, 경영학, 사회학 등의 업적을 활용하고, 관리 이론은 프로그램 효과를 제고한다든지 통계학, 체제분석, 컴퓨터과학, 경제학 등의 업적을 활용하도록 강조한다. 따라서 행정의 내용은 정부의 관료제를 흡수한 조직 이론과 관리 이론을 양축으로 하여 그 내용을 구조화하게 된다. 결과적으로 행정의 공적 위치가 불명하여 사(私)적 부분에도 적용되는 경영학과 대동소이하게 되었다. 이때의 행정을 관리로서의 행정이라 부르기도 한다. 대표적인 학자로는 허버트 사이먼(Herbert A. Simon)을 들 수 있다. 이 단계의 행정 이론 그 자체는 가치중립적 법칙들의 종합이고 대표적인 행정의 이념으로서의 가치는 효과성(效果性)이었다.

제4단계 제2의 가치개입적 행정 이론(1971~현재)[260]

제2의 정치행정 일원론이라 할 수 있다. 공공의 문제를 해결하여 공익을 실현하는 것이 행정이다. 따라서 행정은 공익과 공적 사항을 벗어날 수 없다. 공익은 가치다. 가치를 배제한 행정은 생각할 수 없다. 가치가 배제되면 이미 행정이 아니다. 무엇이 공공의 문제이며, 무엇이 공익이며, 이를 실현하기 위한 정책은 가치를 배제한 관리과학의 영역(제3단계)을 넘는다. 공익과 공적 사항은 사(私)적 영역과는 다른 공통의 영역에 존재한다. 그러므로 행정학의 거점

---

260) 1970년대에 들어온 교육행정학의 관리 이론은 쇠퇴기를 맞는다. Greenfield는 Halpin, Griffiths, Getsels, Simon, March 등의 저작물에 대하여 조목조목 비판하면서 가치가 배제된 이론 지향적, 실증 지향적 연구나 이론은 교육행정인에게는 무용지물이라는 것이다. 교육행정 이론은 1958년부터 침체기를 벗어나 새로운 활로를 개척하기 위한 움직임이 있다고는 하나 교육행정에 있어서의 철학의 업적을 활용코자 하는 노력은 아직 미미하다.

(據點)은 공익과 공공문제에 있어야 하고, 이를 해결하여 달성할 수 있는 정책적 내용이 초점(焦点)이 되어야 한다. 공공의 문제를 해결하여 공익을 실현할 수 있는 수단은 정책이기 때문이다. 그러므로 해정학의 초점은 정책과학에 있어야 한다. 오늘날 정책과학은 정치경제학, 행정정책 작성과정과 그 분석, 정책성과의 측정 등 종합적인 영역에 걸쳐 있다. 종합적인 영역에 걸쳐 있다 함은 종합 과학 및 종합 학문으로서의 철학의 업적을 활용하여 공익을 실현하는 것이 행정이라 함으로써 그 정체성을 확립하려 하였다. 행정학의 정체성을 찾았다 하여 이를 행정학으로서의 행정학이라 부른다. 대표적인 학자로는 왈도 (D. Waldo)를 들 수 있다. 이 단계의 행정 이론은 행정적 제 가치의 종합이고, 대표적인 행정의 가치는 민주성과 형평성이다.

이상에서 행정학은 정치에서 분리된 후 가치를 위요한 논쟁으로 90여 년의 세월을 보냈다고 할 수 있다. 1단계는 가치중립적 행정의 이론이, 2단계는 가치개입적 행정 이론이, 3단계는 가치중립적 이론의 종합을, 4단계는 가치개입적 이론의 종합이 강조됨으로써 결과적으로 현대행정은 가치를 지향하고 있음을 확인할 수 있다.

제2절 행정행동의 윤리적 성격

인간의 모든 노력은 삶의 문제(생의 의미, 방법, 질 향상, 死의 극복 등) 해결에 집중된다. 이 삶의 문제는 개인적인 문제만이 아니라 여러 사람과 더불어 사회를 이루어 살아가야 하는 문제다. 여기에서 개개인의 특수한 문제를 넘는 공통의 문제가 생긴다. 그것이 공공의 문제다. 행정은 이 공공의 문제를 해결하여 공익을 실현하는 행동이다. 국가단위로 보면 국가의 행동이 된다.

개인의 특수한 문제를 넘는다는 그 자체는 이미 윤리적이고 도덕적인 문제다. 공공의 문제는 최소한 두 사람 이상의 공통된 문제로부터 최다 전체 사회의 구성원 모두에게 공통된 문제에 이르기까지 그 대상이 실로 광범위할 뿐 아니라, 공공의 문제가 발생하는 배지(胚地)도 극히 제한된 범위로부터 세계 전체에 미치고 있다. 행정인이란 광범위하고 다종다양한 공공의 문제를 여러 사람이 협동하여 해결함으로써 공익을 실현하는 전문 직업인이다. 공공문제 해결과 공익 실현을 위한 종합적인 방법은 사회를 발전시키는 데 있다. 사회를 발전시키려면 그 안에 사는 사람도 발전시켜야 한다. 다시 말하면 행정이란 사회 완성과 인간 완성을 위한 협동적인 행동으로 '사회 발전에 직접 관여하는 행동양식이다.'[261] 사회발전의 요인은 많으나 행정 이외의 다른 요인들은 직접적인 책임과 의무는 없고 간접적인 책무뿐이나, 행정인에게는 그 직접적인 책무가 주어져 있다. 행정행동에 국가권력이 뒷받침되고 있는 까닭도 여기에 있다. 즉, 모든 사람은 사회를 발전시킬 책무가 있는데 그 직접적인 책무는 행정인에게 있다는 뜻이다. 그러므로 공직자란 협동하여 이 사회를 발전적으로 운용하는 사람들로 남의 일을 맡아 하는 사람들이다.

남의 일을 한다는 것은 곧 남을 위해 하는 일이다. 남을 위한 행위, 그것은 윤리와 도덕을 떠나 생각할 수 없다. 그뿐만 아니라 자기 일을 잘못했을 때는 그 결과가 자기에게만 미침으로 남에 대한 책임은 없다. 그러나 남을 위한 일을 잘못했을 경우는 남에 대한 책임을 져야 한다. 이러한 관점에서도 공직자에게는 남다른 윤리와 확고한 가치관의 정립이 요청된다. 행정인이 다른 사람들과 위와 같은 특히 다른 특성 때문에 윤리적 가치가 특별히 강조된다는 의미다. 그러므로 행정인은 윤리·도덕인이어야 한다. 즉, 국민에 대한 도덕적 봉사자다. 왜냐하면 윤리·도덕은 다른 사람과 더불어 같이 살아가는 데

261) 오석홍 편, 《행정학의 주요 이론》, (서울 : 법문사), 1992년, p.154

필요한 질서이기 때문이다.

크리스토퍼 핫지킨슨이 "행정은 실천철학이다(Administration is philosophy-in-action)."[262]라고 하였다. 그런데 일반적으로 윤리학을 실천 철학이라고 한다. 행정과 윤리가 얼마나 밀접한 관계가 있는지를 대변하는 것이다. 그러므로 행정에 있어서는 실천철학으로서의 윤리학의 업적 활용이 다른 학문의 업적 활용보다 우선적이어야 할 것이다. 실천(實踐)이란 의미는 아직 하여지지 않는, 즉 현실로 되어 있지 않은 목적을 실천이란 행위에 의하여 그것을 현실 존재로 얻는 것이다. 다른 분야에 있어서의 실천적 지식은 언제나 그 목표가 이미 알려져 있으므로 수단만 강구하면 된다. 그런데 윤리학에서는 목적을 구하여야 한다. 더욱이 모든 것이 그것의 수단이 될 최고의 목적이 구해지고 있는 것이다. 사람들은 어떤 방법으로든지 순수하고 절대적이며, 다른 것과 환원할 수 없는 이 목적을 결단하지 않으면 한 걸음도 앞으로 나갈 수 없다. 따라서 행정인은 이 같은 윤리학의 탐구 업적을 활용하는 것이 공익 실현의 첩경이 되는 것이다. 이 같은 특성들이 행정인과 다른 사람들과 다른 점이다. 그런데 윤리학에서 제일 근본적인 문제는 '우리는 무엇을 해야 할 것인가?'에 답하여야 한다. 이것이 윤리적 근본 문제다. 행위에는 의지의 결단이 포함되어 있다. 그러므로 그 결과에 대해서는 행위자가 책임을 져야 한다. 행위는 일단 행하여진 이상 현실 속으로 편입된다. 그것은 행하기 이전으로 돌이킬 수 없는 것이다. 이것은 계속 살아남아서 아주 없어지지는 않는다.[263] 개인의 행동뿐만 아니라 한 집단의 행동, 한 국가의 행동도 마찬가지로 멀리 번지며 없어지지 않는다. 그리고 이 행동들은 장차 다가올 시대의 운명을 지배하게 된다. 뿌린 대로 거두는 것이다. 그러므로 우리의 행동을 위해서는 어떤 지침과 같

---

262) Christopher Hodgkinson, Philosophy of leadership(Basil Blackwell Publisher, 108 Cowley Road, Oxford OX4 IJF, England), 1983, p.4
263) 니콜라이 하르트만 저, 《윤리학》, (서울 : 형설출판사), 1983년, p.27

은 것이 필요하다. 이것이 윤리다.

행정행동은 국가의 행동으로 공공적 행동이다. 따라서 행정행동의 지침은 다른 개인적, 소수집단적 행동의 지침보다 더욱 절실한 것이다. 그런데 '무엇이 가치가 있는지'를 모르고서는 무엇을 마땅히 해야 할 것인지 알 수 없다.[264] 그러므로 인생과 세계에 있어서 가치 있는 것이 무엇인가의 문제는 무엇을 마땅히 해야 할 것인가라는 당위문제 못지않게 중요하고 엄숙한 문제로 제2의 윤리적 근본문제다. 제2의 근본문제는 제1의 근본문제에 선행한다.[265]

제3절 행정 앞에 개방된 세계

세계 내 모든 존재와 모든 학문의 업적들은 행정 앞에 개방되어 있다. 어떤 특정 존재[266]나 특정학문의 업적에만 제한될 수 없다. 공익의 실현자로서, 사회와 인간 발전의 직접적인 책임자로서, 국민에 대한 도덕적 봉사자로서의 도덕인인 행정인은 그 책임과 임무를 다하기 위하여 인간을 포함한 세계 내에 존재하는 모든 것들과 모든 학문의 업적들을 공익 실현에 필요하다면 협동하여 활용할 수 있어야 한다. 이 일은 행정인 개인으로서는 불가능하나, 조직의 힘은 이를 가능하게 한다. 그러하기 위해서는 효율적인 첩경을 찾아야 한다. 세계 내의 모든 존재자들을 파악하기 위해서는 세계의 구조를 알아야 하고, 모든 학문의 업적을 알려면 그 업적들이 체계적으로 정리되어야 한다. 그런데 현재의 철학은 세계의 구조를 밝히는 기본적인 존재 규정을 이미 개발하였고, 모든 학문의 업적을 종합적으로 검토하여 성찰하고 있다. 그러므로 행정은 종

---

264) 상계서, p.31
265) 상계서, pp.27-32
266) 상계서, pp.371-415의 요점만을 정리하였다.

합 과학 및 학문으로서의 철학의 업적을 행정목적 달성을 위하여 활용하는 것이라 정리할 수 있다. 인간은 인식하고 체험하는 존재요, 세계를 반영하는 거울이다. 이 거울이 없으면 세계는 흑암 속에서 의미가 없어진다. 그러므로 인간은 곧 세계라 할 수 있다. 이 세계는 인간 앞에 열려있다. 행정은 공공문제 해결과 공익 실현에 필요하다고 판단되면 그 거대한 조직의 몸체로 세계 내에 있는 모든 것들과 모든 학문의 업적들을 활용할 수 있어야 한다.

◆ 제3장 ◆
가치의 존재권역과 그 구조

제1절 가치의 존재권역

세계 내의 모든 존재자들이 거(據)하는 존재권역(存在圈域)은 시간을 기준으로 이법적(理法的) 존재권역과 실사적(實事的) 존재권역으로 구분할 수 있다.

1. 이법적 존재권역

이법적 존재권역은 시간의 제약을 받지 않고 시간을 넘어 있는 존재권역이다. 이법적 존재권역에 존재하는 존재자들로서는 '실사자의 본질', '논리적 법칙', '수학적 법칙' 그리고 '제 가치'다. 가치 이외의 이법적 존재는 실사자를 직접 규정하나, 가치는 실사자에 대하여, 다만 하나의 심정(審庭)일 따름이다. 실사자는 가치에 따를 수도 있고 안 따를 수도 있다. 따를 때는 가치 있는 것으로 되고, 따르지 않을 때는 반가치적인 것으로 된다. 가치는 이리하여 실사자를 규정짓지 않고, 다만 그 가치 또는 반가치에 대한 심정(審廷)이 될 뿐이다.

2. 실사적 존재권역

실사적 존재권역은 시간의 제약을 받는 시간 속에 있는 존재권역이다. 즉, 이법적 존재가 시간에 포착된 권역을 실사적 존재권역이라 한다. 그러므로 시간에 포착된 이법적 존재는 이법적 존재의 일부에 지나지 않는다. 실사적 존재권역은 성층으로 구조화되어 있다. 1층에는 물질적 무기물, 2층은 유기적 생명체, 3층은 심리적 존재, 4층은 역사적·정신적 존재 등이 그것이다.[267] 이들 각 층간의 구분은 상층에서 새롭게 생기는 법칙들에 기인한다. 이를 신규자[268]라 하였다. 이 신규자는 실사적 여건이 조성될 때 이법적 존재권역에 존재하는 존재자들 중 그 여건에 해당되는 것들이 실사권역에 출현한다. 이법적 존재와 실사적 존재와의 분리는 시간인데, 이 시간적인 것은 그것이 공간적인 것도, 물질적인 것도 아니라 하더라도 실사성을 가진다.

3. 양 존재권역의 이질적 특성과 상호관계

이법적 존재권역의 존재 중 수학적 존재와 논리적 존재는 실사자의 특정한 측면을 규정하고, 실사자의 본질은 실사자의 근본 구조를 이루며, 제 가치는 실사적 존재에 대하여 한갓 규범으로 임하고 있다. 이 중 제 가치가 가장 다종다양하고 복잡하게 얽힌 복합체다. 그리고 수학적 공간의 복수성과 제 가치의 총체는 이법적 존재권역에만 존재하고 실사적 존재권역에는 없다. 이는 모두 영원성, 보편성, 반복성의 지배를 받으므로 보편적이요, 항존적이며, 되풀이될 수 있다.[269] 실사적 존재권역은 이법적 존재권역의 존재자들이 질료(質料)

---

267) N. Hartmann, 《존재학 범주론》, p.234
268) 상게서, p.242
269) N. Hartmann, 《존재학 원론》, 전게서, pp.73~75
　　인간의 육체는 실사적 존재로서 1회 한이나, 이법적 존재자로서의 인격은 항존적이며 반복될 수 있으므가 되어 시간에 포착된 상태의 존재자들로 시간성, 일과성, 개별성, 인과성의 지배를 받으므로 일회 한이요, 되풀이 될 수 없다. 사람들이 이법적 존재권역의 가치를 선택하여 실사자에 부여하면 실사자는 가치가 있게 된다. 실사적 존재권역에만 존재하는 것은 비논리적 존재, 실제 이율배반적 존재, 반가치 등이다.[270] 이법적 존재권역과 실사적 존재권역은 중첩관계에 있으면서 상호 구조를 형성한다.

이법자가 시간에 포착될 때 각인된 구조 그 자체는 새롭게 형성된 이법자이기 때문이다. 이 제2의 이법자는 개별성을 가진다. 이법적 존재는 실사적 존재를 통하지 않고는 도출할 수 없으나, 독자적 자체 존재임에는 틀림없다. 그러나 자체 존재는 하나의 희박한 실체 없는 존재다. 하지만 반 존재(Halbes Sein)에 불과하다.

제2절 가치의 구조

이법적 존재권역에 존재하는 존재자들은 다시 가치의 존재와 가치 무관(無關) 존재로 대별할 수 있다. 수학적 존재, 논리적 존재, 실사자의 본질 등은 그 자체로서는 가치와 무관한 가치중립적 존재다. 가치의 존재와 가치 무관 존재는 서로 다른 구조를 이룬다. 가치 이외의 이법적 존재자들은 실사 세계에 있는 존재들을 직접 규정하나, 가치는 사람의 선택을 통하여 실사자를 규정하게 된다. 가치 무관의 존재원리와 가치론적 원리와의 관계는 중요한 점에

로, 이 양 존재자 간의 관계는 종교적 차원으로 승화시킬 수 있는 가능성을 열어놓고 있다. (사의 극복) 이는 자기실현을 통한 자아 완성과 사회발전의 당위성에 관한 행정인의 신념체계를 구축할 수 있는 근거이기도 하다.

270) 윤병태, 《행정인의 능력 발전》, 《한국행정학보》 제20권 제1호, 1986년. 권위주의, 의식주의, 형식주의, 계서주의, 관운주의, 의리주의, 할거주의, 족벌주의, 가족주의, 자연주의 등은 실사권에만 존재하는 것이다. 고로 이법적 존재권역에 거하는 존재자들을 활용함으로써 해결할 수 있다.

서는 변동이 없으나, 마치 당유(當有)와 실유(實有)와의 관계와 같이 서로 대립하면서도 보완하고 연속하는 관계다. 이 두 종류의 원리는 동일한 실재(實在)에 관계를 가지고 있다. 가치 무관의 존재론적 범주계에 있는 어떤 근본 법칙이 가치계[271]에도 적용되나, 그 법칙성의 본질이 변경된 형태로 나타난다. 이 변경된 형태로 나타나는 법칙성이 가치의 고유 법칙성이다.[272]

그러므로 가치의 고유 법칙은 사람의 선택에 의하며 실사 세계에 나타난다. 이렇게 실사 세계에 현현(顯現)시키는 행동을 가치실현이라 한다. 가치계는 성층 및 토대관계, 대립 및 상보관계, 고저 및 강약관계 등 여섯 가지 관계원리로 그 구조를 형성한다.

1. 가치의 성층 및 토대관계[273]

성층의 원리란 낮은 층의 법칙들이 위층으로 올라가서 위층에서 새롭게 생긴 법칙들과 합해져서 낮은 층위에 새로운 층을 구성하는 원리를 말한다. 그러므로 낮은 층의 원리를 적용하면 위층의 원리가 실현되지 않으나, 위층의 원리를 적용하면 위층의 원리와 함께 낮은 층의 원리도 동시에 실현된다. 가치의 성층관계에 있어서도 낮은 가치가 높은 가치 속에 재현하므로 높은 가치가 실현되면 낮은 가치도 실현된다. 그러나 낮은 가치가 실현된다 하더라도 높은 가치는 실현되지 않는다. 이러한 관계는 가치계에서는 재(財) 가치와 사태(事態) 가치 간에만 적용되고, 높은 도덕적 가치에는 적용되지 않는다. 성층의 원리가 가치계에는 변모하여 사태에만 부여되고, 인격에는 부여되지 않기 때문이다. 낮은 가치가 높은 가치 속에 재현하지 않고 오직 토대만 되는 관계

---

271) 가치 이외의 이법자와 가치의 차이를 돋보이게 하기 위해 같은 이법적 존재권역에 존재한다 하더라도 가치의 존재권역만을 편의상 가치계라 부르고자 한다.

272) 하르트만 저, 전원배 역, 《윤리학》, (원광대 출판부), 1979년, pp.646-647

273) 상게서, p.361-369 요지 발췌

를 가치의 토대관계라 한다. 재(財) 가치는 사태 가치 속에 재현하나 사태 가치는 도덕적 가치 속에 재현되지 않는다. 재 가치와 사태 가치는 성층관계에 있고, 사태 가치와 도덕적 가치는 토대관계에 있기 때문이다. 도덕적 가치는 인격에 부여되지만, 토대가 되는 재 가치나 사태 가치는 어디까지나 사태에 부여된다. 토대관계의 경우에는 이 토대 위에서 실현되는 가치와 더불어 토대가 되는 가치가 반드시 실현되는 것이 아니다. 즉, 재 가치나 사태 가치가 실현되었다 해서 도덕적 가치가 실현되는 것도 아니며, 역으로 도덕적 가치가 실현되었다 해서 재 가치나 사태 가치가 실현되는 것은 아니다. 토대관계는 토대가 된 가치 요소들이 위층으로 올라가지 않고 어디까지나 토대가 될 뿐이기 때문이다.

2. 가치의 대립 및 상보관계[274]

가치의 대립관계란 가치간의 상충관계를 말함이다. 두 가치가 상호 대립되었을 경우 한 특수가치를 선택하면 다른 하나의 특수가치가 훼손되고 다른 하나의 특수가치를 선택하면 그와 대립된 한 특수가치는 훼손된다. 정의와 인정에 있어서 정의를 선택하면 인정이 훼손되고 인정을 선택하면 정의가 훼손되는 경우라든지, 부(富)를 따르자니 사랑이 울고 사랑을 따르자니…… 등등 많은 실례를 들 수 있다. 가치와 가치간의 대립은 각각 그 반가치와도 대립한다. 정의와 인정이란 두 가지 가치가 적극적으로 대립할 경우 정의는 불의와, 인정은 무정과도 대립한다. 이때에 정의를 택하면 인정의 반가치인 몰인정이 따르게 되고, 인정을 택하면 정의의 반가치인 불의가 따르게 되어 상호의 반가치들은 서로 교착하여 간접적으로 나타나게 된다. 이때의 정의는 몰인정과,

---

274) 상계서, pp.370-384 요지 발췌

인정은 불의와 일치하게 된다. 그러나 불의와 몰인정은 서로 대립하지 않는다. 이러한 관계는 순결과 불순, 충만함과 도덕적 빈곤, 상호관계에서도 들 수 있듯이 그 실례는 많다. 따라서 가치와 가치(정의와 인정)와의 대립은 각각 그 반가치와 반가치(불의와 몰인정)의 대립을 일으키지 않는다. 그러므로 가치간의 대립과 반가치간의 대립은 구별된다.

반가치와 반가치 간에는 많은 대립이 있다. 인색과 낭비, 비겁과 만용, 방종과 둔감, 자만과 비굴, 조급성과 무기력 등은 상호 대립한다. 그런데 그 대립의 내면적 구조를 분석하여 보면 반가치와 반가치의 대립은 그 짝들과의 대립이 아니고 그에 해당하는 각각의 가치들이 종합된 가치와 대립하고 있음을 알 수 있다. 낭비와 대립하는 가치는 극기 및 검소이고 인색과 대립하는 가치가 시혜(施惠)라면, 절제는 극기 및 검소의 가치와 시혜의 가치를 종합한 가치다. 왜냐하면 절제는 낭비하지 않으면서도 인색하지 않고 쓸 때는 쓸 수 있는 능력이기 때문이다. 그러므로 낭비 및 인색과 대립하는 가치는 종합 가치로서의 절제다. 절제는 낭비와도 대립하고 인색과도 대립한다. 용기는 비겁의 대립항인 담력(膽力)의 가치와 저돌(猪突)의 대립항인 침착(沈着)의 가치를 종합한 가치이고, 관대(寬大)는 조급의 대립항인 유화(宥和)의 가치와 무기력(無氣力)의 대립항인 의분(義憤)의 가치를 종합한 가치다. 여기에서 우리는 반가치 간의 대립은 종합 가치와 대립한다는 것을 알 수 있다. 그 중 덕(德)의 가치 종합은 분명히 보다 높은 구조를 가진 가치가 된다.

대립관계와 동일한 차원에서 이질적인 관련을 가진 또 하나의 관계가 가치의 보충관계다. 보충관계의 특징은 한 편 가치가 다른 편 가치를 요구하고 다른 편 가치 속에 그 의미가 성취되나, 그렇다고 해서 자기의 고유한 가치의 독립성을 잃지 않는 데 있다. 즉, 보충 가치가 없더라도 자기의 가치임을 잃지 않는다는 뜻이다. 신뢰와 성실(또는 진실), 신용과 충실, 인격과 인격 애, 정직과 정의, 품위와 존경, 공적과 칭찬, 강용(剛勇)과 찬미, 친절과 감사, 행복의 능력과 타인의 행복에 대한 기쁨, 증여(贈與) 덕과 수용능력, 의로운 태도와 의로운 정신의 소유자 등 간의 상호관계가 보충관계다. 이와 같은 보충관계를 확장하면 이 관계는 전 윤리적 상황에 일관한다. 상보관계는 도덕적 가치에만 국한되는 것이 아니라, 토대가 되는 가치에까지 확장된다. 재 가치의 영역에도 상보관계가 전적으로 일관하고 있다. 즉, 사유재산의 보호와 사유재산의 소유자, 물질적인 재의 가치와 혹(惑) 종의 생명 가치, 인간의 능력과 신체적인 건강, 공유재산과 법치적 상태 등등은 각각 상보적인 관계를 가지고 있다. 법치 상태와 공공질서에 대한 개인의 관심은 어느 정도의 물질적 재산에 의해서 좌우된다. 무산자(無産者), 즉 현실적으로 아무것도 잃어버릴 것이 없는 사람들이 국가나 법에 대한 의식이 결여되는 까닭은 다름 아닌 상보관계의 결여에서 오는 것이다. 대체로 재 가치의 영역에 속하는 개별적인 모든 재는 그 자체만으로는 거의 무의미해서 가치 성격 자체를 상실하여 '재'라고 할 수 없으며, 다만 서로 보충하는 관계에서 비로소 그 완전한 가치 성격이 실현되는 것이다. 생명의 가치는 의식의 가치에서, 의식의 가치는 활동, 수난, 세력, 기타 등등의 가치에서 그 완전한 의의를 발견할 수 있다. 이는 일면적인 상보관계이다. 양면으로 나타나는 상보관계도 있다. 즉, 활동과 힘, 힘과 자유, 자유와 예견(豫見), 예견과 목적활동 등의 관계가 그것이다. 힘이 없는 활동은 무력하며, 활동이 없는 힘은 태만이며, 자유가 없는 힘은 단순한 자연력이며, 힘이 없는 자유는 공허한 동경이며, 예견이 없는 자유는 맹목적인 자의(恣意)이며, 자유 없는 예견은 의식적인 우연의 희롱(戲弄)이며, 예견 없는 목적활동은 현혹된 사람의 손에 쥐어진 위험한 폭력이며, 목적활동이 없는 예견은 불가피한 운명에 대한 지(知)에 불과하다.

상보관계와 대립관계는 동일한 사태(事態) 가치를 토대로 하고 성립하는 경우가 있으므로 상호 밀접한 관계를 가지나, 상호관계 그 자체는 근본적으로 다르다. 예를 들면 정의와 근인애(近人愛)는 동일한 재(財) 가치를 토대로 하고 성립함으로 밀접한 관계를 가지나 정의에 있어서는 불화(不和)가 지배적이고, 근인애에 있어서는 본래 상부상조하는 화목이 요구되는 것이다. 같은 재 가치에 토대하지만 상관(相關)자가 원칙적으로 다르기 때문이다.

대립관계에서는 상반되고 상보관계에서는 처음부터 피차간 상대편을 요구함으로 당초부터 대립이 없다. 예를 들면 대담은 신중을 통해서 얻는바 있고 자기존중은 자기비판을 통해서 얻는바 있듯이 가치 있는 것들은 서로를 통하여 가치를 얻는다.

그러나 도덕적 가치와 같은 높은 가치에서는 그와 다르다. 여기에서는 재 및 사태 가치에 있어서의 상보 가치와 같은 종합 가치는 성립되지 않는다. 왜냐하면 다른 사람의 행위에는 반가치가 있기 때문이다. 도덕적인 행위는 사람에 대한 행위이므로, 그 속에 포함된 가치는 타인의 상응한 응답행위가 있을 경우에만 그 의미가 성취되나, 그렇지 못하면 그 자체는 가치이나 그 의미는 성취되지 않는다. 응답행위가 선택되지 않은 행위에는 반가치가 있는 것이다.

인격에 있어서는 이들 가치의 전 계열이 결합되어 복잡한 종합을 이루고 있다. 인격 속에서 복잡하게 종합되는 가치들은 서로 대립하지 않고 하나의 상향하는 계열을 이루는바, 이 계열 속에서 보다 높은 가치는 언제든지 보다 낮은 가치를 포함하며 이에 새로운 가치 계기(契機)를 첨가한다. 가치 종합으로서의 인격적 가치는 극복하여야 할 아무런 내부적 갈등이 없기 때문에 가치 종합이 아무런 지장도 없이 이루어지는 것이다. 상보관계를 인격 간 가치 종합의 관점에서 보면 상보관계는 반대관계에 대하여 완전히 새로움을 의미하며, 또 상보관계 속에는 별개의 종합을 추구하는 가치와 가치와의 근본적인 관계가 있다. 상보관계는 본래 일체의 불화와 관계가 없는 일종의 긍정적인 관계이며, 더구나 대립의 관계보다 더 복잡한 관계다. 상보관계에 있어서의 가치 종합은 순수한 가치 관조(觀照)에 있어서나, 또는 가치실현에 있어서나 가치대립의 종합과는 관계가 없이 이루어진다. 이 점에 모든 도덕적 생활을 위한 중요한 의의가 있다. 인간생활은 언제나 상호관계에 있어서의 반응과 간(間)인격적인 상황 속에서 진행하는 것이다. 이 경우에 상보적 종합이 대립의 종합에 의존하게 된다면 그것은 인간 일반의 도덕적 태도를 위해서 불행한 일이 아닐 수 없다. 또 상보관계는 보편적인 의미를 띄게 된다. 즉, 상보관계의 법칙성이 모든 종류의 도덕적 가치를 일관하며, 모든 생활관계 속에 침투한다. 가치계에서의 상보관계는 반대관계나 도덕적 갈등과 관계없이 따로 독립하여 선(善)을 통하여 선을 산출하고, 덕(德)을 통하여 덕을 환기하면서 모든 가치반응과 그 발랄한 심정과 행동으로 가치를 실현한다.

3. 가치의 고저와 강약관계[275]

가치계에서의 고저관계는 실사계의 성층관계에 있어서의 고저관계와 달리 의존관계에 있으므로 그와 반대되는 경우도 없지 않다. 성층관계에서는 높을수록 복잡하나, 가치 계에서는 그러하지 않다. 예컨대 고결(高潔)한 귀(貴)의 가치는 비교적 단순하지만, 그럼에도 불구하고 대다수의 특수한 덕 가치보다 높다. 그런가 하면 복잡한 교제 가치는 단순한 덕 가치, 예를 들면 정의, 절제, 용기보다 낮다. 그러므로 성층 법칙으로 가치의 고저는 정할 수 없다. 일반적으로 가치는 종합에 의하여 높아지지만 복잡하지 않다. 모든 가치 종합은 가치상승이라는 일종의 법칙성이 성립한다. 그리고 종합이 보다 더 복잡하면 그 속에서는 보다 더 이율배반적인 것이 결합되어 가치가 떨어지고 종합에 의한 통일이 보다 더 확실해지면 그럴수록 단순하고 순수해지므로 가치는 높아지는 것이다. 솔직한 것은 단순하나, 순수로서의 높은 가치다. 가치 성층

---

275) 상게서, pp.392-408 요지 발췌

의 높이는 저항이 없는 복잡성과 극복된 가치대립의 종합에 따라 결정된다. 가치의 고저를 알려주는 모든 일반적인 특징 중에 가장 뚜렷한 것이 가치감이다. 가치감은 적어도 가치의 구조와 가치의 높이와의 사이에 있는 법칙관계를 파악할 수 있기 때문이다. 가치일반의 서열은 단지 가치 고저의 원리에 따라서만 결정되는 것이 아니고 가치의 강약 또는 가치의 비중이라는 또 하나의 규정요소가 있다. 가치의 고저와 강약은 일치하지 않는다. 고저와 강약의 법칙은 보편적인 범주적 근본 법칙이다. 이 법칙은 존재론적으로 일체의 이법적 존재와 실사적 존재를 지배하고, 거기서 다시 이법적 존재권역의 가치계로 개입하여 새로운 의미를 얻어 새로운 법칙이 된다.

첫째는 가치강약의 법칙이다. 보다 높은 가치는 보다 낮은 가치에 의존하나, 낮은 가치는 높은 가치에 의존하지 않는다. 그러므로 높은 가치는 언제든지 의존적이며 피 제약적이다. 이런 의미에서 높은 가치는 취약한 가치다. 그런 반면에 낮은 가치는 언제나 무제약적이고 기초적이면서 강한 가치다.

둘째는 질료(質料)의 법칙이다. 낮은 가치는 그 위에 있는 높은 가치에 대하여 단지 질료일 뿐이다. 그런데 낮은 가치는 강하므로, 높은 가치가 이 강한 가치의 특성에 의하여 제한을 받는다. 즉, 보다 높은 가치의 형태 형성은 질료의 규정성과 독자성에 의하여 제한된다.

셋째는 가치 자유의 법칙이다. 높은 가치는 낮은 가치 위에서 새롭게 형성된 형태로서 낮은 가치에 의존하여 제한을 받으면서도 낮은 가치에 대하여 자유롭다. 즉, 낮은 가치의 높은 가치에 대한 제약은 어디까지나 새로운 형태 형성에만 미칠 뿐 형성된 높은 가치의 활동영역을 제한할 수 없기 때문에 그 위에서 무제한의 활동이 보장된다. 보다 높은 모든 법칙도 낮은 형상의 타당성에 반대할 수 없고 오직 그 범위 내에서만 새로운 규정을 가져올 수 있다. 그 규정의 새로움은 곧 낮은 법칙에 대한 높은 법칙의 자유다. 이리하여 신규자의 성층 법칙은 자유 법칙에서 완전히 유지된다. 낮은 규정 위에서의 신규자의 활동 여지가 바로 낮은 형상에 의존하면서도 높은 형상이 지니는 자유로움이다. 목적계열의 구조는 인과계열을 전제하지만, 그러나 그 특질은 비인과적이다. 같은 관계가 주관과 인격 사이에도 발견된다. 인격은 주관에 의해서만 성립하고 이 의미에서 주관에 의존한다. 그러나 인격은 주관과 다른 본질적인 별개의 가치다. 낮은 가치가 높은 가치보다 강하지만 높은 가치의 자율성을 전폭적으로 보장한다. 이상의 법칙들은 내용적으로 성층 법칙과 유사하나, 성층 법칙처럼 범주적 구조를 규정하는 것이 아니라 의존관계를 규정하는 의존법칙과 관계한다. 이 중에서 첫째의 강약의 법칙이 근본 법칙이다. 다른 두 법칙은 비록 독자적인 내용을 가졌을지라도 동일한 관계의 일면에 불과하여 강약 법칙에 제한을 가함으로써 빛을 던져줄 뿐이다. 이것으로서 높은 가치는 질료적인 낮은 가치에 의존하나, 그 자율성은 조금도 침해되지 않는다는 것을 알 수 있다.

강용(剛勇, 영웅적 정신)은 신뢰와 성실보다 강한 가치로서 경탄할 만하다. 그러나 그 반가치인 강용의 결여는 경멸할 만한 것이 아니며 또 괘씸한 것도 아니라, 기껏해야 인간적으로 유약하다고 할 정도에 지나지 않는다. 바꾸어 말하면 가장 중대한 범행은 가장 낮은 가치의 침범이지만 최고의 도덕적 공적은 그 공적이 없다 하여 죄를 범하는 것이 아니다. 이와 반대로 신뢰와 성실의 가치는 강용의 가치보다 약하나, 그 반가치인 배신과 불성실은 경멸할 만한 것이며, 또한 괘씸한 것이다. 이것은 가치계에서 얻은 완전히 새로운 원리다. 그러므로 가치계에서는 다소 변모된 범주적 근본 법칙이 있는 것이다.

도덕적 가치의 고저는 재 가치의 고저와 비례하지 않는다. 그러나 양 가치의 강약에는 어떤 비례관계가 있다. 살인강도의 범죄가 도덕적으로 중대한 죄악으로 느껴지는 것은 이것들에 있어 손상된 정의가 생명과 재산이라는 기본적인 사태 가치나, 재 가치에 바탕을 두었기 때문이다. 이에 반하여 가장 높은 도덕적 가치, 이를테면 증여 덕(贈與 德)이나 인격 애(人格 愛)에 있어서 사람이 그 능력을 지니지 못한다 하더라도 악인은 아닌 것이다. 이는 가장 낮은 도덕적 가치만이 명령의 형식을 취할 수 있다는 데서도 인정된다. 더욱이 이 명령은 그 관계된 재가 기본적일 수록 '죽이지 말라, 훔치지 말라' 등등 금지의 형식을 취한다. 그런데 이웃사랑(隣人 愛)은 명령할 수 없다. 인격 애는 더욱더 그렇다. 사랑하는 사람이 성실하지 않거나 존경받고 있는 자가 부정직할 때 불순한 사람 또는 이중인격자로 인정된다. 즉, 높은 가치를 가진 사람이 낮은 가치를 범할 때 누구도 그의 덕을 믿어주지 않을 것이다. 높은 가치란 낮은 가치의 토대로 밑받침되지 않고서는 가짜이고, 불순하고, 무의미하다. 참된 덕은 밑으로부터 쌓아 올라가야 하는 것이다. 그것은 가치의 본질에 있어서 그런 것이 아니라 현실에 있어서의 가치실현의 길이 그렇게 되어 있는 것이다. 그러므로 높은 가치의 실현은 낮은 가치의 실현을 토대로 해야 하는 것이다. 가치의 고저와 강약이 반비례한다는 것은 그것에 상응하는 반가치를 대조해보면 더욱 분명해진다. 낮은 가치로부터 높은 가치의 서열을 알기 쉽게 순서대로 나열한다면, 정직 − 진실 − 인인 애 − 신뢰 − 원인 애 − 증여 덕 등과 같은 예를 들 수 있을 것이다. 여기서 도적은 정직(正直)의 반가치인 부정직에서 낳은 범죄이고, 허위는 진실의 반가치로 범죄라기보다 불명예와 관계되며, 이웃사랑이 없음은 근인 애의 반가치로 칭찬할 만한 것은 못되나, 명예에 관한 일은 아니다. 믿음이 없음은 신뢰의 반가치이나, 이는 고작 도덕적 약점에 불과할 뿐이며, 원인 애나 증여 덕의 반가치는 벌써 아무런 결점도 아니게 된다.

이리하여 도덕적 실천에 있어서는 동일선상에서 고저에 따른 선호 법칙과 강약에 따른 선호 법칙이 양립한다. 강약에 따른 선호 법칙은 높은 가치를 선택하지 않고 낮은 가치를 선택한다. 이 선택은 가치의 실현을 목적으로 하기보다 반가치의 회피를 구한다. 가치의 등급순서는 하나이지만 이 순서에는 양극이 있고 양극이 다 같이 타극보다 우세할 것을 요구하기 때문에 가치의 등급에는 양면이 있게 된다. 그러나 양자의 의미는 다르다. 한 극의 의미는 도덕적 생활의 의미이고, 다른 한 극의 의미는 그 토대일 뿐이다. 하나의 순서에서 두 가지 우세한 현상이 병존할 수 있는 것은 이 토대하고 토대되어지는 관계 때문이다. 도덕적 가치는 낮은 가치를 훼손하지 않는 소극적인 요구와 높은 가치를 실현하는 적극적인 요구로 구분된다. 순결, 정의, 극기, 겸손, 사양, 예절, 공경, 인인 애 등은 이에 상응하는 각각의 반가치들의 회피에서 실현되는 것들로, 이는 도덕의 강약에 따른 선호 법칙을 대표하고 고결, 충만, 용기, 충실, 신용, 높은 사랑 등은 직접 선택하여 취함으로써 실현되는 것들로, 이는 도덕의 고저에 따른 선호 법칙을 대표한다.

이와 같이 도덕에는 양면이 있다. 앞뒤에 얼굴이 있는 야누스신의 머리로 상정됨직하다. 그리고 도덕은 뒤를 돌아보라는 요구와 동시에 앞을 보라는 요구를 가지고 있다. 시간적인 의미의 앞뒤가 아니고 가치론적 의미다. 가령 낮은 가치가 일단 얻어지면 언제나 얻어진 채로 보유된다고 하면 우리는 뒤를 돌아볼 필요가 없이 매진하면 될 것이다. 그런데 어떠한 초보적인 요구도 우리에게는 자연 법칙과 같이 되지 않고 항상 자유가 주어져 있어 언제나 타락이 기다리고 있다. 일체의 도덕적으로 가치 있는 것은 전선(全線)에 걸쳐 위협을 받고 있는 것이다. 소극적 요구, 그것과 함께 낮은 가치의 강함의 선택이 인간의 도덕성의 최고의 단계에까지 힘을 잃지 않는 것은 그 때문이다. 강함의 선택은 소극적이다. 가치로 향한 경향이 아니라 반가치를 떠나려는 경향이다. 이것을 반가치의 비 목적론적 활동이라 부를 수 있겠다. 이러한 경향은 그 자체 본래 높은 가치로 향한 목적활동에 반대하는 것이 아니라 오히려 목적활동의 근본경향의 계속이다. 이것을 적극적으로 표현하면, 두 가지 선호의 종합은 다음과 같은 것을 의미한다. 즉, 참된 의미의 도덕은 언제나 도덕적 가치의 전 계열을 고려하지 않으면 안 된다. 낮은 가치가 높은 가치를 위하여 소홀하게 취급되어서도 안 되고, 낮은 가치를 위하여 높은 가치가 무용하게 되어서도 안 된다는 것이다. 인간의 좁은 가치 의식으로는 자칫 어느 일면에만 치우치기 쉬움으로 두 가지 선호의 종합을 요구하는 것은 대단히 실천적이고 절실하다는 것을 알게 된다. 특히 높은 가치를 구하기 위하여 낮은 가치를 소홀히 하기 쉬운 사람에게는 더욱 그러하다. 참된 도덕은 그 토대로부터 쌓아올리지 않으면 안 되기 때문이다.

선의 본질에 있어서의 선호 종합은 밑으로부터 경고한 토대를 쌓아 올리라는 요구 이외에 아무것도 아니다. 그리고 여기서 이율배반이니 종합이니 하는 것은 어느 것이나 가치 자체에 관한 것이 아니라 가치의 실현에 관한 말이다. 낮은 가치는 높은 가치에 모순되는 것이 아니고, 다만 실현을 위한 그 선택이 높은 가치의 실현의 선택과 모순될 뿐이다. 여기에 이른바 이율배반은 동일의 윤리적 근본 태도에 있어 한 편의 실현이 다른 편의 실현에 의하여 제약됨을 보여줄 뿐이다. 참으로 높이 올라가려는 자는 토대부터 구축하지 않으면 안 된다. 절제와 정의에만 치중하는 도덕은 위선에 빠지거니와 인격에 대하여 일체를 관용하는 도덕도 위험하다. 그것은 인격이 설 수 있는 토대를 파괴하기 때문이다. 여기까지의 가치 개관에서 가치의 높이가 증대한다는 것은 가치 성질이 증대함을 의미하고 높이가 감소한다는 것은 가치 성질의 감소를 의미한다. 그러나 가치감에 대해서 특이한 점은 가장 강한 가치의 가치 성질이 도리어 희박하게 되고, 높은 가치의 가치 성질이 명백하게 느껴진다는 데 있다. 가장 요소적인 가치는 그것이 충족시켜질 때 자명한 것으로 받아들여진다. 즉, 생명, 건강, 안녕 및 나날의 필수품 등이 그렇다. 이러한 재 가치는 그것을 결(缺)할 때 비로소 절실히 느껴진다. 이렇게 느껴지는 것은 가치의 높이가 아니라 그것의 강함이다. 그 반가치, 즉 그것의 결핍의 중대성이다. 그런 때에는 재 가치가 간접으로 고통에 의하여 강조되어 느껴진다. 그 천박한 색깔이 곤궁에 의하여 진한 색깔로 변한다. 그러나 이 색깔은 본래 자기의 것이 아니다. 사람이 이러한 재를 위하여 살 보람이 있는가를 생각하여 보면 당장 빌려 온 색깔은 사라지고 말 것이다.

◆ 제4장 ◆
행정 가치의 구조

　행정은 공익을 실현하는 행동이다. 공익은 종합적인 목적 가치이고 그 실현 행동은 윤리·도덕적 가치가 기준이 된다. 따라서 행정은 가치를 떠나 생각할 수 없다. 행정의 가치도 재(財)의 투입과 산출을 기준으로 재에 부대(附帶)되는 경제성, 생산성, 능률성, 효율성 등 재 가치와, 공적 사항(公的 事項)을 기준으로 공적 사태(公的 事態)에 부여되는 현실성, 실현성(實現性), 효과성, 합리성, 대응성(對應性), 자주성, 자율성, 중립성, 대표성 등 사태 가치와, 행정인을 기준으로 행정인의 인격에 부대(附帶)되는 책임성, 근면성, 성실성, 친절성, 청렴성, 봉사성, 위민성(爲民性), 애민성(愛民性) 등과 같은 윤리·도덕적 가치들과, 형평성, 공정성, 합법성, 공개성, 융통성, 목적성, 규범성, 당위성, 민주성 등 객관적 정신에 부여된 정신적 가치 등과 이 이외에 또 다른 영역의 미적(美的) 가치 등등이 행정과정 속에 무수히 산재해 있다. 그러나 이러한 용어들은 관점에 따라 여러 가지 의미로 사용되고 있을 뿐 아니라 가치간의 관계가 명확하게 밝혀지지 않고 있다. 이들에게 빛을 던져 질서를 주면 가치의 구조 속에 담을 수 있을 것이고, 그렇게 하여야 그 구조를 체계적으로 활용할 수 있을 것이다.

니콜라이 하르트만이 체계적으로 정리한 가치의 구조는 성층(成層) 및 토대(土臺), 대립(對立) 및 상보(相補), 고저(高低) 및 강약(强弱)의 여섯 가지 원리들로 구성된 것이다. 행정의 가치도 이러한 원리들을 활용하여 구성할 수 있어야 할 것이다. 구체적인 행정적 가치들을 들어 설명하고자 하나 그 많은 가치들을 전부 들 수는 없을 뿐만 아니라 상황에 따라 가치는 변모된 모습으로 나타남으로, 이는 구체적인 행정 과정 속에서 가치들이 발견되면 그때에 가치를 구성하는 원리를 기준으로 판단하여야 할 것이다. 여기서는 다만, 설명의 편의를 위해 한두 가지씩만 예를 들 뿐이다.

제1절 행정 가치의 성층 및 토대관계

첫째, 성층(成層)관계다. 실사 세계의 성층 구조는 1층이 무기물, 2층이 동·식물, 3층이 인간 존재, 4층이 객관정신으로 구조화되어 있다. 이러한 구조를 형성하는 원리들 중에는 하층(下層)의 원리가 상층(上層)으로 올라와 상층에서 새롭게 생긴 원리와 결합하여 하층과 다른 성질의 층(層)을 형성한다. 이것이 재현(再現), 새로움, 변화, 층(層) 차이(差異)의 법칙, 즉 층차(層差)를 가진 성층관계의 원리다.

이 구조를 행정에 적용하면 1층이 기계적·기술적 행정 이론, 2층이 생태론 및 전기 행태론, 3층이 인간관계론 및 후기 행태론, 4층이 체제론 및 공공선택론 또는 규범론 및 가치론으로 구조화되어 성층관계의 원리가 가진 네 가지 법칙을 활용할 수 있을 것이다. 이는 가치계에도 지배적인 역할을 하나, 가치계에서는 그 범위가 제한되어 좁은 범위에서 일어나며, 그것도 변화하여 나타난다고 하였다. 경제성, 생산성, 능률성, 효율성 등 물질적 재의 가치가 토대가 된 행정의 가치들은 아래층의 가치이고, 그 위에 현실성, 실현성, 효과성, 합리성, 대응성, 자주성, 자율성, 중립성, 대표성 등 사태 가치들이 층을 이루게 된다. 성층관계에서는 경제성, 생산성, 능률성과 같은 물질적 재의 가치들은 위층에 올라와 위층에서 새롭게 나타난 가치들과 함께 효과성, 합리성과 같은 사태 가치를 형성한다. 그러므로 아래층의 가치가 실현되더라도 위층의 가치는 실현되지 않으나, 위층의 가치가 실현되면 위층에서 재현된 아래층의 가치들도 함께 실현된다. 즉, 경제성, 생산성, 능률성의 가치가 실현되어도 효과성, 합리성 등은 실현될 수 없으나, 역으로 위층인 효과성, 합리성의 가치가 실현되면 아래층에서 올라온 경제성, 생산성, 능률성 등의 가치들도 변화되어 동시에 실현된다. 그러므로 이 가치들은 성층관계에 있음을 알수 있다.

둘째, 토대관계다. 토대관계에 있어서는 성층관계에 있어서와는 달리 낮은 가치가 높은 가치 속에 재현하지 않는다. 성실성, 청렴성, 봉사성 등과 같은 윤리·도덕적 가치는 물질적 재의 가치나 사태 가치와 관련되지 않고는 성실할수도, 청렴할 수도, 봉사할 수도 없다. 그러나 성실성, 청렴성, 봉사성이 실현되었다고 해서 물질적 재(財)의 가치나 사태 가치인 경제성, 생산성, 능률성, 효율성, 효과성, 합리성과 같은 가치들은 실현되지 않는다. 즉, 높은 도덕적 가치는 낮은 가치를 토대로 하지만 토대에 놓여진 높은 가치가 실현된다 해서 낮은 가치도 함께 실현되는 것은 아니다. 재 가치와 사태 가치는 성층관계에 있고, 사태 가치와 도덕적 가치는 토대관계에 있다. 행정적 재 가치나 사태 가치는 어디까지나 공적 사항에 부여되지만 도덕적 가치는 행정인에게 부여되기 때문이다. 정신적 가치는 재 가치나 사태 가치뿐만 아니라 도덕적 가치도 토대로 한다.

제2절 행정 가치의 대립 및 상보관계

첫째, 행정 가치간의 대립관계다. 능률성과 공정성의 두 가치가 적극적으로 대립할 경우가 있을 것이다. 이럴 경우는 두 가치(價値) 중 어느 가치든지 각각 그 반(反)가치와도 대립한다. 능률성의 반가치는 비능률이고, 공정성의 반가치는 불공정이다. 이때에 능률성을 택하면 공정성의 반가치인 불공정이 따르게 되고, 공정성을 택하면 능률성의 반가치인 비능률이 따르게 되어 상호의 반가치들은 서로 교착(交錯)하여 간접적으로 나타나게 된다. 이때의 능률성은, 불공정과 공정성은 비능률과 일치하게 된다. 그러나 반가치간, 즉 비능률과 불공정은 서로 대립하지 않는다. 이러한 실례는 정의와 인정(애민)간의 상호관계에서도 나타나듯이 그 실례는 많다. 반가치와 반가치 간에도 많은 대립이 있다. 이는 앞에서 언급한바 있는 여러 가지들의 상호 대립은 행정 과정 속에서도 그대로 나타나고 있다.

둘째, 행정 가치 간의 상보관계다. 경제성과 능률성, 능률성과 효율성, 효율성과 효과성, 자율성과 책임성, 민주성과 형평성, 공적 사항과 행정법규, 신뢰성과 성실성 등과 같이 한 편의 가치가 다른 편의 가치를 요구하고 다른 편 가치 속에 그 의미가 성취되나, 그렇다고 해서 자기의 고유한 가치의 독립성을 잃지 않는다. 앞의 '가치의 상보관계'에서 언급한 가치의 원리들은 행정에도 그대로 활용할 수 있으므로 설명을 줄인다. 상보관계의 원리에 의해 가치는 종합된다. 경제성, 생산성, 능률성 등의 재 가치의 종합(綜合)은 효율성이라 할 수 있을 것이며, 합리성, 자율성 등의 사태 가치의 종합은 효과성이라 할 수 있을 것이고, 청렴성, 근면성, 성실성, 친절성 등의 윤리·도덕적 가치의 종합은 위민봉사성(爲民奉仕性)이라 할 수 있을 것이다. 형평성, 공정성, 합법성, 공개성, 융통성, 목적성, 규범성 등 객관적 정신에 부여된 정신적 가치의 종합은 민주성이라 할 수 있을 것이다.

제3절 행정 가치의 고저 및 강약관계

첫째, 고저관계다. 가치는 실사 세계의 성층 구조와는 달리 튼튼한 토대를 가진 가치 종합에 의하여 높아진다. 사태 가치의 종합인 민주성은 재 가치의 종합인 효율성을 토대로 하며, 도덕적 가치의 종합인 위민봉사성은 효율성과 민주성을 종합한다. 그러므로 민주성은 효율성보다, 위민봉사성은 민주성보다 높다. 그러므로 가치의 고저를 구별하기 위한 지표는 토대관계와 가치 종합이다.

둘째, 강약관계다. 가치의 강약관계는 가치가 침식되었을 때 손상을 받는 정도, 즉 반가치의 강약에 따라 식별된다. 예를 들면 자율성은 책임성보다 높은 가치이나 책임성이 손상되면 자율성은 붕괴된다. 따라서 책임성은 자율성보다 낮은 가치이나, 강약에 있어서는 더 강한 가치이다. 공익을 실현코자 하는 행동을 위해서는 낮은 공공재의 가치가 높은 행정인의 윤리적 가치보다 강하다. 재 가치나 사태 가치는 도덕적 가치보다 고저에 있어서는 낮으나, 강약에 있어서는 강하다. 재 가치나 사태 가치가 훼손되면 도덕적 가치가 훼손되는 것보다 그 영향은 강하다. 예는 많다.

제4절 사회 완성의 당위성과 행정인의 신념체계

삶과 얽혀있는 모든 문제를 해결하기 위한 종합적인 대책은 인간과 사회를 완성하는 일이다. 이 완성은 시간적으로 항상 미래에 있다. 인간 및 사회가 완성되면 죽음까지도 극복할 수 있어야 한다. 그렇지 않고는 완성이라 할 수 없다. 왜냐하면 삶의 근본문제의 해결은 죽음을 극복할 수 있어야 하기 때문이다. 죽음을 극복한다는 참 뜻은 죽지 않고 영원히 살거나 그렇지 않으면 죽었다가도 다시 살아나 그 후부터는 죽지 않고 영원히 살 수 있되 그것도 완전한 행복을 누리면서 살 수 있어야 한다.

이러한 삶의 근본문제의 해결은 사후(死後)에 개개인의 영혼이 천당 또는 극락에서 영원히 죽지 않고 살게 된다는 종교적 신앙이 아니고는 그 가능성을 제시한 어떠한 논리도 현재까지의 과학이나 학문에서는 접할 수 없다. 인간의 사후의 문제는 종교나 신학의 독점적 영역으로 신성불가침의 영역일까? 종합 학문으로서의 철학적 접근은 불가능한 것인가? 미래학은 현재에 이르기까지 정립하였던 모든 개념이나 판단 등을 총 동원하여 이법자를 추리함으로써 미래를 예측한다. 그럼에도 불구하고 사후의 개별 인간의 존재 문제를 다루는 미래학은 없다. 그러나 존재 원리 속에는 미래의 완전 사회가 이 문제를 해결할 수 있는 가능성을 함축하고 있다 현실적인 존재 원리는 검증할 수 있으나, 가능성으로서의 존재 양상은 검증할 수 없다 하여 이를 부정할 수는 없다. 검증되지 않은 과학이나 학문은 각각 그 과학이나 학문의 업적으로 볼 수 없다면 미래학은 검증할 수없는 학문이므로 과학이나 학문으로 볼 수 없을 것이다. 앞에서 존재의 정태(理法的 존재)와 동태(실사적 존재), 그리고 일과성(一過性)과 영원성간의 관계를 알아보았다.

요약하여 정리하면 정태(靜態)인 이법적 존재는 시간에 의하여 동태(動態)인 실사적 존재로 된다. 이법적 존재는 본래 보편성으로 실사자(實事者)를 유발(誘發)할 질료(質料)의 구실을 할 뿐이었으나, 일단 시간에 의해 형식이 주어져 개별성이 형성되면 그 자체는 실사자의 본질로 구조화된다. 실사자는 일회성(一回性)이나 그 본질은 영원성(永遠性)이다. 그러므로 이법자는 보편성으로서의 질료와 개별자의 본질은 함께 존재한다. 따라서 시간이 갈수록 개별적 본질은 눈덩이처럼 커진다. 사람이 죽으면 육신은 썩어 없어지나 살았을 동안 선택하여 자기에게 각인(刻印)했던 제(諸) 가치들은 인격이란 개별적 구조를 형성한다. 이 인격은 개인의 종합 가치로 이법자다. 다시 말한다면, 수학적 존재, 논리적 법칙, 실사자의 본질 그리고 제 가치 등의 이법자들은 개별성이 아닌 보편성이었으나 시간 속에서 각인되어 형식이 주어질 때 개별화된다. 일단 개별화된 이법자는 그 실사자의 일과성(一過性)으로 그 실사자가 없어졌다 하더라도 그를 규정하였던 이법자는 이법적 존재권역에 실재(實在)하면서 현실성에 대하여 가능성으로 임하게 된다. 즉, 몸은 없어지나 살았을 동안 각인하여 형성하였던 하나의 특수한 이법적 구조인 개인의 정태는 없어지지 않고 실재하는 것이다. 이는 어디까지나 정태로서 움직임이 없으므로 일초가 지나가나, 수천억년이 지나가나 사실상 그 개인에게는 같다. 왜냐하면 자기가 죽으면 모든 의식작용이 중지되므로 시간이 지나가는 것도 알 수 없기 때문이다. 하드웨어가 없는 소프트웨어가 실재(實在)하듯이 육신이 없는 개인의 정태도 실재한다. 그러나 아무런 작용을 할 수 없으므로 그 자체로서는 없는 것이나 다를 바 없다. 그러나 없는 것이 아니고 분명히 이법자로서, 현실화될 수 있는 가능 양상(可能 樣相)으로 실재한다. 그렇지 않는 존재는 없다. 무기물이나 간단한 유기체는 현재의 문화에서도 이 사실을 충분히 입증하고 있다. 만일에 이것이 무너지면 모든 과학이나 학문도 그 전제가 무너질 것이다. 여기에는 예외가 있을 수 없다. 인간이라 하여 예외일 수는 없는 것이다. 하드웨어는 소프트웨어를 활용하기 위함이요, 하드웨어의 설계도 역시 이법자이다.

존재자의 한 양상인 가능성은 실사자가 될 수 있는 필요한 연쇄조건(連鎖條件)들이 충족되면 시간에 포착되어 현실자로 현현(顯現)된다. 이것이 여태까지 논구(論究)해온 존재원리(存在原理)이다. 따라서 개별 인간의 정태(靜態)가 동태(動態)로 되는 데에도 여타의 존재자들과 마찬가지로 필요한 연쇄조건들이 충족되어야 한다. 지금까지의 문화는 이 연쇄조건들을 충족할 수 없다.

무엇보다 가장 중요한 조건은 죽은 자의 정태인 이법자는 스스로 움직일 수 없으므로 무엇인가, 누군가 제삼자의 의지에 의존하지 않을 수 없는 점이다. 종교에서는 신이 될 것이다. 이는 어디까지나 개인의 신앙의 문제이지 존재 일반의 원리에 의한 해명이 아니다. 존재 원리란 존재와 비존재간의 관계로부터 존재간의 질서를 밝혀내는 일이다. 그러므로 모든 존재자는 존재 원리를 벗어날 수 없다. 만일 이를 벗어난다면 그것은 허상(虛像)에 지나지 않는다. 그렇다면 제삼자(第三者)란 무엇인가가 밝혀져야 한다. 그 다음으로 중요한 조건은 밝혀진 그 제삼자의 의지가 문제다. 만일 그 제삼자에게 특정인의 동태는 필요하고 다른 특정인의 동태는 필요하지 않다고 하면 두 말할 나위 없이 필요한 정태는 하드웨어에 입력할 것이고, 필요하지 않으면 입력하지 않을 것이다. 그때의 하드웨어(육신)는 과거의 하드웨어 그것일 수는 없으나, 그 기능은 상상할 수 없을 정도로 지금보다 발전된 완전한 것일 것이다. 따라서 자의식의 자각현상도 훨씬 뚜렷할 것이다. 우선 특정개인이 죽었다고 해서 인간을 포함한 모든 세계가 한꺼번에 없어지는 것이 아니다. 우리의 후세들도 있고 인류가 역사상 창조한 찬란한 문화들도 있다. 즉, 인류의 문화는 세계와 더불어 그 후손들에 의하여 발전될 수 있는 길이 열려 있다. 물론 세계와 더불어 파괴되어 멸망할 수 있는 길도 동시에 열려 있다. 그것은 인간의 선택의 문제다. 만일 양질의 문화가 계속 발전된다고 전제한다면 수십억 년 후를 상상해 보자. 수십억 년이라 하나 정태로서의 개인의 이법적 인격은 정태이므로 일초 후와 다를 바 없다고 하였다. 그때의 인류문화는 어떻게 되며, 인류사회는 어떠한 사회가 될까? 완성 인간이 사는 완성 사회가 될 것이다.

이제 이 완성에 대하여 경험론적인 관점에서 살펴보자. 항성진화론에 의하면 태양 자체의 나이는 50~100억 년으로 추정되었지만 행성의 나이는 대략 40~50억 년이고, 지구의 나이는 45억 년으로 추정되고 있다. 최초의 박테리아가 생긴 것은 지금부터 31억 년 전으로 지구가 생성된 후 14억 년이 지나서이다. 그러므로 무기물이 무기물로 완성되는데 14억 년이 필요했다는 결과다. 생명의 법칙이란 무기적 법칙보다는 훨씬 복잡하고 새로울 뿐 아니라 완성된 무기적 환경을 토대로 하고 있으므로 토대가 완성되지 않고는 그 위에 있을 수 없기 때문이다. 동물과 인간의 구별은 문화로 기준 한다면 농축문화는 지금부터 약 1만 년 전이고, 산업사회는 우리나라의 경우1970년, 후기산업사회는 1980년부터 시작이라 하고, 정보화 사회는 2050년에 완성된다고 한다. 그 후는 우주시대가 될 것이라 미래 학자들은 말하고 있다. 어느 문화로 기준할 것인가도 문제이거니와 가장 오래된 농축문화를 기준하더라도 사람의 특징이 나타나기 시작한 것은 불과 1만 년밖에 되지 않는다. 앞으로 수십억 년 후의 인류는 지금의 인류를 인간이라 할지 어떨지도 의문이다. 즉, 인간과 사회는 아직 미완성이라는 의미다. 그 완성은 현재로서는 항상 미래에 있다고 할 수밖에 없는 것은 이 때문이다.

아무튼 이제 동물과 다른 새로운 존재로서의 사람이 생겼으므로 박테리아를 위시한 동·식물은 완성되었다고 할 수 있을 것이다. 왜냐하면 최초의 생명체가 생김은 무기물이 무기물로서 완성되었기 때문이다. 그러므로 동·식물로서 완성된 데 필요했던 시간은 30억 년 이상이었다는 계산이 나온다. 그렇다면 사람이 사람으로서 완성되기 위하여 필요한 시간은 얼마나 될 것인가. 이상을 미루어보아 최소한 동·식물이 완성되는 데 필요했던 30억 년 이상은 걸릴 것이 추정된다. 그러나 위에서도 제시한바와 같이 이 30억 년은 죽은 자에게는 1초나 다름없다. 전혀 생각할 필요가 없는 괄호 속에 묶인 시간이다. 지금은 시간 그 자체가 무엇인지 밝히지 못하고 있다.

스티븐 호킹은 시간은 "대(大)폭발에서 시작되었고[276] 우주도 거기서 시작되

었다"고 했다. 우주가 시간의 시초를 가지는 이 사실은 아인슈타인의 일반상대성 이론을 발판으로 펜로스와 시티븐 호킹이 1970년에 그것을 증명하였다.[277] 그런데 이법적 존재는 시간을 넘어 있으므로 우주가 있기 전, 즉 대폭발이 있기 전에는 보편성(普遍性)으로서의 이가적 질료만이 있었던 것이 대폭발과 함께 시작된 시간에 포착되어 각인됨으로써 우주 삼라만상의 실사적 개별자가 형성되기 시작한 것이다. 4차원의 세계는 시간의 정체(正體)를 알고 이를 활용할 수 있는 세계라고 한다. 3차원의 번데기 같은 삶에서 4차원에서는 나비와 같이 승화할 수 있는 것으로도 비유될 수 있을 것이다. 시간 속에서 개별적 구조를 형성한 이법자들도 그때에는 직접 투시될 수 있을 것이고, 현재로서는 예측할 수 없는 새로운 차원의 신규자의 출현 가능성도 부인될 수 없다. 이것을 불가능하다고 누가 단언할 수 있을까? 우주 삼라만상의 필연적인 자연의 법칙들은 지금도 정태에서 동태로 반복하여 재생되고 있지 않는가? 실험과학은 이를 입증하고 있다. 그렇다면 수 십 억년 후의 인류문화는 의식적·정신적 존재자들까지도 시간에 포착시켜 동태화(動態化)시킬 수 있는 것이 시킬 수 없는 것보다 훨씬 더 확실하다는 것을 존재 원리(存在 原理)는 암시하고 있다. 여기에서 우리는 제3자(第三者)란 수십억 년 후 인류가 창조한 완전 사회를 의미하는 것임을 다시 확인할 수 있다. 이는 어디까지나 우리와 우리의 후손이 선한 문화를 계속 창조해 갈 것이 전제되지 않고는 불가능한 것임을 항상 유념해야 할 것이다.

그리고 제3자인 완전 사회에 필요한 인격이란 어떤 것일까? 지금의 사회이건 그 당시 사회이건 한 가지 분명한 것은 사회란 한 사람만이 살지 않고 여러 사람이 함께 삶을 영위하는 곳이다. 여러 사람이 함께 사는 데 필요한 것은 두 말할 나위 없이 제 가치다. 윤리적 가치, 도덕적 가치, 미적 가치 등 한

---

277) 상계서, p.91

마디로 보편덕목(普遍德目), 즉 애(愛), 인(仁), 자비(慈悲), 진(眞), 선(善), 미(美), 성(聖)으로 형성된 인격을 말하고 그러한 인격을 가진 사람이 그 당시 사회에도 필요할 것임은 너무나 자명(自明)하다. 종교도 이 점에서는 일치한다. 인격이란 사람이 살아 있는 동안 태어나서 죽을 때까지 자기를 성찰하면서 무한히 많은 이법적 존재 중 제 가치에 해당하는 보편덕목들을 선택하여 자기에게 각인시켜 의미를 부여함으로써 종합 가치로 구조화되는 것이다. 보편덕목으로 형성하는 이러한 인격이란 자아 완성에 보다 접근하는 일로 예부터 내려오는 수기치인(修己治人)의 수기에 해당하는 개념이고, 사회 완성에 필요한 문화 창조란 수기치인의 치인에 해당하는 개념이다. 그 당시 사회에 필요한 인격이란 결국 예부터 중요시했던 인격도야로 자기실현, 자아 완성에 보다 가까운 인격이어야 함을 알 수 있다. 자기 완성, 사회 완성에 보다 접근한다고만 표현할 수밖에 없는 것은 완성이란 항상 시간적으로 미래에 있기 때문이다. 이상에서 제3자는 우리와 우리 후손, 즉 인류가 창조할 미래의 완성사회가 될 것이고, 완성 사회는 그 완성 사회에 필요한 인격들이 모여져야 할 것이다.

여기에서 한 가지 다시 한 번 강조하여 지적해둘 사항은 정태로서의 개인이 수 십 억년을 어떻게 기다리느냐는 것이다. 물론 우리의 문화가 시간이 갈수록 계속 발전된다는 것을 전제한 수십 억 년이므로 그 시간은 그 자체의 정체(正體)를 파악하여 인간의 정태(靜態)를 동태화(動態化)시킬 수 있는 발전된 문화의 도래(到來)를 상징적으로 의미하는 시간에 불과하다. 그러므로 그 시간이 앞으로 천년 후가 될지 만년 후가 될지 혹은 수십 억 년 후가 될 것인지는 아무도 모른다. 다만, 시간이 오래 갈수록 문화는 이에 비례하여 발전한다는 것을 전제한 것이므로 문화발전의 정도를 나타낼 뿐이다. 사람이 살아 있을 동안은 정태가 동태를 규정하나, 죽으면 육신이 썩어 없어지므로 정태는 동태를 규정할 때 형성된 그 상태에서 정지되고 만다. 개체의 형성이 정지된 사람의 정태는 작용이 없으므로 시간가는 것을 느낄 수 없다. 따라서 1초가 지나가나 수십 억 년이 지나가나 마찬가지임을 거듭 강조한다. 왜냐하면 정태로서의 존재에게는, 시간은 의미가 없으므로 시간은 괄호(括弧) 속에 묶어둔 것이나 다를 바 없다. 예를 들면 수십 억 년 전에 죽은 특정인의 정태가 동태화되는 그 순간 그의 시간에 관한 느낌은 수십 억 년 전 죽을 그 당시의 느낌과 연결될 뿐 정태로 있을 때 지나간 수십 억년 은 느낄 수 없었으므로 그에게 있어서의 그 시간은 없었던 것과 조금도 다를 바 없다. 그러므로 수십 억 년이 지났다 하더라도 잠깐 한숨 자고 일어난 정도의 시간감(感)만 있을 따름이다. 따라서 수십 억 년을 어떻게 기다려야 하느냐의 문제는 사실상 아무 문제가 되지 않는다. 사람이 죽으면 자기가 죽었다는 것을 알 수 없으므로 죽음을 두려워할 필요가 없다. 두려워할 것은 죽는 그 자체보다는 살았을 동안의 그 짧은 시간에 어떠한 인격을 형성하였으며, 가치를 충족할 수 있는 선한 문화 창조에 어느 정도 기여했느냐 하는 것이다. 이 두 가지 만드는 일에 배당된 시간은 너무 짧다. 백년이 못된다. 자기실현을 통한 자기 완성, 문화 창조를 통한 사회 완성, 이 두 가지 일은 다른 어떠한 사람보다 행정인(行政人)에게 부과된 책무다. 이 두 가지 일은 사회를 운용하는 행정이 다른 어떠한 분야보다 주된 분야이기 때문이다. 후세에도 필요한 자기의 정태(靜態)를 만들어야 하고, 그것만으로는 아무것도 할 수 없으므로 그 정태를 동태화할 수 있는 문화가 창조되어야 그에 의해 다시 동태화될 수 있다는 논리다. 그러므로 인격 완성, 사회 완성, 이 두 가지 평범한 진리 속에는 죽음까지도 극복할 수 있는 열려진 길이 있으며, 행정인은 이 길의 인도자(引導者)임을 자각하고 신념을 가지고 매진하여야 할 것이다.

어떠한 종교의 교리도 사회의 가치적 발전과 인격의 가치적 발전을 반대하지 않으며 오히려 이를 강조하고 있으므로 제 종교의 교리와도 배치되지 않는 전망이라 생각한다. 그러므로 사회와 인간 발전의 직접적인 책무를 지

닌 행정인의 신념은 오직 사회 및 인간 완성을 궁극적인 목적으로 삼아 종
교적인 차원에까지 그 신념을 승화시켜 나아갈 때 사회발전에 대한 행정인
의 욕구는 강열해져 완성의 시간은 단축될 것이다. 우리 인류는 통일된 이
한 가지 목적에 모든 목적들이 통일될 때 행정과 윤리는 그 사명을 다할 것
이다.

존재원리(存在原理) 요지

I. 서론

존재일반(存在一般)은 존재원리에 의해 규정된다. 존재(存在)란 '있다', '없다' 할 때 그 있음을 말하고, 존재자(存在者)란 '있는 것', 즉 특정의 존재를 의미한다. 다시 말하면 '있다'는 '존재 한다'이고, '있는 것'이란 '존재자(存在者)를 말함이다. 존재 및 존재자와 존재자간의 관계는 존재원리(存在原理)에 따라 규정된다.

존재원리는 존재자가 있을 자리와 내용을 한정하여 존재자로서의 존재를 유발하는 계기적 요소를 존재계기라 하고, 존재계기에 형식을 제공하여 존재로서의 존재로 한정하는 시간과 공간을 존재 형식이라 하며, 존재형식(시공)을 기준으로 시공(時空)의 제약을 받는 방식(方式)으로 있느냐, 그 제약을 받지 않는, 즉 시공과 무관(無關)한 방식으로 있느냐에 따라 그 존재하는 방식이 달라진다. 이를 존재의 존재방식(存在方式)이라 한다.

따라서 존재원리는 존재계기(存在契機), 존재형식(存在形式), 존재방식(存在方式)으로 하나의 통일된 구조(存在構造)를 형성하여 그 양상(存在樣相)을 드러낸다.

다시 말하면 존재계기란 존재를 유발할 뿐 아니라 있음과 없음을 구별하는 기준이고, 존재형식이란 시간과 공간을 말함인데, 이는 존재에 형식을 부여하여 그 있는 방식을 결정하며, 존재방식이란 시간을 기준으로 그 있는 방식이 시간의 제약을 받지 않는 이가적(理價的) 방식으로 있느냐, 시간의 제약을 받는 실사적(實事的) 방식으로 있느냐에 따라 그 존재권역이 구분된다. 그리고 존재구조란 존재계기, 존재형식, 존재방식으로 형성된 하나의 통일된 구조를 의미하고, 존재양상이란 존재구조 속에 질서 있게 배열된 존재자들의 들어내어진 모양을 의미한다.

이 존재원리는 '니콜라이 하르트만'(Nicolai Hartmann)의 《Zur Gerundlegung der Ontologie》(1935) = 하기락 역(譯) 《존재학 원론》(1996)에서 많은 영향을 받아 정립한 것임을 밝혀둔다. 따라서 일치되지 않는 것이 많을 것이다. 예를 들면 시간을 이가적 존재를 움직이는 이가적 시간과 사물, 또는 사건을 움직이는 실사적 시간으로 전개하여 한 것 등은 그의 《존재학 원론》에서는 찾아볼 수 없다. 사용하는 용어 중에서도 정재와 상재를 위재와 상재로 표현한다는 등등이다. 그리고 이 《존재학 원론》은 《인식의 형이상학(認識－形而上學, Grundzüge einer Metaphysik der Erkenntnis)》(1921), Ethik(《倫理學》, 1925) 및 Das Problem des geistigen Seins(《정신적 존재의 문제》, 1933) 등을 위시하여 Möglichkeit und Wirklichkeit(《가능성과 현실성》, 1938), Der Aufbau der realen Welt(《실사적 세계의 구조》, 1940), Philosophie der Natur(《자연철학》, 1950) 등과 아울러 그의 방대한 철학체계(哲學體系) 전체의 기초이론이다.

II. 존재계기(存在契機)

무엇이 있으려면 그 있음을 유발(誘發)하는 근본적인 기틀이 있어야 한다. 아무것도 없는 데서는 아무것도 있을 수 없다. 있는 것이 있으려면 있게 하는 계기(契機)가 먼저 있어야 한다는 의미다. 존재를 유발하려면 있을 자리가 있어야 하고, 자리가 있으면 무엇인지 그 내용이 있어야 한다. 자리만 있다고 하여 있다고 할 수 없다. 텅 비어 있는 자리를 보고 거기에 무엇이 있다고 말할 수 없다. 그것이 무엇이라고 말할 수 있는 내용이 있어야 한다. 마찬가지로 그것이 무엇이라고 말할 수 있다고 하여 그것이 있는 자리가 없으면 있다고 할 수 없다. 예를 들면 어느 특정한 학교가 있으려면 어느 특정한 장소에 학교가 있다는 것만으로는 어떠한 학교가 거기에 있다고 할 수 없으며, 학교의 시설, 학생 그리고 교원만을 아무리 구체적으로 말하더라도 그러한 학교가 어디엔가 특정한 장소에 없으면 그 학교는 있다고 할 수 없다. 구체적인 어떠한 학교가 어디에 있어야만 비로소 그 학교가 있는 것이다. 즉, 위치는 있고 내용이 없거나 내용은 있으나 위치가 없으면 있다고 할 수 없다. 전자를 위재(位在)라 하고, 후자를 상재(相在)라 한다. 위재와 상재는 존재의 정체성에 해당하는 위상(位相)으로 존재를 유발하는 계기적 요소라 하여 이를 존재계기(存在契機)라 한다.

있음을 있게 하는 계기적 요소임으로 없음에는 그와 같은 요소가 없다. 있는 모든 것, 즉 여러 종류와 여러 모양으로 무수히 많이 있는 구체적인 것들에 모두 해당되는 공통된 요소다. 이 요소를 갖추지 못하면 없는 것이다. 그러므로 이 존재계기는 있는 것과 없는 것을 구별하는 기준이 된다.

요약정리하면 위재(位在)란 무엇이 있다고 할 때 그 있는 자리, 곧 위치를, 상재(相在)란 그 있음이 무엇이라는 내용을 의미한다. 따라서 있음과 없음을 구별하는 기준은 위치와 내용이 된다. 위치도 내용도 없는 것은 물론이거니와 위치만 있고 내용이 없거나, 내용만 있고 위치가 없으면 이는 있는 것이 아니다. 있는 모든 것은 위치와 내용을 가져야만 '없는 것'과 구별된다. 자리는 공간에 의해 규정되어 유발되고, 내용은 시간에 의해 규정되어 유발한다. 즉, 공간은 존재의 자리, 곧 위치에 형식을 부여하여 위재를 형성하고 시간은 존재의 내용에 형식을 부여하여 상재를 형성한다. 따라서 공간과 시간은 존재에 형식을 부여하게 된다. 공간적 자리를 위재(位在)라 하고, 시간적 내용을 상재(相在)라 한다. 이 두 요소가 존재를 유발하는 계기임으로 이를 존재계기라 한 것이다.

Ⅲ. 존재형식(存在形式)

이와 같이 존재를 유발하는 존재계기의 전제가 되는 시간과 공간은 존재의 근본형식(根本形式)이 된다. 그런데 자리를 차지하려면 공간이 있어야 하고, 그 공간적 위치에 내용을 담으려면 시간이 있어야 한다. 그러므로 위재는 공간이 전제되고, 상재는 시간이 전제된다. 이와 같이 존재를 유발하는 존재계기의 전제가 되는 시간과 공간은 존재의 근본형식(根本形式)이 된다. 시간이란 일반적으로 과거, 현재, 미래로 표현하며 사용하고 있다. 과거는 이미 지났음으로 거기에는 시간이 실재(實在)하지 않는다. 미래는 아직 오지 않았으므로 거기에도 시간은 실재하지 않는다. 시간은 현재에만 실재한다. 이러한 시간을 자연시간, 우주시간, 객관적 시간, 주관적 시간 등등으로 구분하기도 한다. 시간은 과거와 미래의 접합(接合)점에 불과하다. 시간이란 순수한 지속으로 그 자체는 한 방향으로 일정하게 흐르는 독립된 실재(實在)다. 그리고 시간 그 자체는 넓이가 없으므로 공간을 차지하지 않으나 순수한 시간적 지속에 의해 공간이 유발된다. 이 유발된 공간은 시간과 함께 실물이나 사건 등과 같은 실사자(實事者)를 규정한다. 그러므로 공간을 차지하는 실사자(實事者)의 발생과 소멸은 시간에 의하나, 시간 그 자체의 실재는 그것들과 무관하다는 의미다.

이러한 시간은 우주의 생성과 더불어 시작되었다는 것이 오늘의 일반적인 견해다. 우주의 생성에 관한 현대의 학설은 두 가지에 집중된다. 하나는 Big Bang(대폭발) 이론이요, 다른 하나는 포말(泡沫) 이론이다. 스티븐 호킹 (Stephen Hawking)의 《시간의 역사》에 의하면 "시간은 우주의 대폭발에서 시작되었다고 말할 수 있다"고 하였고, 중세의 아우구스티누스도 "시간이란 신이 창조한 우주의 특성이고, 우주가 시작되기 전에는 시간이 존재하지 않았다"고 하였다. 포말 이론도 원초적 에너지가 균형을 유지하면서 시간이 시작되어 우주 포말을 형성하게 된 것이라는 것이다. 이 두 학설 모두 시간의 시작은 우주가 형성되면서 시작되었음으로 우주 있기 전에는 한 방향으로 흐르는 시간 그 자체의 현상은 없었다는 데 일치한다. 아무튼 우주의 생성이 시작되기 전에는 시간 그 자체의 정체는 드러나지 않았다는 것은 확실하다.

자연현상은 무기적 현상과 유기적 현상으로 구성된다. 이 무기적·유기적 자연 현상을 규정하는 것은 물리화학적 원리와 법칙이다. 이 물리화학적 법칙은 공간(場)이 없이는 자연현상을 규정할 수 없다. 물질의 질량이나 그 운동뿐 아니라 물리학적 에너지나 물질의 화학적 성질 변화도 공간적 장을 떠나서는 이루어지지 않는다. 유기체의 형태도 공간적으로 형성된다. 그런데 그렇게 형성되는 과정은 시간이 없이는 불가능하다. 시간적인 과정이다. 그러므로 자연현상은 물리화학적 법칙에 앞서 시간과 공간이 전제된다. 따라서 자연현상의 기초를 이루는 근본 범주는 시간과 공간이다. 이 근본범주가 물리화학적 법칙과 더불어 불가분한 하나의 체계를 이룬다. 자연현상을 규정하기 전에 이미 전제된 이 시간과 공간은 어디까지나 물리화학적 법칙이 작용할 수 있는 장 (場)이요, 동인(動因)으로 자연현상을 유발하는 데 필요한 시간이며 공간이다. 그러므로 물리화학적 법칙은 시간과 공간의 제약 안에서 무기적 자연과 유기적 자연을 규정할 수 있지 이 제약의 한계를 넘어서는 규정할 수 없다. 시간과 공간 그 어느 한 가지만의 제약으로도 규정할 수 없다. 시간의 제약을 받지 않고 공간적인 제약만 받는 자연도 없으며, 반대로 공간의 제약을 받지 않고 시간만의 제약을 받는 자연도 없다는 의미다. 이러한 시간과 공간을 실사적 시간과 실사적 공간이라 한다. 실사적 공간의 3차원[278]과 실사적 시간의 1차원, 즉, 시·공 4차원의 체계에서 자연은 전개된다.

그런데 기하학적 공간의 복수성과 같은 이법적 공간은 실사적 시간과 분리될 수 있다. 반대로 심리적 의식작용과 정신작용은 실사적 시간의 제약을 받을 뿐 실사적 공간의 제약을 받지 않는다. 이법적 공간은 비 유크릿트적인 n차원의 공간으로 반드시 직(直)이 아니고 곡(曲)으로도 파악된다. 즉, 타원(楕圓, Ellipse)적 공간과 쌍곡선(雙曲線, Hyperbola)적 공간이 성립한다. 실사적 공간은 많은 종류의 이법적 공간 중 한 특수 사례에 불과한 것이다.[279] 이법적 시간은 존재연관의 연쇄조건이 충족되지 않아 나타나지 않았음으로 아직 의식에 반영되지 않았다.

* 참고 : 임마누엘 칸트(Immanuel Kant, 1724 ~ 1804)도 물질이 있기 이전부터 시간과 공간의 원인이 되는 선험(先驗)적 감성의 형식은 있었다고 하였다. 즉, 우리가 경험할 수 있는 이 세상 이전에 이미 시간의 형식은 있었다는 것이다. 시간과 공간의 개념을 정립한 아이작 뉴턴(Isaac Newton, 1642 ~ 1727)은 절대시간과 절대공간을 실제(實際)로 인정하였다. 절대공간도 그 자체로서의 실재는 물질과 무관하며 물질의 속성도 아니고 물질의 운동에 의하여 변하지도 않은 물질 이전의 순수공간이라고 하였다. 유클리드(Euclid, B.C.

---

278) 공간 내의 점을 지정하는 데 필요한 도립좌표의 수. 직선상의 점은 한 실수(實數) x로서, 평면상의 점은 두 실수(x, y)로서, 보통의 공간 내의 점은 세 실수(x, y, z)로서 지정되며, 차원의 수는 각각 1, 2, 3이다. 《동아원색 세계대백과 사전》, 26권 ((株)동아), p.203
279) 하기락 저, 《하르트만 연구》, (서울 : 형설출판사), 1985년, pp.96-101

300)는 3차원의 공간과 분리된 1차원의 시간개념을 정립하였고, 알버트 아인슈타인(Albert Einstein, 1879 ~ 1955)의 특수 상대성이론에서는 3개의 공간좌표와 1개의 시간좌표를 결합한 4개의 좌표로 구성된 시간과 공간의 개념을 정립하였다. 그의 일반상대성이론에서는 시간과 공관은 물체가 운동하는 공간의 전체가 아니고 특정한 위치마다 성립하는 국소적인 시(時)·공(空)에 불과하다고 하였다.

이상 칸트, 뉴턴, 유클리드, 아인슈타인 등의 시간과 공간의 개념에 내포된 핵심적인 요소들을 정리한다면, 칸트의 선험적 감성의 형식으로서의 시간과 뉴턴의 절대시간은 '이가적(理價的) 시간'이고, 이 시간이 원인이 되어 이에 따라 유발된 시간이 빅뱅(Big Bang)으로부터 시작된 '실사적(實事的) 시간'이다. 그리고 뉴턴의 순수공간과 아인슈타인의 수학적 복수공간은 '이가적 공간'이고, 이 공간이 원인이 되어 이에 따라 유발된 공간이 단수공간으로 '실사적 공간'이다. 시간과 공간은 역으로 이치(理致)와 가치(價値)를 기준으로 하느냐, 실사(實事)를 기준으로 하느냐에 따라 '이가적 시간'과 '실사적 시간', '이가적 공간'과 '실사적 공간'으로 구분된다.

Ⅳ. 존재방식(存在方式)

모든 존재는 시간을 기준으로 시간의 제약을 받는 방식으로 있느냐, 받지 않는 방식으로 있느냐에 따라 이가적(理價的) 존재와 실사적(實事的) 존재로 구분된다. 시간의 제약을 받지 않는 방식으로 있는 존재권역을 이가적 존재권역이라 하고 시간의 제약을 받는 방식으로 있는 존재권역을 실사적 존재권역이라 한다.

가. 이가적 존재권역(理價的 存在圈域)

이가적 존재권역에는 필연존재(必然存在)와 당연존재(當然存在)가 있다. 필연존재에는 진, 선, 미, 중 진(眞)에 해당하는 수학적 존재, 논리적 존재, 본질적 존재가 있고, 당연존재에는 진, 선, 미, 중 선(善)과 미(美)에 해당하는 윤리적(倫理的)·미적(美的) 모든 가치(價値)가 있다.

1) 필연존재(價値中立的 存在)
가) 수학적 존재
(1) 수적 존재

$3^2 + 4^2 = 25$이고 3의 5 자승은 729다. 3이나 4 또는 25나 729와 같은 숫자나, ×나 =와 같은 기호는 사람들이 수적 존재자(원리나 법칙)를 나타내기 위한 편의를 위해서 붙인 약속과 같은 것이므로 실재(實在)하지 않는 것, 즉 독자적 존재는 아니다. 그러나 $3^2 + 4^2 = 25$, 3의 5 자승은 729 이외의 어느 것도 안 된다. 오직 25와 729만이 되는 것은 수적 이치(數的 理致)가 있기 때문이다. 즉, 있는 것이(존재자) 인간의 의식에 반영된 것이다. 또한 인간의 의식에 반영된 수적 이치(존재)에 사람들이 편의로 숫자나 기호로 표시한 것이다. 그 자체는 인간의 의식과 관계없이 있는 것이다. 없는 것이 의식 속에만 있다면 이는 허상이다.

(2) 기하학적 존재

'두 개의 정수마다의 사이에는 무한한 계열의 분수가 있다. 2점간을 맺는 점선은 오직 하나뿐이다. 다섯 개의 정다면체가 있다. 사각형에서 각의 총화는 2(n - 2)R이다' 등등에서 나는 그렇게 생각한다거나 나는 그렇게 생각하지 않으면 안 된다는 것이 아니고, 오히려 단지 그렇다는 것이다. 그러므로 그렇다는 것은 존재이지 사고가 아니다.

삼각형으로 무엇을 증명하려고 할 때에 그 삼각형은 그려진 삼각형도 아니고, 물적인 실사적 삼각형도 아닌 추상된 기하학적 사고에 반영되어 나타나는 그러한 삼각형 일반이다. 어디까지나 있는 것이 사고에 반영된 것이지 사고 속에만 있다고 하면 모든 것에 타당할 수 없을 것이다. 사고와 관계없이 있는 것이다. 수소의 원자량은 1이다. 이는 우리의 사고 속에만 있지 않고 실제로 자존하고 있는 것이다.

나) 논리적 존재

모순율·배중률 등의 법칙, 포섭, 판단 표, 추리도식, 추리양식의 제 법칙 등이다. 이 법칙에 의하여 진 또는 위가 가려지는 판단을 내릴 수 있는데 사유법칙으로서의 이 논리적 법칙은 보편적인 존재법칙이 아닐 수 없다. 따라서 논리적 법칙은 추리로서 진리를 제기할 수 있는 그러한 세계를 지배하지 않으면 안 된다.

다) 본질적 존재

에디슨이 발명한 전등은 에디슨이 있기 전에는 없었다. 그러나 전등의 보편적 원리 그 자체는 이미 있었던 것을 그가 처음 발견하여 실사에 적용한 것이다. 즉, 전구(電球)란 구체적 물적 현상은 없었으나 그 보편적 원리나 법칙 그 자체는 에디슨이 있기 전부터 있었던 것을 에디슨이 찾아내어 구체적·실사적 질료와 시간과 합친 것이다. 즉, 시간에 포착시킨 것이다. 이러한 시간을 우리는 물질을 움직이는 실사(實事)적 시간이라 한다. 수소 2분자와 산소 1분자를 합치면 물이 된다. 사람은 이 두 원소를 합치지 않을 수는 있으나, 합치면 물이 되는 것을 막을 수는 없다. 즉, 물이 안 되게 합칠 수는 없다. 그 이유는 물의 본질은 물의 현상을 필연적으로 규정하기 때문이다. 따라서 이러한 사물의 개별적 본질은 개별적 사물의 형성과 동시에 형성되나 일단 형성되면 구체적 사물의 개별적 현상을 규정하면서도 그 현상과 무관하게 자존한다.

2) 당연존재(當然存在)

사랑, 자비, 인, 선, 미 등과 같은 가치 그 자체도 그 존재방식에 있어서는 필연존재와 유사하나, 존재구조에 있어서는 판이하게 다르다. 예를 들면 필연존재의 구조는 높고 깊을수록 복잡하나, 당연존재의 구조는 높고 깊을수록 단순하고 순수하다. 당연존재는 필연존재를 넘어서는 가치(價値)만의 독특한 구조를 가지고 있기 때문이다. 가치는 성층(成層) 및 토대(土臺)관계, 대립 및 상보(相補)관계, 고저 및 강약 관계 등 여섯 가지 관계원리로 그 구조를 형성한다.

나. 실사적 존재권역(現實的 存在圈域)

우리가 살고 있는 실사의 세계는 눈에 보이지 않는 (1)항의 이가적 존재, 즉, 이치(理致)와 가치(價値)에 의해 규정되고 있다. 즉, 모든 물질적 현상(現象)은 그 물질을 구성하고 있는 원리 또는 법칙대로 만들어진다. 특정개물은 그 특정개물을 구성하고 있는 원리나 법칙을 벗어날 수 없다. 만일 벗어난다면 이미 그 특정개물이 아니다. 이는 눈에 보이는 시간 세계는 눈에 보이지 않는 비시간적 세계에 의해 형성된다는 것을 의미한다. 즉, 현실적 세계는 이가적(理價的) 세계에 의해 규정된다는 것이다. 그런데 이가적 존재의 보편성이 단번에 시간에 포착되어 현실 세계에 진입하는 것이 아니라 다음과 같이 단순한 것부터 단계적으로 진입한다.

1) 무기적 존재(흙, 암석 등)

이가적 존재권역에 존재하는 필연존재 중 물리화학적 이법(理法)이 우주의 대폭발로 시작된 시간에 포착(捕捉)되어 무기물을 형성한다.

2) 유기적 존재(동·식물의 존재)

무기물이 완성되자 한 단계 높은 새로운 이법이 시간에 진입하여 먼저 진입한 이법과 합쳐져서 무기물과 다른 새로운 특성을 가진 실사자(實事者)가 형성된다. 완성된다는 것은 존재연관(存在連關)의 연쇄조건(連鎖條件)이 충족된다는 의미다. 이 새로운 특성을 신규자(新規者)라 한다.

신규자로서의 생명의 이법이 이가적 존재권역에서 시간 속으로 진입하여 먼저 진입한 물리화학적 이법과 합쳐서 무기물과 그 특성이 다른 식물 및 동물과 같은 새로운 특성(생명)을 가진 실사자를 출현케 한다. '생명의 이법'이라 함은 직선 지향적 자동존재(直線 指向的 自動存在)로서의 신규자를 말함이다.

3) 인간존재(의식적 이성)

동·식물이 완성되자 존재연관의 연쇄조건이 충족되어 또 다른 하나의 새로운 신규자인 반절(半折) 지향적(指向的)인 자동존재(自動存在)로서의 성찰(省察)의 원리 또는 '이성(理性)'이 시간에 진입하여 이보다 먼저 진입한 물리화학적 이법 그리고 생명의 메커니즘과 합해져서 새로운 특성을 가진 인간이 된다. 무기물과 동·식물은 실사적 공간에 자리하나, 새롭게 출현한 의식적 성찰(理性)의 이법자는 이가적(理價的) 공간에 자리한다. 따라서 실사적(實事的) 공간의 제약을 받지 않고 실사적 시간의 제약만 받게 된다. 그러나 인간의 육체는 실사적 공간을 차지한다. 그러므로 인간존재는 육체가 자리할 수 있는 실사적 공간과 이성(理性)이 자리할 수 있는 이가적 공간, 두 차원의 공간을 동시에 차지한다.

4) 정신적 보편존재(객관정신, 문화)

의식적·이성적 인간이 성숙해짐에 따라 인간 간에 공통된 객관정신으로서의 문화도 함께 성숙해 간다. 이를 문화적 존재라 한다. 문화적 존재 그 자체는 인간존재와는 다른 존재이나 인간존재가 창조하는 존재임으로 그 단계는 인간존재와 같은 단계에서 형성된다. 실사 세계(實事 世界)의 구조는 위로 올라 갈수록 비물질성이 강해진다. 인간존재부터는 이가적 공간이 출현하고 객관정신으로서의 역사적·문화적 존재로부터는 물질이 차지하는 실사적 공간은 없어지고 실사적 시간만의 제약을 받게 된다.

다. 이가적 존재권역과 실사적 존재권역간의 관계

이가적 존재권역은 각종 원리나 법칙, 즉 보편성으로서의 모든 이치(理致)와 모든 가치(價値)로 형성된 불가시적 존재권역이라고 하였고, 실사적 존재권역은 이가적 존재권역에 존재하는 보편성이 존재연관(存在聯關)의 연쇄조건(連鎖條件)이 성숙되는 순서에 따라 실사적 시간에 포착(捕捉)됨으로써 개별성이 형성되는 가시적 존재권역이라 하였다. 그러므로 실사적 존재자는 이가적 존재와 중첩된 존재자들로 우주 삼라만상의 모든 가시적 존재가 이에 해당된다. 그러므로 이가적 존재가 없는 실사적 존재는 있을 수 없으나, 실사적 존재가 없는 이가적 존재는 영존한다. 이가적 존재권역에는 필연존재로서 수학적 존재, 논리적 존재, 본질적 존재가 있고, 당연존재로서는 선(善)과 미(美)의 가치가 있다. 즉, 진, 선, 미의 세계다. 실사적 존재권역에는 무기적 존재(흙, 암석 등), 유기적 존재(동·식물, 인간, 문화) 등이 있다.

이가적 존재는 보편성, 영원성, 항존성(恒存性)으로 되풀이 될 수 있는 반복성을 가지는 반면, 실사적 존재는 시간성, 개별성, 인과성(因果性), 일회성(一回性), 일과성(一過性)으로 한 번 지나가면 다시는 반복될 수 없다. 실사적 존재권역, 즉 눈에 보이는 시간 세계는 눈에 보이지 않는 비시간적 세계(이가적 존재권역)에 의해 규정되어 형성된다는 것을 다시 상기하기 바란다. 따라서 이가적 존재가 없는 실사적 존재는 있을 수 없으나, 실사적 존재가 없는 이가적 존재는 있는 것이다. 실사적 존재는 시간적인 존재다. 시간이 없으면 있을 수 없다. 그러므로 시간이 없었을 때에는 없었으며, 장차 시간이 없어지면 없어진다. 그러나 이가적 존재는 시공이 없었을 때에도 있었으며, 장차 시공이 없어진다 하더라도 있을 것이다. 다시 말하면 물질의 세계는 이가적 존재가 없이는 있을 수 없으나, 이가적 존재는 물질적 세계가 없어도 존재하였고, 존재하며, 앞으로도 영원히 존재할 것이다. 따라서 실사의 물질적 세계는 이가적 존재가 시간에 의해 형상(形相)이 없는 우주 먼지와 같은 질료(質料)에 형식을 줌으로써 형성된 세계다. 이법적 시간은 아직 실사계에 출현하지 않았음으로 시간이라 함은 실사적 시간을 말함이다.

V. 세계의 구조와 완성세계

모든 존재(存在)는 존재계기(存在契機)에 의해 유발(誘發)되고, 존재방식(存在方式)에 따라 존재한다. 이렇게 존재하는 존재(存在)의 전체요, 총체가 세계다. 전체라 함은 있는 모든 것의 전부를 말한다. 총체라 함은 하나의 큰 구조를 이루고 있다는 것을 의미한다. 위재와 상재가 존재계기가 되어 존재형식(시간과 공간)에 따라 이가적 존재와 실사적 존재를 유발하였다. 그러므로 이가적 존재에도 위재와 상재가 있고, 실사적 존재에도 위재와 상재가 있다. 즉, 이가적 위재와 이가적 상재 그리고 실사적 위재와 실사적 상재, 이 네 개 항이 서로 교차(交叉)하면서 하나의 큰 구조를 이룬다. 모든 존재는 이 하나의 큰 구조 속에 수용되어 질서 있게 배열된다. 배열된 그것이 세계다.

이러한 세계는 실사적 시간의 단계적 과정을 거쳐 완성된다. 즉, 실사적 시간 전의 보편 세계는 실사적 시간의 개체별 세계를 거쳐 실사적 시간 후의 이가적 시간의 개체별 세계에서 세계는 완성된다. 실사적 시간 있기 전의 이가적 세계에는 개별성이 없는 보편성만의 원초적 세계였으나, 실사적 시간의 세계를 거치고 실사적 개별성이 한정되면서 이가적 개별성이 인쳐진다. 따라서 실사적 시간 후의 세계는 이가적 개별자가 이가적 시간과 함께 활동하는 완성 세계가 될 것이다. 즉, '이가적 보편존재의 세계', '실사적 개별존재의 세계', '이가적 개별존재의 세계'로 세계는 완성된다.

실사적 보편존재의 세계는 성립될 수 없다. 보편존재는 시공의 제약을 받지 않는다. 그러나 실사적인 것은 실사적 시공에 따라 움직이지 않을 수 없기 때문에 실사적 시간의 제약을 받지 않는 실사적 존재는 있을 수 없다. 그러나 이가적 개별존재는 이가적 보편존재가 실사적 시간에 의해 실사적 개별존재가 형성됨으로써 각인되어 형성된다. 실사적 시공의 전후를 기준으로 할 수밖에 없는 것은 이가적 공간과 실사적 공간, 이가적 시간과 실사적 시간 이 4개 항 중 유독 이가적 시간만이 현실 세계에 출현하지 않았기 때문이다.

이가적 존재는 이가적 보편존재와 이가적 개별존재로 구분되나, 시간의 제약을 받는 보편존재는 있을 수 없음으로 실사적 존재는 실사적 개별존재만이 있다. 이가적 개별존재는 이가적 보편존재가 시간 속에서 실사적 개별존재를 형성하는 과정에서 각인된다. 일단 각인된 이가적 개별존재는 각인 당시의 실사적 개별존재의 소멸과 관계없이 존재한다. 이가적 존재는 시간의 제약을 받지 않기 때문이다. 이가적 개별존재는 이가적 보편존재가 시간에 포착되면서 실사적 개별존재를 형성하는 과정에서 각인된 것이므로 실사적 시간이 있은 이후에 형성된 것이다. 그러나 이가적 보편존재는 실사적 시간 있기 전부터 존재한 것이다.

시간은 한 방향으로 흐르면서 있는 것들을 움직이며 규정한다. 이가적 시간은 실사적 시간을 유발할 뿐 아니라 이가적 존재를 움직이며 활동하게 한다. 실사적 시간은 실사적 존재를 유발하고, 움직이며, 활동하게 한다. 실사적 시간은 빅뱅으로부터 시작한 물질을 움직이는 시간이다. 실사적 공간은 실사적 존재가 차지하는 유일의 공간이고, 이가적 공간은 수학적 공간과 같은 복수 공간이다. 그러나 이가적 시간은 아직 출현하지 않았음을 다시 한 번 강조한다.

실사적 존재권역, 즉 실사적 세계는 미완성의 세계로 완성을 향해 나아가고 있다. 완성되면 존재연관의 연쇄 조건이 완성되는 것임으로 이가적 존재권역에 유일하게 잔존하고 있는 이가적 시간이 출현하게 된다. 이가적 시간이 도래하면 이가적 존재를 움직인다. 물질을 구성하는 이법적 존재를 움직이면 모든 물질은 일시에 붕괴된다. 그러나 이법적 개별자가 활동하게 된다. 그렇게 되면 모든 존재는 주어진 그 기능대로 완성되어 세계는 완성된다. 그럼으로 세계의 역사는 완성 세계를 향해 주관되어지고 있음을 알 수 있다.

VI. 존재양상(存在樣相)

가. 존재양상의 의미와 종류

존재양상이란 존재의 드러난 모양이다. 존재에는 여섯 개의 각각 다른 양상이 있다. 세 개의 긍정양상(肯定樣相)과 세 개의 부정양상(不定樣相)이 그것이다. 긍정양상에는 필연성, 현실성, 가능성이 있고, 부정양상에는 우연성, 비현실성, 불가능성이 있다.

첫째, 필연성이란 어떠하든 달리 있을 수 없는, 예를 들면 수소 두 분자와 산소 한 분자를 합치면 물이 되는데 그렇게 합쳐질 경우 인간의 힘으로는 물이 되지 않게 할 수 없다. 조물주의 창조의 섭리가 이에 해당되기 때문이다.

둘째, 현실성이란 그렇게 있지 달리 있을 수 없는 양상이다. 예를 들면 현재 주어진 존재 여건을 말함이다. 현재 나에게 부여된 모든 여건이 이에 해당될 것이다.

셋째, 가능성이란 그렇게 있을 수도 있고 그렇게 없을 수도 있는 양상이다. 실사시간 속에 진입되지 않고 이가적 존재권역에 잔존하고 있는 모든 존재가 여기에 해당한다. 특히 가치는 인간이 선택하면 가치 있게 되고, 선택하지 않으면 가치 없게 된다. 이 같은 선택의 여지는 존재의 궁극자가 인간에게 부여한 자유의지 때문이다.

넷째, 우연성(偶然性)이란 달리 있을 수 있음으로 필연적이 아닌 양상이다.

다섯째, 비현실성이란 그렇게 있지 않은 양상이며,

여섯째, 불가능성이란 그렇게 있을 수 없는 양상이다.

나. 양상(樣相)간의 관계

필연성(必然性), 현실성(現實性), 가능성(可能性), 우연성(偶然性), 비현실성(非現實性), 불가능성(不可能性)간의 관계를 말함이다. 낮은 양상은 높은 양상 속에 포함된다. 즉, 현실적인 것은 적어도 가능적이 아니면 안 되고, 필연적인 것은 적어도 현실적이 아니면 안 되기 때문이다. 가능성은 현실성 속에, 현실성은 필연성 속에 포함되어 있다. 가장 높은 필연성 속에는 가능성과 현실성이 모두 포함되어 있다. 우연성은 가능성보다 많다.

〈참고문헌〉

제1부 행정의 정체성에 관한 존재론적 연구

니콜라이 하르트만(Nicolai Hartmann)의 주요 저서 목록(연대 순)

1. 플라톤의 존재의 논리(1909년)

2. 프로클루스 디아도쿠스의 수학의 철학적 시원 근거(1909년)

3. 철학사의 방법(1909년)

4. 체계적 방법(1912년)

5. 체계 형성과 관념론(1912년)

6. 생물학의 철학적 근본문제(1912년)

7. 아프리오리한 것의 가(可)인식에 관하여(1914년)

8. 논리적 현실성과 존재론적 현실성(1914년)

9. 인과법칙의 가(可)증명성의 문제(1919년)

10. 인식형이상학 강요(綱要)(1921년)

11. 비판적 존재론은 어떻게 해서 가능한가(1923년)

12. 아리스토텔레스와 헤겔(1923년)

13. 관념론과 실재론의 차안(此岸)(1924년)

14. 칸트와 오늘날의 철학(1924년)

15. 칸트의 도덕형이상학과 오늘날의 윤리학(1924년)

16. 윤리학(1925년)

17. 범주적 제 법칙(1926년)

18. 가치일반의 영역에 있어서의 미적 가치의 위치에 관하여(1926년)

19. 막스 셸러(Max Scheler)(1928년)

20. 헤겔(Hegel)(1929년)

21. 독일 관념론 철학(1929년)

22. 실재소여성(實在所與性)의 문제(1931년)

23. 역사의 제 범주(1931년)

24. 정신적 존재의 문제(1933년)

25. 체계적 자기 서술(1933년)

26. 의미 부여와 의미 충실(1934년)

27. 존재론 정초(定礎)(1935년)

28. 플라톤 철학에 있어서의 선천주의(先天主義)의 문제(1935년)

29. 헤겔과 실재변증법(實在辨證法)의 문제(1935년)

30. 철학적 사상과 그 역사(1936년)

31. 현대철학에 있어서의 가치문제(1936년)

32. 메가라학파의 가능성 개념과 아리스토텔레스의 가능성 개념(1937년)

33. 가능성과 현실성(1938년)

34. 시간성과 현실성(1938년)

35. 범주 문제에 대한 하인리히 마이어의 공헌(貢獻)(1938년)

36. 아리스토텔레스의 개념의 문제(1939년)

37. 독일에 있어서의 새로운 존재론(1940년)

38. 실재적 세계의 구조(1940년)

39. 플라톤의 아리스토텔레스에 있어서의 형상에 관한 이론(1941년)

40. 고대철학에 있어서의 층(層) 사상의 시초(始初)(1943년)

41. 니코마코스(Nikomachos) 윤리학의 제 가치차원(1944년)

42. 목적론적 사유(思惟)(1944년)

43. 자연철학과 인간학(1944년)

제2부 행정의 인식론적 오류 수정

박종홍 저, 《철학개설》, (서울 : 박영사), 1975년

최동희 외 3인 공저, 《철학개론》, (고려대학교 출판부), 1981년

김광웅 저, 《비판 행정학》, (〈한국행정학보〉 제20권 제1호)

김계숙 저, 《서양 철학사》, (서울 : 대정문화사), 1992년

김규영 저, 《시간론》, (서울 : 서강대출판부), 1987년

김준섭 저, 《서양 철학사》, (서울 : 백가), 1991년

김준섭 저, 《철학과 행동의 연구》, (서울대 출판부), 1989년

김태길 저, 《윤리학》, (서울 : 박영사), 1984년

박영기 저, 《현대 행정이념》, (한남대학교 출판부), 1990년

이돈희 저, 《교육철학 개론》, (서울 : 교육과학사), 1995년

임병수 저, 《현대 논리학》, (서울 : 일신사), 1988년

하기락 저, 《서양 철학사》, (서울 : 형설출판사), 1985년

하기락 저,《하르트만 연구》, (서울 : 형설출판사), 1987년

松田卓也 저,《시간의 본질》, (동경 : (株)講談社), 1994년

James G. March(ed), Handbook of Organizations, (Chicago : Rand and Company), 1965

Henry L. Tosi & W. Clay Hammer, Organizational Behavior & Management : A. Contingency Approach, (New York : St. Clair Press), 1974

D. Easton, The New Revolution in Political Science, (APSR), 1969

Glendon A. Schubert, Jr., The Theory of the Public Interest in Justical Decision Making, (Midwest Journal of Political Science, Vol. 2), 1958

Glendon A. Schubert, Jr., The Public Interest in Administrative Decision Making, (APSR, Vol. 51), 1957

Glendon A. Schubert, Jr., The Public Interest, (Illinois: The Free Press Company), 1961

Lynton K. Caldwell, The Study of Administration in the Organization of the Society, (Chinese Journal of Administration), 1965

D. Waldo. Theory and Practice of Public Administration, 1968

Fred W. Riggs, Political science and the Scope of Public Administration, (Philadelphia : The American Academy of Political and Social Science), 1968

Frank Marini, Toward a New Public Administration, (N. Y. Chandler Publishing co.), 1971

Gelven Michael. Being and Time, 김성룡 역, (서울 : 시간과 공간사), 1988년

Heidegger Martin. The Time and Being, 장석주 역, (서울 : 청하), 1986년

Nicolai Hartmann,《윤리학》, 전원배 역, (전북 : 원광대출판사), 1979년

Nicolai Hartmann,《윤리학》, 하기락 역, (서울 : 형설출판사), 1983년

Nicolai Hartmann,《존재학 범주론》, 하기락 역. (서울 : 형설출판사), 1987년

Nicolai Hartmann,《존재학 양상론》, 하기락 역, (서울 : 형설출판사), 1984년

Nicolai Hartmann,《존재학 원론》, 하기락 역, (서울 : 형설출판사), 1996년

Hawking Stephen W, 현정준 역,《시간의 역사》, (서울 : 형설출판사), 1990년

Kummel Friedrich,《시간의 개념과 구조》, 권의무 역, (대구 : 개명대 출판부), 1986년

Kummel Friedrich, Uber den Begriff der Zeit, 권의무 역, (대구 : 개명대 출판부), 1986년

Reichenbach Hans. The Philosophy of Space and time, 이정우 역, (서울 : 서광사), 1987년

Whitehead Alfred North. Process and Reality, (New York Mac. Pub. Co.), 1978

P. J. Zwart, About Time, 권의무 역, (대구 : 계명대 출판부), 1983년

제3부 행정과 가치의 구조

오석홍 편,《행정학의 주요 이론》, (서울 : 법문사), 1992년

강영기 편역,《행정학의 이론과 역사》, (서울 : 대왕사), 1989년

마이클 이·어반 저, 박영기 역,《행정이념》, (서울 : 대영문화사), 1988년

로버트 덴하트 저, 이원욱 역,《행정이론》, (서울 : 문현사), 1986년

Michael M. Harmon, Richard T. Mayer 저, 김성기 역,《고급 행정 이론》, (서울 : 형설출판사), 1992년

김종명 저,《행정이론》, (서울 : 형설출판사), 1991년

브이·오스트롬 저, 이창기·이종열 공역,《행정이론》, (서울 : 대왕사), 1984년

길부중부 외 편저, 최영출 역,《행정이론》, (서울 : 대영문화사), 1991년

박정택 저,《공익의 정치 행정론》, (서울 : 대영문화사), 1990년

유종해 저,《행정의 윤리》, (서울 : 박영사), 1992년

니콜라이 하르트만 저, 하기락 역,《윤리학》, (서울 : 형설출판사), 1983년

니콜라이 하르트만 저, 하기락 역,《존재학 원론》, (서울 : 형설출판사), 1983년

니콜라이 하르트만 저, 하기락 역,《존재학 양상론》, (서울 : 형설출판사), 1983년

니콜라이 하르트만 저, 하기락 역,《존재학 범주론》, (서울 : 형설출판사), 1983년

니콜라이 하르트만 저, 전원배 역,《윤리학》, (전북 : 원광대 출판사), 1979년

하기락 저,《하르트만 연구》, (서울 : 형설출판사), 1985년

피터 훼이시온 외 저, 김교환 외 역,《가치와 사회》, (서울 : 교육과학사), 1992년

관악행정학회 편,《행정과 가치》, (서울 : 법문사), 1988년

김준섭 저,《철학과 행동의 연구》, (서울대 출판부), 1989년

김태길 저,《윤리학》, (서울 : 박영사), 1984년

박영기 저,《현대 행정 이념》, (한남대학교 출판부), 1990년

스티븐 호킹 저, 현정준 역,《시간의 역사》, (서울 : 삼성출판사), 1990년

Friedrich Kummel 저, 권의무 역,《시간의 개념과 구조》, (대구 : 계명대 출판부), 1990년

김규영 저,《시간론》, (서울 : 서강대 출판부), 1987년

Marshall E. Dimock, (A Philosophy of Administration, H. R. Publishers), N. Y. 16, N. Y. 1958

Christopher Hodgekinson, (The Philosophy of Leadership, Blackwell Publisher, England), 1983

부록 - 존재원리(存在原理) 요지

Nicolai Hartmann(1882-1950) 저,《Zur Gerundlegung der Ontologie》(1935), 하기락 역,《존재학 원론》(1996)

Alfred North Whitehead(1861-1947) 저, Process and Reality.